跨境电商多平台运营实战基础

第2版

易传识

易传识网络科技 主编

丁晖 等编著

電子工業出版社

Publishing House of Electronics Industry

北京·BEIJING

内 容 简 介

《跨境电商多平台运营（第 2 版）——实战基础》通过实操指导的方式，以最适合新手入门的速卖通为主要讲解平台，由浅入深地介绍了从事跨境电商的知识和速卖通平台运营技巧，并结合 Amazon、eBay、Wish、Lazada 平台的市场状况、客户来源、业务模式、运营规则与要求等特点进行了深入分析，勾画出跨境电商多平台运营的全貌。

本书通过 13 章内容的讲解，与读者分享了中国跨境电商大潮中最精彩的知识与经验，内容包括跨境电商概论、速卖通平台规则、跨境电商选品、市场营销、视觉设计、数据分析、客户服务、跨境物流、收款与支付，以及 Amazon 平台、eBay 平台、Wish 平台和 Lazada 平台的介绍。

跨境电商发展势不可挡！如今国内已形成速卖通平台、Amazon 平台、eBay 平台三分天下的格局，更有后起之秀 Wish 平台、Lazada 平台大放异彩。在这样的现状下，跨境电商的多平台运营如何做，成为所有跨境电商卖家共同关心的问题。

本书适合所有已经从事跨境电商，或有志于此的朋友们阅读，让天下没有难做的跨境生意。

图书在版编目（CIP）数据

跨境电商多平台运营：实战基础 / 易传识网络科技主编；丁晖等编著. —2 版. —北京：电子工业出版社，2017.7

ISBN 978-7-121-31412-4

Ⅰ. ①跨… Ⅱ. ①易… ②丁… Ⅲ. ①电子商务－商业经营 Ⅳ. ①F713.365.2

中国版本图书馆 CIP 数据核字(2017)第 085012 号

策划编辑：张彦红
责任编辑：葛　娜
印　　刷：三河市双峰印刷装订有限公司
装　　订：三河市双峰印刷装订有限公司
出版发行：电子工业出版社
　　　　　北京市海淀区万寿路 17　信箱　　邮编：100036
开　　本：787×1092　1/16　印张：19.25　字数：441 千字
版　　次：2015 年 7 月第 1 版
　　　　　2017 年 7 月第 2 版
印　　次：2019 年 1月第12次印刷
印　　数：28501~32500 册　　定价：69.00 元

凡所购买电子工业出版社图书有缺损问题，请向购买书店调换。若书店售缺，请与本社发行部联系，联系及邮购电话：（010）88254888，88258888。

质量投诉请发邮件至 zlts@phei.com.cn，盗版侵权举报请发邮件至 dbqq@phei.com.cn。

本书咨询联系方式：（010）88254199，sjb@phei.com.cn。

再版序

2017年中的今天，跨境电商行业正呈现越来越火热的趋势。距离2015年7月本书第1版出版，已经过去了两年时间，两年前我们看好跨境电商，但政策与环境存在的不确定性同样比今天大很多。这两年里，在中国的国际化进程中发生了很多重大的关键事件：G20峰会、eWTP平台体系、“一带一路”峰会、首趟中英直达铁路货运列车抵达、国产大飞机成功试飞。跨境电商伴随着零售形态、跨境物流的升级，正以不断刷新的姿态加速发展。

电子商务是快速演变的行业，两年时间，在平台规则、营销细节、买家习惯、商家技巧方面发生了翻天覆地的变化。而本书第2版，正是在这样的环境下更新内容后推出的。

本书强化了对多平台对比内容的分布，我们仍然选择了运营工作复杂度最高的速卖通作为示例平台讲解，按照业务环节进行分解剖析。与第1版不同的是，我们将Wish、亚马逊等平台的内容在每一章中进行了横向讲解，本书最后也保留了对这些平台进行完整描述的章节。

从2016年开始，东南亚跨境电商市场异军突起，以Lazada为代表的东南亚电商平台，吸引了大量中国大陆卖家入驻并开拓市场，我们特别组织了一章内容来阐述东南亚跨境电商平台，并邀请了Lazada中国类目排名前三且同时在Q10、Shoppy销售的大卖家郑月云与我们共同撰写这章内容。

本次再版，我们将本书定位在“实战基础”的角度，尽可能确保关于实战的指引更详细和准确，而去掉了第1版中部分联合作者的个人商业观点。另外，考虑到第1版中部分话题内容挖掘过深或涉及规则未完全确定的内容，导致读者难以理解的问题，本次再版我们将这部分过深的内容从书中剔除。读者如对某个知识点有深度了解的需要，可登录易传识官网，在图书出版频道下，进入本书的交流专区，在线提交疑问和对深度内容的需要，我们将通过多种方式给予回答，也欢迎读者向我们提交本书中难免存在的欠妥内容。

跨境电商是整个专业方向的大话题集合，本书聚焦在跨境出口B2C上，而跨境电商不同模式间具有共性的关于商业部分的内容，我们将在 2017 年推出的本书姊妹篇中继续与读者探讨。随着易传识 2017 年上半年面向卖家和高校开放国际零售、跨境进口、跨境 B2B 课题，本书的内容结构也注重与这三个跨境电商专业方向课题的衔接。易传识的这一系列图书在 2017 年内都将陆续出版上市，届时，系列图书将形成从国际贸易、跨境 B2B 出口、跨境 B2C 出口、跨境进口到国际零售管理这一完整的逻辑。

真挚感谢为再版内容做出极大贡献的编著团队。感谢杭州赢拓电子商务有限公司总经理李文渊、珠海微友电子商务有限公司总经理张皖、温州青芒电子商务有限公司运营总监李易、永康市赛翔进出口有限公司总经理胡杰量，他们都是奋斗在跨境电商前线的战士，在多年行业磨炼中总结了大量经验、教训，并且愿意毫不吝啬地分享出来，让更多的人能够从他们的经验中受益。

作为本书编著团队的领队，我谨代表本书背后的工作人员与内容协作者，向广大读者对第 1 版的支持表示感谢，也希望本次再版的内容，能够为你提供更新、更及时的跨境电商行业实战指引与技巧。祝愿本书的每一位读者都能在跨境电商的时代机遇中一路向前、收获满满！

2017 年 6 月于杭州

推荐序

中国电子商务自诞生后，迈出的第一步就是跨境电商。阿里巴巴创业的故事，历久弥新，此后十五余载的高速发展，中国电商诞生了淘宝、天猫、京东等巨型平台，在这英雄辈出、异彩纷呈的时代里，彻底改变了中国本土商业文明。

而作为“长子”的跨境电商，却一直是外贸企业这个圈子的内部话题。在淘宝时代开始后，这一话题沉寂了多年。自 2009 年开始的新一波跨境电商热潮中，跨境电商以 B2C 零售这种崭新的姿态出现在人们的眼前，褪去了神秘面纱，露出了极其美丽的新面容，让曾经错过了淘宝时代的人们为之倾倒，再次燃起电商创业高速发展的希望。

2009 年，速卖通平台在阿里巴巴 ICBU 创立，打响了跨境小额批发大举发展的信号枪。2011 年，速卖通平台全面由小额批发转向跨境零售，此后 3 年多时间奇迹般的高速发展，如今速卖通已经成为覆盖全球 220 多个国家与地区、年销售额超过 45 亿美元的国内最大跨境电商 B2C 平台。2014 年全球双十一当天，阿里巴巴创造了单日 680 万单的交易记录。

同期，一度退出中国市场的 eBay 也在 2012 年前后重返中国市场，加上近两年在中国市场发展得风生水起的 Amazon，更有 Wish 这一后起之秀在 2014 年大放异彩，三大平台在国内形成了三分天下的格局。三大跨境电商 B2C 平台在市场状况、客户来源、业务模式、运营规则与要求、玩法上各有特点。典型的跨境电商卖家成长路线是以速卖通作为入门平台，完善营销与供应链，再选择入驻 eBay、Amazon、Wish 等平台增加销售渠道。在这一过程中，不同平台的运营工作存在共性的部分，也存在各自平台差异的部分。

在这样的现状下，所有跨境电商卖家不约而同地指向一个问题：跨境电商的多平台运营该如何做？在《跨境电商多平台运营》中，我欣慰地看到了一种照亮人心的曙光。这本集结了众多优秀从业者的一线情报和精彩经验的著作，展现出跨境电商多平台运营的全貌，同时由浅入深地详尽介绍了从事跨境电商、操作速卖通平台的知识和技巧，并以 eBay、Amazon、Wish 平台为具体实例，仔细分析了各自的市场状况、客户来源、业务模式、运营规则与要求。

全书翔实的内容、严谨的分析，字里行间无不流露出写书人的负责与努力，相信细心的读者一定能从中发掘到宝藏与惊喜。

张会生

中国电子商务协会　理事长

第 1 版前言

在编写本书的过程中，我们力求以实操指导的方式，由浅入深地引导读者详尽了解跨境电商的方方面面，为未来的业务发展打好稳固基础，以最适合新手入门的速卖通平台为示例平台，讲解跨境电商工作中的共性部分。这部分内容参照本书姊妹篇——广受欢迎的工具书《跨境电商——阿里巴巴速卖通宝典》内容进行适当的裁剪修订，并结合进 eBay、Amazon、Wish 平台各自特点的内容，以及卖家在同时并行运营多平台时的管理要点，组成了跨境电商多平台运营的全貌。相信跟随本书的内容，扎扎实实成长起来的成熟卖家，一定可以在多平台运营中做到举一反三，事半功倍。

本书能够顺利编写并出版，还得力于中国当代从事跨境电商 B2C 行业的一批优秀从业者，他们都是战斗在跨境电商一线的勇士，勤奋地把一线情报带回来传递给大后方。我们真诚地感谢他们在百忙之中依然不吝惜时间，认真写好每一个章节，得以通过此书呈现中国跨境电商大潮中最精彩的经验。

汪星老师作为速卖通部分内容的项目负责人，以极其负责的精神，投入了大量的时间和精力，感谢汪星老师的付出！第 2 章“基础操作”由华西瓦老师负责；第 3 章“平台规则”由王琴老师负责；第 4 章“速卖通选品”由夏波老师和李易老师负责；第 5 章“跨境物流”由张旻老师、周洪老师和张何文老师负责；第 6 章“市场营销”第 2 节由李俊锋老师和上官洪贵老师负责，第 2 节由金梦璐老师、周杭老师、洪绪土老师和柯奇岐老师负责，第 3 节由胡蓉老师和邵兆莹老师负责，第 4 节由傅志明老师负责；第 7 章“数据分析”由田畑老师、张峰老师和吕鹏老师负责；第 8 章“视觉美工”由安鹏老师负责；第 9 章“客户服务”由石杨老师负责；第 10 章“收款和跨境支付”由张峰老师和环志萍老师负责；第 11 章“移动业务”由沈婷老师、傅海姣老师和卢传胜老师负责；第 12 章“Amazon 平台介绍”由刘钢老师负责；第 13 章“eBay 平台介绍”由赵岑岑老师负责；第 15 章“跨境电商多平台管理”由刘作和老师负责。

本书的编写得到了来自速卖通平台陈威宇老师、严峻老师、杨帆老师、邹丹老师，速卖通大学讲师团队查林涛老师、徐振南老师、唐霞老师、谢峰老师，速卖通规则团队陆媛昕老师、张舟飞老师，速卖通产品团队谢瑛老师、刘莎莎老师，菜鸟物流团队伊那、观取、襄飏、唐玄、容嘉等诸位老师的大力支持和耐心指导。在此一并致谢！

电商发展速度之快速，是以往任何行业都无法比拟的，本书的内容仅以截稿日平台规则、行业信息为准。电商经验日新月异，期待我们未来有更多、更充分的交流。

跨境电商的发展，不仅仅让中国制造走向了全世界，更重要的是把我们的文化，通过每一位卖家每天的工作传递了出去，就如淘宝时代的“亲”文化。在未来，跨境电商一定会成为世界了解中国的全新通道。

我们期待着那一天的到来。

2015 年 6 月于杭州

目录

第 1 章

跨境电商概论

学习目标：

- 正确理解跨境电子商务的定义
- 熟悉跨境电商的主要模式
- 了解跨境电商的发展历程
- 辨明跨境电商的现状和发展趋势
- 明确跨境电商的涵盖范围

1.1 跨境电商的定义与主要模式

1. 定义

跨境电子商务（Cross Border E-commerce），简称跨境电商，是指分属不同关境的交易主体，通过电子商务平台达成交易、进行支付结算，并通过跨境物流送达商品、完成交易的一种国际商业活动。广义的跨境电子商务分为出口和进口两种类型的贸易，但在本书中，我们所讨论的跨境电商仅指出口跨境电商。

2. 主要模式

跨境电商的模式包括：企业对企业（即 B2B）、企业对消费者（即 B2C）和个人对消费者（C2C）的贸易模式。近两年 B2C 和 C2C 跨境电商发展迅猛，很快成为热门行业。

本书主要阐述的是 B2C 出口跨境电商模式多平台运营技巧。

1.2 中国跨境电商的发展历程

- 1999 年，阿里巴巴成立，拉开中国跨境电商发展的序幕。最初，阿里巴巴中国供应商只是互联网上的黄页，将中国企业的产品信息向全球客户展示，定位于 B2B 大众贸易。买方通过阿里巴巴平台了解到卖方的产品信息，然后双方通过线下洽谈成交，所以当时的大部分交易是在线下完成的。
- 2000 年前后，少量国内卖家开始在 eBay 和 Amazon 等国外平台尝试跨境电商，但并没有形成规模。
- 2004 年，敦煌网在北京成立，区别于阿里巴巴中国供应商网上黄页的定位，敦煌网侧重于买卖双方在线完成交易，在敦煌网上发生的交易多数是小额 B2B 贸易。
- 2007 年，兰亭集势成立，它是整合国内供应链，以兰亭集势名义向国外销售的 B2C 平台。
- 2009 年，阿里速卖通成立，在成立之初，速卖通是以 B2C 和 C2C 为主要跨境贸易模式的。随着速卖通的发展，很多国内电商卖家和传统外贸卖家逐渐加入到 B2C 跨境电商行业；几年间，速卖通已迅速赶超其他平台，成为国内卖家最集中的跨境电商平台。
- 2010—2014 年间，国内跨境电商卖家队伍迅速壮大，入驻 Amazon 和 eBay 平台的卖家队伍也壮大起来。
- 2013 年，Wish 平台上线，2014 年大量中国卖家开始入驻 Wish 平台。
- 2016 年 4 月起，速卖通取消 C2C 贸易模式，仅限企业卖家入驻经营；2017 年起，速卖通要求所有销售的商品必须有注册商标。

近年来，跨境电商行业在中国迅速发展，越来越多的企业意识到这个行业的商机以及未来良好的发展前途。十几年的时间，中国卖家从无到有，从开始到形成规模，团队协作、供应链管理、跨境物流都在一次次“双十一”等大促中被磨炼，这些被锻炼过的团队将成为未来中国商业贸易的重要力量。

1.3 跨境电商的发展方向

作为本书的读者，你可能刚刚开始从事跨境电商不久，这时心里一定存在一个问题——跨境电商 B2C 出口这种模式，有发展前景吗？

在职业选择、事业发展上，人们总是因为存在一种选择背后的沉没成本，而导致裹足不前或对自己正在做的事犹豫不定。笔者很想鼓励正在阅读本书的你，选择跨境电商出口是今天在电商领域所能做出的较好选择。

笔者从 2001 年开始进入电商相关行业，至今已近 16 年，一路见证了电商行业的蓬勃发展：从早年没有支付平台只能去银行柜台填单转账，没有快递只能通过邮政特快专递或同城见面交易；到 2003—2005 年电商起步阶段自建网站；到 2007 年进入阿里，站在平台立场给成千上万的商家做培训与咨询；到 2010 年为速卖通做第一轮引入卖家的宣传；到 2016 年成为全国最大的跨境电商 B2C 出口课题内容提供者；再到今天我们看见新经济时代多元化电商模式兴起。

其间笔者看见几个重要的历史节点，我国卖家从改革开放后的大宗出口带动的制造业产业链，逐步走向通过国内电商平台自产自销，及至出现生长自电商平台的线上零售品牌，到今天带动业界称为“新零售”的一轮面向消费体验提升的零售业改革，我们看见这个时代，是中国人从制造“物”到服务“人”的思维改变。

本书所描述的是一种基于互联网平台的跨境贸易新形态的雏形，如今把它称为跨境电商出口 B2C，笔者个人更喜欢称之为基于互联网的国际零售。这一全新出现的贸易形态，是历史上未曾出现过的，通过互联网和航空货运，使得商品贸易中的地理和心理距离正在大幅缩短。而在国际贸易中，地理和心理距离一直都是行业发展的最大瓶颈，也是其中创新利润的最大来源。

从东印度公司开始，近代的商人们一直在通过海运快速缩短国与国、不同生产者和产品到不同消费者之间的距离，使得世界各地的消费者可以享受到各国的商品，从而实现生活品质的提升、文化的融合、经济的互通繁荣。

在国际贸易领域里，但凡可以做到缩短这个距离的业务形态，即有潜力成为行业发展的下一个方向，而本书所阐述的这种基于互联网的国际零售正是这样的新业务形态。

在本书第 2 版出版的 2017 年，我们会从书里看到很多仍然存在的问题，无论是平台规则还是书中探讨的策略与方法，很大一部分都是在抵御这类问题的过程中产生的，读者在阅读时可以留心思考这类问题。

因为一个符合历史潮流的行业正在快速发展，必定倒逼和推动大量周边产业的快速成熟。谈到地理距离，在过去 5 年里，我们经历了只有邮政小包发货，到现在的小包、专线、海外仓等新的货运方式，而随着国际间航空成本和末端投递成本的进一步下降，相信在不远的将来会看到国际间快递包裹实现 2 日达甚至隔日达。那时，我们再来讨论物流，很多由于 2~3 周的递送时间导致的问题就不复存在了。

基于互联网的国际零售，其中有一个很重要的背景就是基于互联网，由于互联网天然的开放、分享、多元文化无距离碰撞交流的特点，使得人与人之间的关系正在拆除壁垒，人们能够更坦诚对待彼此。因为互联网把世界变成了平的，基于互联网产生的新的商业文明中带有这一份彼此坦诚的基因。

还有一个很重要的元素是零售，笔者上面提到我国企业是从制造业逐步走向服务业和零售业等第三产业的，对于服务业与零售，其中最重要的思维是“以客户满意为目标”，围绕该目标产生了业务和商业模式，最终是以为客户创造省时、省力、愉悦、安心等体验为目标和营收来源的。

当人们开始认可他人的服务价值并愿意为其付费时，中国电子商务零售业就从低价中走出，开始走向个性化、定制化、高品质、品牌忠诚，这一路，中国电商走了 10 年，从淘宝、天猫的激烈市场竞争下锻炼出中国第一批最有互联网文化内涵、最懂得如何更好地服务于客户的新一代商业领袖。

在跨境电商中，对此提出了更高的要求，从业者更需要去了解在国际化语境下，如何更好地满足全世界不同文化、不同习惯的消费者挑剔的需要。

在本书第 2 版出版的 2017 年，国内跨境电商商家正在普遍头痛于利润低、同质化竞争激烈、人才难招的问题，这与 2007—2012 年以淘宝为代表的国内电商发展轨迹是完全相同的，到 2013 年淘宝提出小而美的发展逻辑，国内电商开始强调以人为本的视角，从而迎合了新一代年轻人各类亚文化的细分市场。

同样，中国卖家的跨境电商，也必然经历同样的发展轨迹，以速卖通平台为例，2010—2016 年这 6 年的发展，是平台功能从简陋到完善的时期，如今的重点则日益转向如何优化服务品质来支撑平台模式在全球市场的竞争力。

而其中，卖家群体，在不断面对平台规则急速变化和来自淘宝时代低价竞争压力的同时，正在逐步成长为具有在全球范围内服务于多文化背景消费者的新一代营销能力，笔者通过多年的观察判断出，中国卖家在这一方面的成长，在全球零售卖家中是最有潜力的。

那么，在这样的判断下，笔者认为，跨境电商 B2C 出口的发展方向将会走向无障碍支付、区域国家间快速投递、航空和陆运持续强化、自动多语言翻译、跨语言实时沟通、信息描述元模块化、设计与营销风格国际化、亚文化个性化定制等关键点。

短期内，由大型跨国平台主导的跨境电商仍将是主流模式，且在这样求同存异的大平台模式中，在零售领域中国与外国的差异和界限正在消失，国家与民族文化的边界将从国界变成亚文化追随者群体。

而这一代跨境电商卖家即将面对的，就是这样一个扩大了 5 倍的中国电商市场，我们每个人过去 10 年在中国电商发展中，无论是作为买家还是卖家，都经历了全球电商中最独特的一段发展历史，从全球制造工厂转型为全民卖货，到全民跨境零售，再到多元消费文化下的个性化定制驱动智能敏捷制造，是这一代中国商人的时代背景和机遇。

所以，对于正在阅读本书的读者，笔者鼓励你坚定从事跨境电商的信心，因为你此时此刻正站在一个前所未有的机遇面前；鼓励你拿出全身心的热情投入到这一充满前景的行业中来，这是一个值得你积极主动学习、耐心点滴积累的事业。从本书开始，希望通过书中的内容，陪伴你完成个人事业的提升，也能站在国度视角上参与时代变革。

第 2 章

速卖通平台规则

学习目标：

- 列举会导致店铺扣分的行为
- 明确禁售限售规则
- 概述知识产权规则
- 掌握放款规则

本章主要以速卖通为例讲解跨境电商平台的基础操作和规则，对账号注册、产品发布、订单管理等基础实操流程和规则都进行了详细阐述。

2.1　注册规则

注册速卖通店铺、账号需完成速卖通企业认证，并且能够提供入驻速卖通所需的相关文件，暂不接受个体工商户的入驻申请，所有新账户必须以企业身份进行卖家账号注册及认证。在注册开店的支付宝绑定、电子邮箱验证、手机验证等过程中，不需要向速卖通平台缴纳任何费用。

注册流程如图 2-1 所示，店铺注册成功后会拥有一个系统自动分配的会员 ID，这个 ID 是唯一的，不能修改。一个会员仅能拥有一个可出售商品的速卖通账户（速卖通账户指主账户）。禁止出租、出借、转让会员账户；如果有相关行为，则由此产生的一切风险和责任由会员自行承担，而速卖通有权关闭该会员账户。

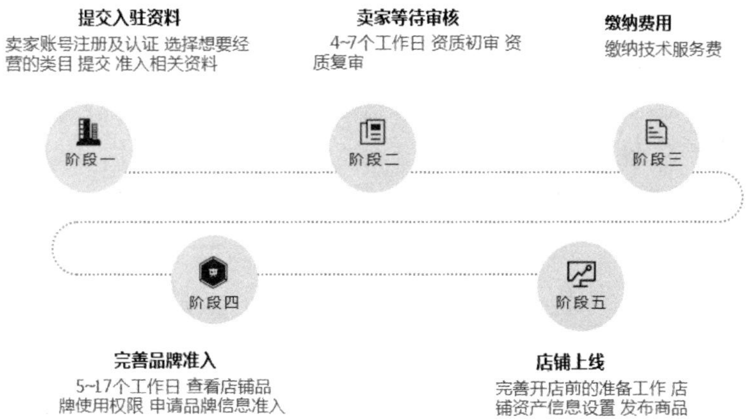

图 2-1

全球速卖通有权终止、收回未通过身份认证且连续一年未登录速卖通或 TradeManager 的账户。用户在速卖通的账户因严重违规被关闭的，不得再重新注册账户；如果被发现重新注册了账户，则速卖通将关闭该会员账户。

2.2　发布规则

在速卖通平台开店发布产品是免费的，但不允许恶意发布产品。在速卖通平台开店之前，有必要先了解一下平台一系列的发布规则。

2.2.1 禁售、限售规则

禁售产品指因涉嫌违法、违背社会道德或违背平台发展原则等原因，而禁止发布和交易的产品。限售产品指在信息发布前需要取得商品销售的前置审批、凭证经营或授权经营等许可证明，否则不允许发布产品。具体的禁售、限售产品列表请参见《全球速卖通禁限售商品目录》，网址是：http://seller.aliexpress.com/education/rules/post001.html。如图 2-2 所示为禁限售积分处罚和店铺处罚表。

处罚依据	行为类型	积分处罚	其他处罚	备注
《禁限售规则》	发布禁限售商品	严重违规：48分/次（关闭账号）	1. 退回/删除违规信息	规则新增的30天内拦截的信息，只退回或删除，不积分
		一般违规：0.5~6分/次（1天内累计不超过12分）	2. 若核查到订单中涉及禁售、限售商品，速卖通将关闭订单，如果买家已付款，无论物流状况如何均全额退款给买家，卖家承担全部责任	
0.5~6分/次扣分标准，详见《全球速卖通禁限售商品目录》。				

图 2-2

速卖通根据违规积分的等级制定了公平的处罚标准，分数按行为年累计计算。假如卖家在 2016 年 5 月 30 日被处罚扣了 12 分，则会被冻结账户 7 天，同时，这个处罚记录会保留到 2017 年 5 月 30 日才被清零。屡次被处罚的店铺，速卖通会给予整个店铺不同程度的搜索排名靠后的处理，如图 2-3 所示。

违规行为类型	处罚	
	处罚标准	处罚方式
《禁限售规则》《知识产权规则》	分数累计达2分	严重警告
	分数累计达到6分	限制商品操作3天
	分数累计达到12分	冻结账户7天
	分数累计达到24分	冻结账户14天
	分数累计达到36分	冻结账户30天
	分数累计达到48分或全店铺售价或进行恶意规避等	关闭账户
	注：1. 分数按行为年累计计算，行为年是指每项扣分都会被记365天，比如2013年2月1日12点被扣了6分，要到2014年2月1日12点才被清零； 2. 对处罚分数不断增加的卖家，将同时给予整个店铺不同程度的搜索排名靠后处理； 3. "限制商品操作"是指对速卖通卖家发布新产品及产品编辑功能进行关闭，无法操作； 4. 如果会员侵权情节特别严重的，阿里巴巴保留单方面解除合同、直接关闭账户的权利。	

图 2-3

2.2.2 知识产权规则

知识产权指权利人对其所创作的智力劳动成果所享有的专有权利。未经知识产权所有人的许可，使用其依法享有的知识产权，即为知识产权侵权。在全球速卖通平台，严禁用户未经授权发布、销售涉及第三方知识产权的商品。知识产权侵权行为包括但不限于以下三类，如图 2-4 所示。

侵权行为类型	定义
商标侵权	未经商标权人的许可，在商标权核定的同一或类似的商品上使用与核准注册的商标相同或相近的商标行为，以及其他法律规定的损害商标权人合法权益的行为
专利侵权	未经专利权人许可，以生产经营为目的，实施了依法受保护的有效专利的违法行为
著作权侵权	未经著作权人同意，又无法律上的依据，使用他人作品或行使著作权人专有权的行为，以及其他法律规定的损害著作权人合法权益的行为

图 2-4

若发布或销售涉嫌侵犯第三方知识产权的商品，则有可能被知识产权所有人或者买家投诉，平台也会随机对商品（包含下架商品）信息进行抽查，若涉嫌侵权，商品信息会被退回或删除。若投诉成立或者信息被退回/删除，卖家会被扣以一定的分数，一旦分数累计达到相应节点，平台就会执行处罚，如图 2-5 所示。

<table>
<caption>知识产权违规扣分标准</caption>
<tr><th colspan="2" rowspan="2">违规行为</th><th colspan="4">违规行为情节/频次</th><th rowspan="2">备注</th><th rowspan="2">其他处罚</th></tr>
<tr><th>第一次违规</th><th>第二次违规</th><th>第三次违规</th><th>第四次违规及以上</th></tr>
<tr><td colspan="2">买家投诉收到假货</td><td colspan="4">6分/次</td><td></td><td rowspan="7">退回/删除违规信息</td></tr>
<tr><td colspan="2">图片盗用投诉</td><td>0分</td><td colspan="3">6分/次</td><td>首次被投诉5天内算一次；其后一天内若有多次投诉成立扣一次分。时间以投诉结案时间为准</td></tr>
<tr><td rowspan="2">权利人投诉</td><td>一般侵权</td><td>0分</td><td colspan="3">6分/次</td><td>首次被投诉后5天内的同一知识产权投诉成立算一次；其后每一天内所有同一知识产权投诉成立扣一次分。时间以投诉处理时间为准</td></tr>
<tr><td>严重侵权</td><td>0分</td><td>12分</td><td>12分/36分</td><td>24分</td><td>首次被投诉后5天内投诉成立算一次；其后每次被投诉成立扣12分，第四次扣24分；若累计同一知识产权投诉成立达第三次，扣36分
一天内所有知识产权投诉成立扣一次分，时间以投诉处理时间为准（每次违规后，均需进行知识产权学习）</td></tr>
<tr><td colspan="2" rowspan="3">平台抽样检查/举报涉嫌侵权</td><td colspan="2">一般</td><td colspan="2">0.2分/次（一天内扣分不超过6分）</td><td></td></tr>
<tr><td colspan="2">严重（发布涉嫌侵权的品牌衍生词；发布涉嫌侵权信息且错放类目）</td><td colspan="2">2分/次（一天内扣分不超过12分）</td><td></td></tr>
<tr><td colspan="2">特别严重（全店铺售假或进行恶意规避行为等）</td><td colspan="2">48分/次</td><td></td></tr>
</table>

图 2-5

那么，在发布产品时如何避免侵权呢？

首先参考速卖通规则专区下的品牌参考列表，若没有列举，可查询国家商标网，确定商品品牌是否构成侵权。如果依然不能确定，则需要注意所有产品、店铺等发布到网上的信息中（包括文字和图片）都不能使用他人品牌名称或衍生词；产品图片中不能含有他人品牌名称或衍生词、Logo 或相似 Logo；不发布含有模仿他人品牌的代表性图案、底纹或款式的产品。关于如何避免侵权，可参考：http://seller.aliexpress.com/education/rule/ipr07.html。

2.2.3 搜索排序规则

速卖通的搜索排序以帮助买家找到最符合需求的产品为目标。排序是对产品相关性、产品信息质量、产品交易转化能力、卖家服务能力、搜索作弊情况等因素的综合考量。相关性包含如类目与搜索词、标题与搜索词、属性等与搜索词的关系；信息质量通常包含类目、标题、属性、详细描述、图片、价格等信息的描述质量；服务能力则包含如好评率、仲裁、服务响应速度、订单执行情况等。

在平台规则反作弊方面，如果商品有信誉销量炒作、类目乱放、成交不卖、标题滥用、重复铺货、超低价或超高价等严重违规行为，卖家将受到违规商品排名靠后甚至是全店降权或关闭账户的处罚，如图 2-6 所示。

违规行为类型	处罚措施
类目错放	1. 违规商品给予搜索排名靠后的处罚； 2. 同时根据卖家搜索作弊行为累计次数的严重程度对整体店铺给予搜 索排名靠后或屏蔽的处罚； 3. 情节特别严重的，平台将给予冻结账户或关闭账户的处罚。 （注：对于更换商品的违规行为，平台将增加清除该违规商品所有销售记录的处罚。）
属性错选	
标题堆砌	
黑五类商品错放	
重复铺货	
广告商品	
描述不符	
计量单位作弊	
商品超低价	
商品超高价	
运费不符	
SKU作弊	
更换商品	
标题类目不符	

图 2-6

下面将重点举例说明哪些行为属于严重的搜索作弊行为。

1. 类目错放

类目错放是指商品实际类别与发布商品所选择的类目不一致。卖家要避免在商品发布过程中错放类目现象，需要注意以下几点。

- 首先，要对平台的各个行业、各层类目有所了解，知道自己所售商品，从物理属性上讲应该放到哪个大类目下，如准备销售手机壳，知道应该放在手机大类目下。
- 其次，可在线上通过商品关键词查看此类商品的展示类目，作为参考。
- 最后，根据自己所要发布的商品逐层查看推荐类目层级，也可以参考通过商品关键词搜索到的推荐类目，从而在类目推荐列表中选择最准确的类目，同时要注意正确填写商品重要属性。

2．属性错选

属性错选是指用户发布商品时，类目选择正确，但所选择的属性与商品的实际属性不一致。为了避免在商品发布过程中发生属性错选，卖家可参考以下做法。

- 首先，要对平台的各个行业下所设属性有所了解，知道自己所售商品的物理属性和营销属性都有哪些，如“T 恤”，可能会有颜色、尺码、材质、袖长、领型等属性。
- 其次，可在线上通过商品关键词查看此类商品的展示属性，作为参考。
- 最后，根据自己所要发布的商品选择好类目后，逐一考虑发布时待选的属性，避免错选；避免遗漏，如发布商品时忘记选择“袖长”属性；避免多选，如商品无风格属性，却选择了波西米亚风格。

3．标题堆砌

标题堆砌指在商品标题描述中出现关键词使用多次的行为。商品标题是吸引买家进入商品详情页的重要因素，字数不应太多，应尽量准确、完整、简洁，用一句完整的话来描述商品。

标题的描述应该是完整通顺的一句话，如描述一件婚纱：Ball Gown Sweetheart Chapel Train Satin Lace Wedding Dress，这里包含了婚纱的领型、轮廓外形、拖尾款式、材质，用 Wedding Dress 来表达商品的核心关键词。

4．标题类目不符

标题类目不符指在商品类目或者标题中部分关键词与实际销售产品不相符。要避免标题类目不符问题，请先检查商品的类目是否选择正确，其次是检查标题中是否出现了与实际销售商品不相符的关键词。

5．商品错放

商品错放指订单链接、运费补差价链接、赠品、定金、新品预告五类特殊商品，没有按规定放置到指定的特殊发布类目中。这五类商品在平台上的正确发布类目为“special category”，卖家在发布这五类商品时，请将其放到“special category”这一特定类目中，这样方便买家能快速并购买到所需的商品，以便顺利达成交易，切勿将其放置于其他类目中。

6．重复铺货

商品之间需要在标题、价格、图片、属性、详细描述等字段上有明显差异。如：图片不一样，而商品标题、属性、价格、详细描述等字段雷同，也视为重复铺货。如果需要对某些商品设置不同的打包方式，发布数量不得超过 3 个，超出部分的商品则视为重复铺货。 对于同一卖家（包括拥有或实际控制的在速卖通网站上的账户），每件产品只允许发布一条在线商品，否则视为违反重复铺货的政策。

在发布过程中切勿将同一商品发布多次；对于不同的商品，在发布时请不要直接引用已有商品的主图或者直接拷贝已有商品的标题和属性；对于不同的商品，除在主图上体现差异外，请同时在标题、属性、详细描述等方面填写商品的关键信息，以区别于其他商品。

7．广告商品

以宣传店铺或商品为目的，发布带有广告性质（包括但不限于在商品标题、图片、详细描述等信息中留有联系信息或非速卖通的第三方链接等）的信息，吸引买家访问，而信息中商品描述不详或无实际商品，如图 2-7 所示。

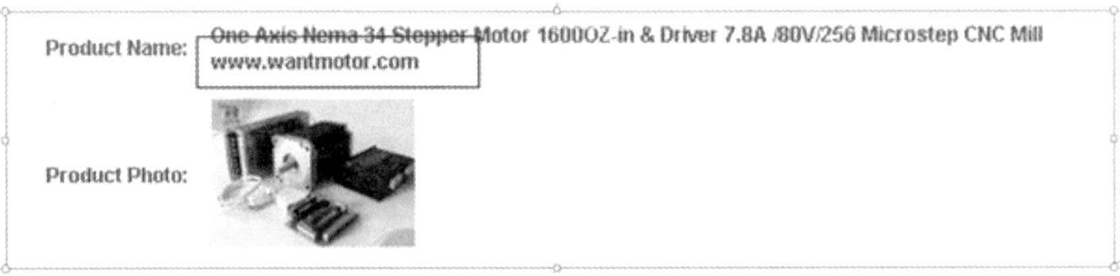

图 2-7

8．描述不符

描述不符指标题、图片、属性、详细描述等信息之间明显不符，信息涉嫌欺诈成分。比如实际销售商品在属性描述中有误、商品主图与详细描述图片不符、标题中的最小起订量与设置的最小起订量不符、标题打包方式与实际设置的打包方式不符、滥用品牌词描述等行为都属于描述不符。

9．计量单位作弊

计量单位作弊是指将计量单位设置成与商品常规销售方式明显不符的单位；或者将标题、描述里的包装物也作为销售数量计算，并将商品价格平摊到包装物上，误导买家的行为。比如卖家在标题中将包装物也作为销售数量计算，引起买家误认为单价很低，或者比如将鞋子以单只的价格进行出售。

10．商品超低价

商品超低价指卖家以偏离正常销售价格较大的低价发布商品，在默认和价格排序时，吸引买家注意，骗取曝光。

11．商品超高价

商品超高价指卖家以偏离正常销售价格较大的高价发布商品，在默认和价格排序时，吸引买家注意，骗取曝光。

12．运费不符

运费不符是指卖家在标题及运费模板等处设置的运费低于实际收取的运费的行为。比如一件婚纱正常销售价格是 159.47 美元，但卖家将商品价格设置成 0.01 美元，运费设置成 159.46 美元，或者在标题中标注了免运费（Free Shipping），而实际上并不提供针对任何一个国家免运费或只提供部分国家免运费等行为，都属于运费不符情况。

13．SKU 作弊

SKU 就是 Stock Keeping Unit，即库存进出计量的单位，可以以件、盒、托盘等为单位。SKU 作弊指卖家通过刻意规避商品 SKU 设置规则，滥用商品属性（如套餐、配件等）设置过低或不真实的价格，使商品排序靠前（如价格排序）的行为；或者在同一商品的属性选择区放置不同商品的行为。

SKU 作弊大致分为以下几种情况。

- 将不同的商品放在一个链接里出售（例如触摸笔和手机壳）。
- 将正常商品和不支持出售（或非正常）的商品放在同一个链接里出售。
- 将常规商品和商品配件（例如手表和表盒）放在一个链接里出售。
- 将不同属性商品捆绑成不同套餐或捆绑其他配件放在一个链接里出售。例如，A 款手机和 A 款手机绳捆绑成一个套餐，以及 B 款手机和 B 款手机绳捆绑成另一个套餐，放在同一个链接里销售的行为，属于 SKU 作弊。
- 卖家想通过标低价的 SKU 产品来获得虚假的销售量，或者想通过虚假的 SKU 的超低价格获得价格搜索排名，这样的行为都属于 SKU 作弊，是平台严厉打击的对象。

14．更换商品

更换商品指通过对原有商品的标题、价格、图片、类目、详情描述等信息进行修改后而发布为其他商品（含更新换代的产品，新产品应选择重新发布），对买家的购买造成误导；但如果修改只涉及对原有商品信息的补充、更正，而不涉及商品更换，则不视为“更换商品”的行为。

经系统识别或者被他人投诉举报涉嫌更换商品，经人工二次核查属实的，平台将清除该商品的所有销量记录并进行商品排名靠后处理；出现屡次销量炒作情况的，平台有权下架或删除该商品，并且保留对卖家/店铺做出整体处罚的权力。

2.2.4 发布产品

1. 设置标题

标题是为了让买家找到你的产品，所以买家用到的词就是你需要设置的词。标题制作流程是收集数据（数据纵横）、分析数据（得出词表）、设置标题。收集数据的途径包括：数据纵横、卖家频道、卖家论坛、Google 搜索工具、海外论坛及其他电商网站。标题的词语分为：顶级热搜词、属性词、修饰词、单品名、店铺名等类别。

标题制作的"三段法"是指核心词+属性词+流量词，释义如下。

- 核心词：行业热门词（影响排行、影响点击率）。
- 属性词：例如长度、颜色等（影响排行、影响点击率）。
- 流量词：能带来流量的词。

卖家通常要为许多产品设置标题，例如有 300 个标题要设置，如果每个标题都单独去认真设置的话工作量太大，考虑到这一点，我们可以从另一个角度来理解标题制作的"三段法"。

- 核心词是不变的部分。
- 属性词是可变的部分。
- 流量词是可替换的部分。

如何为不同类型的产品批量设置标题呢？下面以为爆款、引流款、利润款设置标题为例进行介绍。

（1）爆款

特点：投入绝大部分人力、物力、财力。

策略：核心词+修饰词+属性词。

爆款是需要和大卖家竞争的产品，所以要用大词，因为只有大词才能带来足够多的流量。

（2）引流款

特点：广告花费不如爆款多，用于报名参加活动，拓展店铺流量来源（预备爆款）。

策略：核心词+修饰词+属性词+（次级热搜词）。

引流款和爆款设置标题的思路一样，但是用的词相对小一点，可以用次级热搜词。

（3）利润款

特点：承担为店铺带来自然搜索流量的任务。

策略：核心词+属性词+流量词。

店铺里的其他所有产品，也叫利润款，这些产品就使用最原始的设置标题方式，即核心词

+属性词+流量词。

2．定价

产品的定价对于店铺来说是非常重要的，因为定价影响点击率，影响排序，影响买家最终是否决定购买（转化率）。影响产品的定价因素有：产品进价、运费、折扣率、利润率、促销活动的价格空间、同行的定价、销售策略等。

折扣率在进行商品定价时就要预估好。一般情况下，卖家在上架商品之前，要把爆款、引流款、利润款确定好，因为它们的折扣一般是不同的，最好从一开始就考虑好如何设置折扣。要注意两点：第一，折扣率和利润率是不同的；第二，虽然这里提到的爆款在初期可能会略亏损，但不是绝对的，还要取决于市场环境、产品品质、资金实力、投入力度等因素。

3．详情页的设置

评判详情页优劣的指标有：转化率、平均访问深度、平均页面停留时间、跳失率、客单价。

转化率是核心指标，其中影响详情页转化率的因素有很多，主要因素如图 2-8 所示。

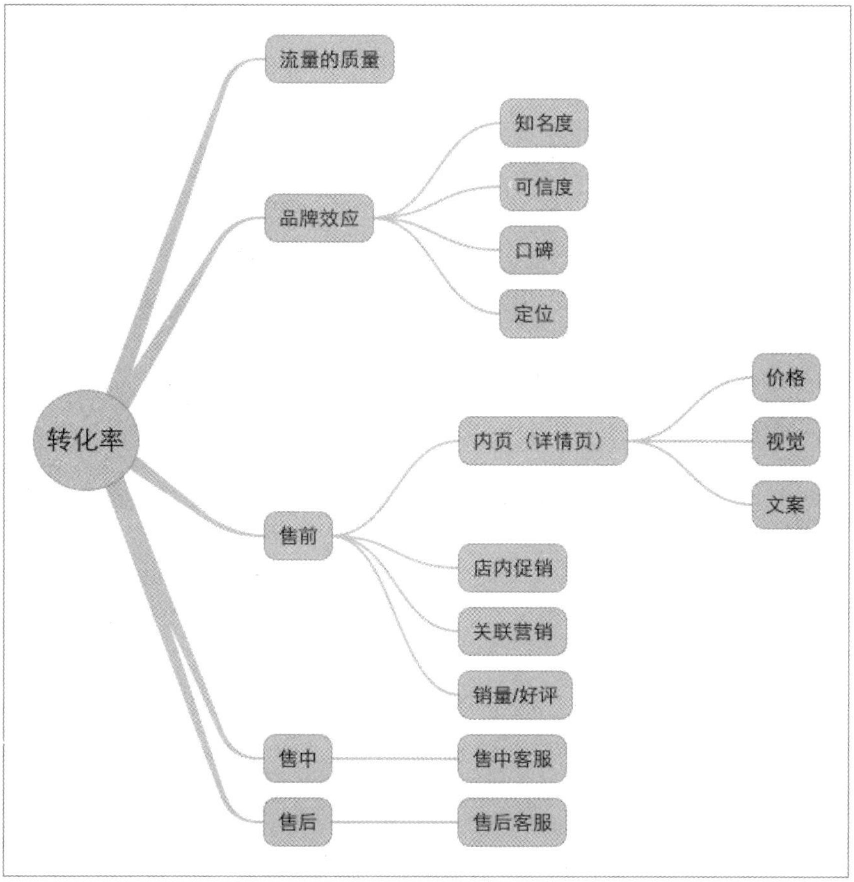

图 2-8

下面从视觉和文案的维度，结合案例，介绍如何打造优质的详情页。

（1）视觉

视觉主要由主图和详情页模板两部分组成。在主图部分一共有 6 张主图，第 1 张主图会被展示在搜索引擎列表里，所以它最重要，用于获得更多的精准流量；剩下 5 张主图用来给移动端的买家看，要充分展示产品卖点，要努力优化、修饰。但不要过度美化，因为主图美化过度会严重影响转化率，所以主图要真实、有质感。在移动端的商品浏览中，主图占据着最重要的展示位置，直接成为影响点击率的首要因素。

衡量详情页的属性有转化率、页面停留时间、访问深度，优质的详情页是由一系列图片构成的，以下是详情页模板中通常会涵盖的板块。

① 关联营销区。一般情况下，在详情页的最上面会放置关联营销产品信息模块，引导买家进入详情页后，增加买家进入店铺其他页面的可能性，如图 2-9 所示。

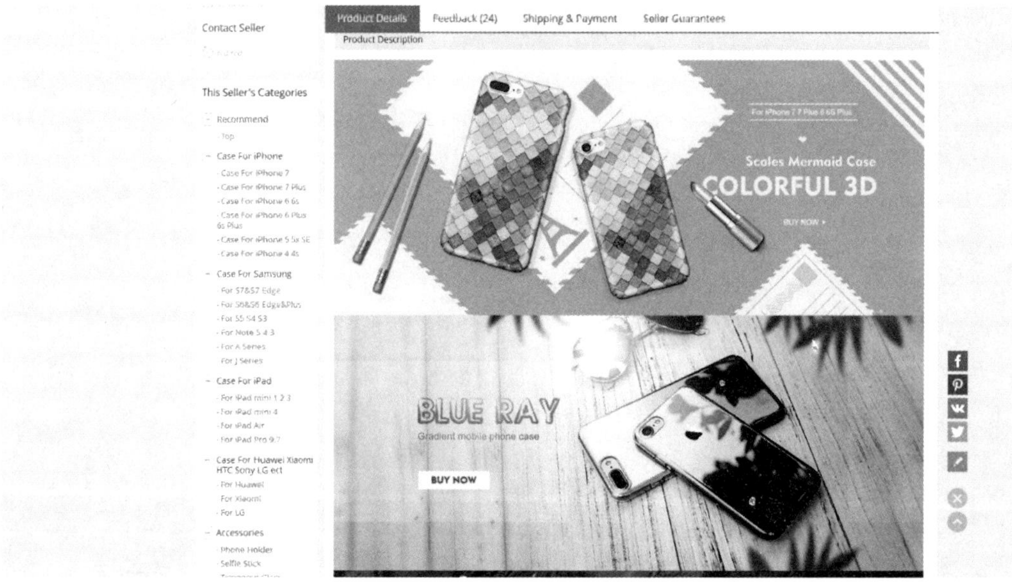

图 2-9

② 产品介绍区。这里通常会放置产品的广告图、多 SKU 介绍、产品属性、产品卖点、真假对比等，如图 2-10 和图 2-11 所示。

比如在这个例子中，有同款产品不同颜色的展示，对于产品主要特点（Main Feature），用美观的大图依次展示了 5.5 英寸屏幕、64 位 8 核处理器、1300 万像素后置摄像头和 500 万像素前置摄像头。

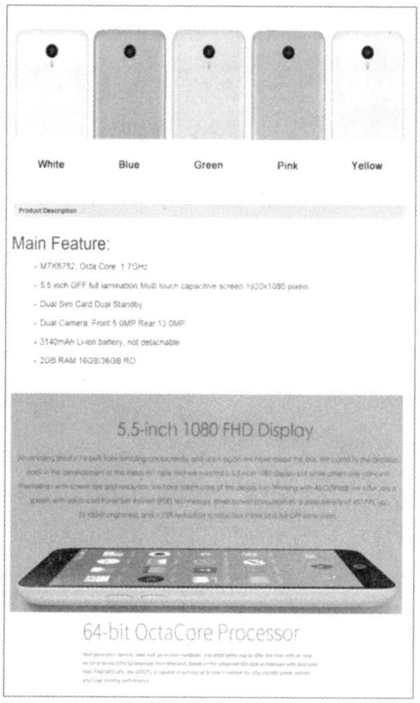

图 2-10

图 2-11

③ 产品实拍图区。这里会放置产品的实拍图、细节图，如果是首饰、衣服，则可以放置佩戴图、使用图、买家分享图等，要在真实的基础上体现美观、有吸引力，如图 2-12 所示。

图 2-12

④ 店铺信息图区。这里适合放一些促进交易的相关信息，例如附送小礼品、支持哪些付款方式和物流方式、公司介绍、公司实拍图、FAQ 等。

（2）文案

优秀文案的力量是巨大的，图片只是文案的载体，只有图片没有文字无法准确传达信息。精美的图片配合优秀的文案，从感性上说，就能够给人一种购买的冲动；从理性上看，文案是影响买家在页面停留时间的最佳武器。

直白有效的描述、简洁有力的文案，能第一时间说清楚商品的价值和卖点，这样才能快速迎合买家的消费需求。我们来看看实际运用到店铺上的案例，如图 2-13 所示。

图 2-13

这张海报的文字简短有力，包含了“第一”“10 万顶”“销量神话”等关键词。那么这里有没有说这个产品的品质、选材、用料、做工、细节、参数？一个都没有说，说明买家购物时是感性冲动消费。如图 2-13 所示的文字内容，才叫作直白有效的文案。

文案的表现手法可参考九宫格的创意方式，这种发散型表现手法很适合用来写商品的 9 个优势，围绕一个中心点，规划好页面阅读的逻辑，让买家对商品的优势一目了然。随着时代的发展，能吸引买家的文案也在不断变化着，卖家需要学习新的创新、新的角度来展示商品的优势和卖点。

2.3 交易规则

2.3.1 成交不卖与虚假发货

成交不卖，指买家付款后，卖家逾期未按订单发货，或因卖家的原因导致取消订单的行为。成交不卖包括两种类型：买家付款后，卖家延误发货导致订单关闭；买家在发货前申请取消订单，同时选择是卖家原因造成的。

虚假发货，指在规定的发货期内，卖家填写的货运单号无效或虽然有效但与订单交易明显无关，误导买家或全球速卖通平台的行为。例如：为了规避成交不卖的处罚，填写无效货运单号或明显与订单交易无关的货运单号等；卖家声明发货（即完成“填写发货通知”）5 个工作日后运单无物流上网信息。

2.3.2　货不对版与违背承诺

货不对版，指买家收到的商品与达成交易时卖家对商品的描述或承诺在类别、参数、材质、规格等方面不相符。严重的“货不对版”行为包括但不限于以下情况。

- 寄送空包裹给买家。
- 订单产品为电子存储类设备，产品容量与产品描述或承诺严重不符。
- 订单产品为电脑类产品硬件，产品配置与产品描述或承诺严重不符。
- 订单产品和寄送产品非同类商品并且价值相差巨大。

违背承诺，指卖家未按照承诺向买家提供服务，损害买家正当权益的行为。违背承诺包括违背交易及售后相关服务承诺、物流相关承诺，以及违背平台既定规则或要求等。

2.3.3　不正当竞争与不法获利

1. 不正当竞争

不正当竞争主要有两种情况。

- 不当使用他人权利的行为。卖家在所发布的商品信息或所使用的店铺名、域名等中不当使用他人的商标权、著作权等权利。卖家所发布的商品信息或所使用的其他信息造成消费者误认、混淆。
- 卖家利用海外会员账户对其他卖家进行恶意下单、恶意评价、恶意投诉，从而影响其他卖家声誉和正常经营的行为。

2. 不法获利

不法获利，指卖家违反速卖通规则，涉嫌侵犯他人财产权或其他合法权益的行为。不法获利包括但不限于以下情形。

- 卖家在交易中诱导买家违背速卖通正常交易流程操作获得不正当利益。
- 卖家通过发布或提供虚假的或与承诺严重不符的商品、服务或物流信息骗取交易款项。
- 卖家违反速卖通规则被关闭账户后仍注册，或直接或间接控制、使用其他账户。
- 卖家违反速卖通规则，通过其他方式非法获利。

3. 信用及销量炒作

信用及销量炒作，指通过非正常交易手段提高商品销量及信用的行为，借此获得更高的曝光，对正常经营的卖家造成不正当竞争，同时也对海外买家选购产生误导，扰乱了市场秩序。平台对于此类行为分为以下两种处理方法。

- 对于被平台认定为构成信用及销量炒作行为的卖家，平台将删除其违规信用积分、销量记录，以及进行搜索排序靠后处罚，对信用及销量炒作行为涉及的订单进行退款操作，并根据其违规行为的严重程度，分别给予冻结账户 30 天、冻结账户 60 天（最严重至冻结账户 180 天）、清退的处罚。

- 对于第二次被平台认定为构成信用及销量炒作行为的卖家，不论行为的严重程度如何，平台一律作清退处理。

2.3.4 严重扰乱平台秩序

严重扰乱平台秩序，指干扰平台管理，严重扰乱平台秩序，损害其他用户或平台的合法权益的行为。严重扰乱平台秩序包括但不限于以下情形。

- 恶意规避平台规则或监管措施的行为。
- 通过恶意违规等方式干扰其他用户正常交易的行为。
- 对买家购物过程带来了严重的不良体验，对速卖通平台的商业环境造成了恶劣影响的行为。
- 其他严重扰乱平台秩序的行为。卖家采取恶劣手段骚扰会员，妨害他人合法权益的行为，如要求买家给好评或者因纠纷等原因谩骂买家； 其包括但不限于通过电话、短信、阿里旺旺、邮件等方式频繁联系他人，影响他人正常生活等行为。

上述交易违规行为，都是速卖通平台严厉打击的，处罚规则如图 2-14 所示。

违规行为类型	处罚方式
虚假发货	虚假发货一般违规：2分/次 虚假发货严重违规:12分/次 （说明：速卖通平台将根据卖家违规行为情节特别严重的进行扣除48分的判定。同时，被平台认定为虚假发货的，不论是一般违规还是严重违规，平台都将立即关闭该笔订单，并将订单款项退还买家，由此导致的责任由卖家承担。）
信用及销量炒作	1. 对于被平台认定为构成信用及销量炒作行为的卖家，平台将删除其违规信用积分及销量记录，分别给予：一般6分/次；中等12分/次；严重24分/次；特别严重48分/次 2. 对于第二次被平台认定为构成信用及销量炒作行为的卖家，不论行为的严重程度如何，平台一律作清退处理
诱导提前收货	一般违规2分/次；严重违规12分/次；性质特别严重的，给予账户直接扣48分或清退
严重货不对版	1. 被判定特别严重的直接扣除48分或关闭账户 2. 一般行为：2分/次；严重行为：12分/次 （说明：速卖通平台根据卖家违规行为情节严重程度进行直接扣除48分或关闭账户的判定。）
恶意骚扰	一般2分/次；严重12分/次；情节特别严重48分/次
不法获利	48分/次或直接清退
严重扰乱平台秩序	一般2分/次；严重12分/次；情节特别严重48分/次
不正当竞争	一般违规1分/次，限期整改 严重违规3分/次，情节特别严重的48分/次
违背承诺	一般违规1分/次，对应商品下架处理 严重违规3分/次，情节特别严重的48分/次
严重店铺超低价	一般违规2分/次；严重违规12分/次；性质特别严重的，给予账户直接扣48分或清退
引导线下交易	一般违规2分/次；严重违规12分/次；性质特别严重的，给予账户直接扣48分或清退

图 2-14

2.3.5 订单管理

交易管理是速卖通平台操作的一个重要环节。交易管理主要由 4 个部分组成：管理订单、物流服务、资金账户管理和评价管理。

打开速卖通后台，选择“交易”→“管理订单”，然后在“所有订单”中能够看到等待卖家操作的订单和等待买家操作的订单，如图 2-15 所示。

图 2-15

在等待卖家操作的订单中，包含了：等待您发货、买家申请取消订单、有纠纷的订单、未读留言、等待卖家验款、等待您留评、等待放款的订单等状态，单击状态后的数字，就能看到相对应的订单详情。在“管理订单”中还包含了“退款&纠纷”订单可以看到当前有纠纷的订单与订单退款情况，如图 2-16 所示，单击订单可以查看详情及买家留言。

图 2-16

1．物流服务

在等待卖家发货的订单中，确定了物流方式后，卖家可以对订单进行发货，选择“填写发货通知单”后，输入相关单号，即可完成发货，如图 2-17 所示。

图 2-17

在订单详情中，可以查看订单的物流信息，如图 2-18 所示。

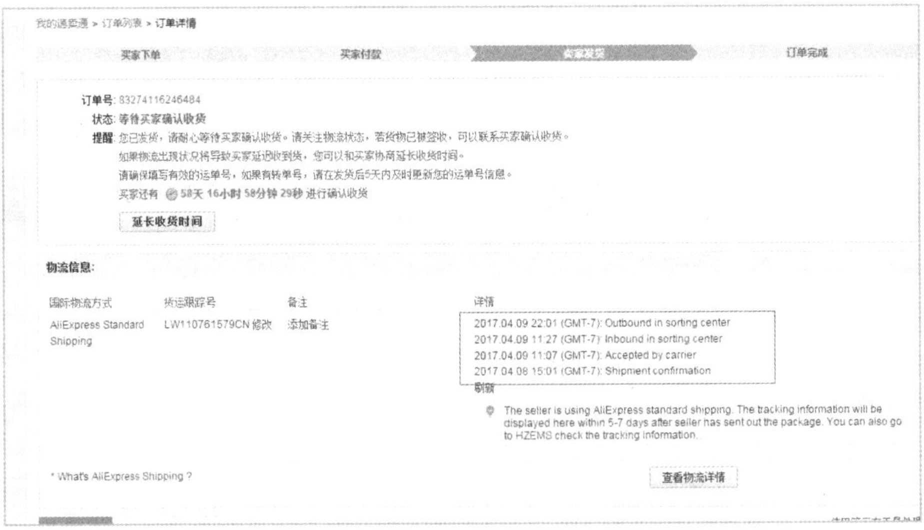

图 2-18

2．资金账户管理

在速卖通后台选择“交易”，然后在“资金账户管理”中可以查询待放款订单、已放款订单及订单金额，如图 2-19 所示。

图 2-19

3．评价管理

首先进入速卖通后台，选择“交易”→“交易评价”，然后进入“管理交易评价”中，即可查看当前店铺评价及买卖双方待评价的订单，如图 2-20 所示。

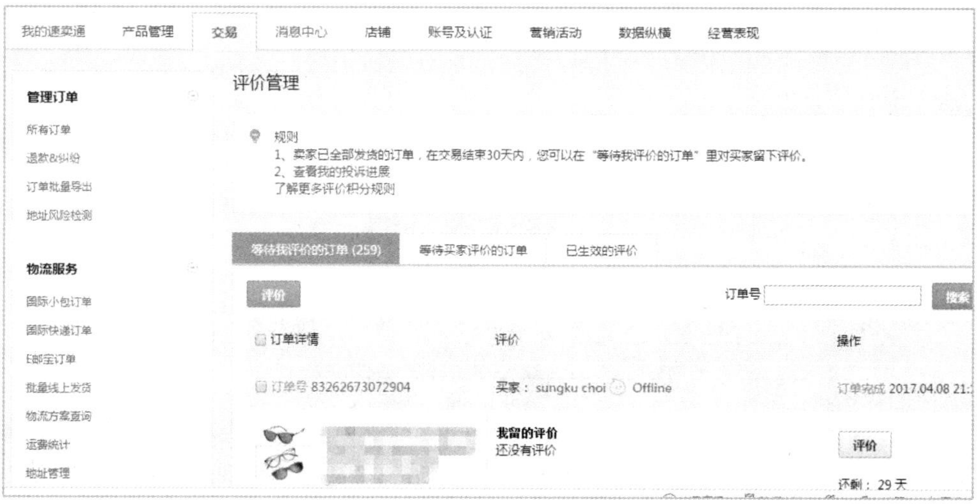

图 2-20

2.4 放款规则

2.4.1 放款时间

速卖通根据卖家的综合经营情况，例如好评率、拒付率、退款率等评估订单的放款时间，主要有以下几种情况：

- 在发货后的一定时间内进行放款，最快放款时间为发货 3 天后。
- 在买家保护期结束后放款。
- 对于账号关闭，且不存在任何违规违约情形的，在发货后 180 天放款。

2.4.2 放款方式

平台具体的放款方式可以参考图 2-21 和图 2-22。

放款规则			
账号状态	**放款时间**	**放款比例**	**备注**
账号正常	发货3个自然日后（一般是3~5天）	70%~97%	保证金释放时间见：提前放款保证金释放时间表
		100%	
	买家保护期结束后	100%	买家保护期结束：买家确认收货/买家确认收货超时后15天
账号关闭	发货后180天	100%	无

图 2-21

提前放款保证金释放时间表			
类型	**条件**		**保证金释放时间**
按照订单比例冻结的保证金	商业快递+系统核实物流妥投	无	交易结束当天
	1. 商业快递+系统未核实到妥投 2. 非商业快递	交易完成时间–发货时间≤30天	发货后第30天
		交易完成时间–发货时间30~60天	交易结束当天
		交易完成时间–发货时间≥60天	发货后第60天
固定保证金	账号被关闭	无	提前放款的订单全部结束（交易完成+15天）后，全额释放
	退出提前放款		
	提前放款不准入		

图 2-22

需要注意的是，放款成功后，若订单产生纠纷退款，平台先从卖家账户的“可提现余额”中扣款，若余额不足，则会扣除冻结保证金中的资金；若仍不足扣款，平台有权（但无义务）垫资退款给卖家。

第 3 章

跨境电商选品

学习目标：

- 掌握跨境电商的选品原则
- 了解 Amazon、速卖通平台的数据
- 列出常用的数据分析平台有哪些
- 认识部分国家的本土电商
- 列举从哪些渠道观察流行趋势

3.1 跨境电商选品原则

选品过程不可只靠个人主观判断，应有市场调研、数据分析作为客观依据。以下是跨境电商选品的三项原则。

3.1.1 判断目标市场用户需求和流行趋势

世界各地区买家的生活习惯、购买习惯、文化背景都不一样，一件商品不可能适合所有地区的买家。比如，针对欧美市场的服装应该比针对亚洲市场的大几个尺码；针对巴西市场的饰品应该选择夸张且颜色鲜艳的款式。所以在选品之前，要先研究目标市场的买家需求，了解他们的消费习惯和流行趋势。

3.1.2 适应跨境电商的物流运输方式

跨境电商的物流具有运输时间长、不确定因素多的特点，在运输途中可能出现天气突变、海关扣留、物流周转路线很长等状况。不同国家和地区的物流周期相差很大，最快的4~7天送达，慢的需要1~3个月才能送达。在漫长的运输途中，包裹难免会受到挤压、抛掷等损害，也可能经历从冬天到夏天的温差变化。

所以，选品时要考虑产品的保质期、耐挤压程度等因素；由于跨境物流费用高，选品时也要考虑相应重量和体积所产生的物流费用是否在可承受范围内。

3.1.3 判断货源优势

满足以上条件的情况下，还需要考虑自身是否有货源优势。对于初级卖家，如果其所处的地区有成规模的产业带，或者有体量较大的批发市场，则可以考虑直接从市场上寻找现成的货源。在没有货源优势的情况下，再考虑从网上寻找货源。

对于有一定销量基础并且已经积累了销售经验的卖家，能够初步判断哪些商品的市场接受度较高时，可以考虑寻找工厂资源，针对比较有把握的产品，进行少量下单试款。

对于经验丰富并具有经济实力的卖家，可以尝试先预售，确认市场接受度后再下单生产，这样可以减少库存压力和现金压力。

3.2 市场调研

市场调研的形式有很多，这里选择对初级卖家容易操作的方式进行介绍。主要调研手段是通过互联网收集现有的数据和信息，经过分析判断后得出结论。

3.2.1　网站数据观察

观察跨境电商平台的买家界面，都可以收集到有助于选品的信息。下面用 Amazon 和速卖通平台作为例子进行介绍。

1．Amazon 平台数据

在 Amazon 平台上可以选择“Best Sellers”，对热销产品的相关信息进行观察。操作步骤：打开 Amazon 平台首页，找到需要查看的类目，如图 3-1 所示。

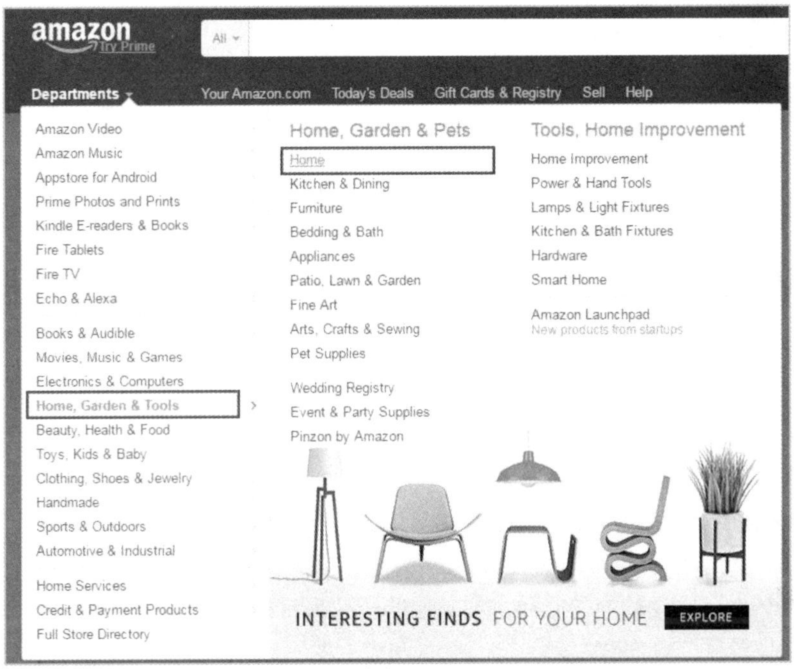

图 3-1

选择“Best Sellers”，如图 3-2 所示。

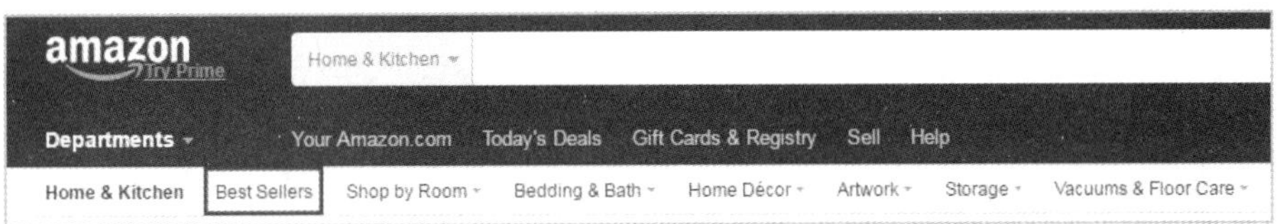

图 3-2

在“Best Sellers”里面显示的是这个类目下的热销商品，右边有更多热销商品的推荐，如图 3-3 所示。

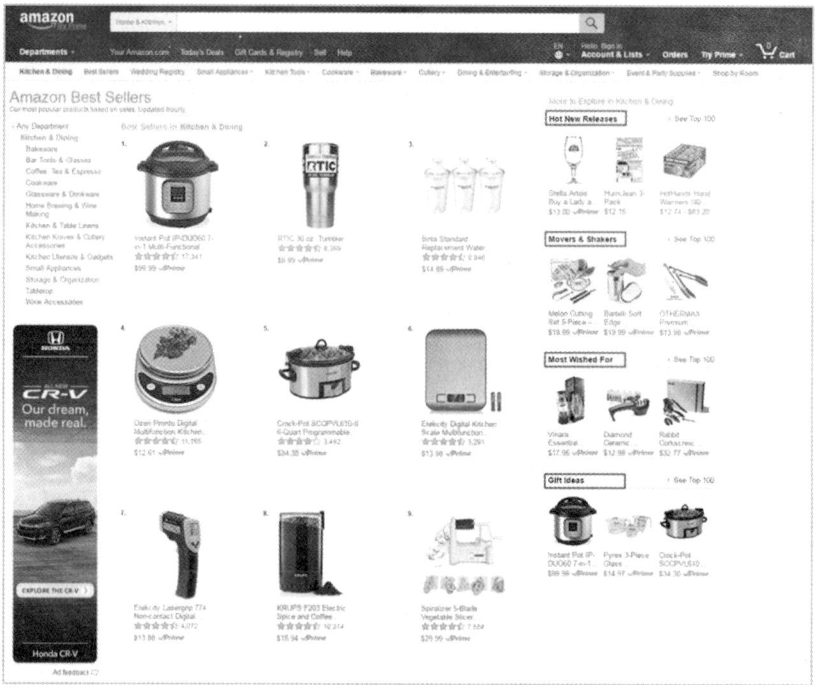

图 3-3

- Hot New Releases，热门新品榜单，每小时更新一次数据。
- Movers & Shakers，一天内销量上升最快的商品，通过这个数据可以寻找潜力商品。
- Most Wished For，愿望清单，买家想买但是还没买的商品，一旦愿望清单里的商品降价了，平台就会主动发通知给买家。
- Gift Ideas ，最受欢迎的礼品，如果你的产品具有礼品的属性，可以关注这块信息，这些数据会每日及时更新。

针对不同国家的市场，热销商品会有所不同，下面是关于 Amazon 在不同国家站的链接。

https://www.amazon.com/ 美亚

https://www.amazon.co.jp/ 日亚

https://www.amazon.co.uk/ 英亚

https://www.amazon.co.de/ 德亚

2. 速卖通平台数据

“Best Selling” 频道收集了最新热门商品和每周热销商品，可以按照经营类目查看热门商品排行，如图 3-4 所示。

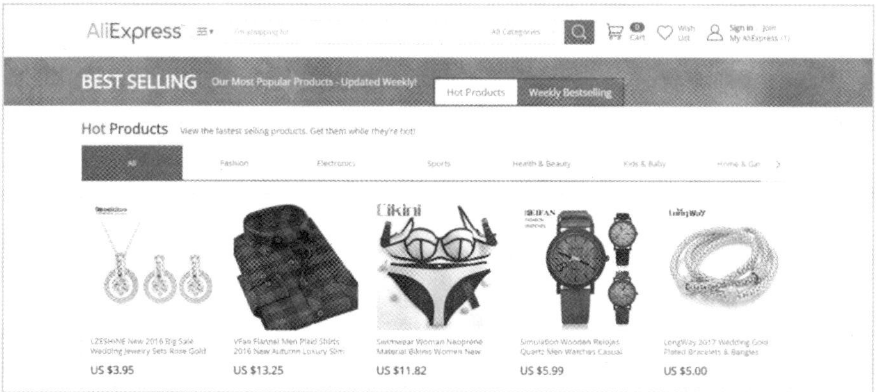

图 3-4

可以参考同行卖家的商品。在买家首页搜索想了解的商品，比如“high heels”，以订单降序排列，查看目前平台上高跟鞋类目下销量好的产品信息，如图 3-5 所示。

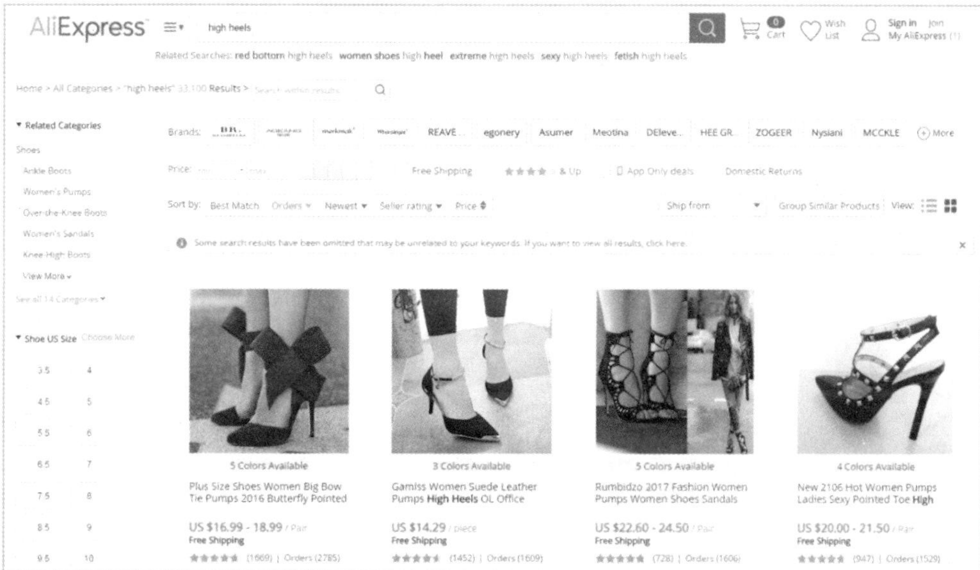

图 3-5

3.2.2　常用数据分析平台

除了从跨境电商平台买家页面观察外，还可以通过跨境电商平台卖家后台所提供的数据，或者第三方数据分析平台提供的数据了解到产品的相关市场信息。

1．Google Trends 谷歌趋势

Google 搜索对于跨境电商卖家来说是很实用的工具。在 Google Trends 里可以看到每个关键词的搜索趋势，可以根据升高或降低来判断产品最近的销售趋势。

下面我们以“wedding dress”为例解释 Google Trends 的使用方法。

如图 3-6 所示，搜索“wedding dress”关键词，可以看到在过去一段时间内该关键词在全球被搜索的趋势变化。图中曲线显示，过去 5 年时间“wedding dress”被搜索量没有明显的变化，但是随着季节变化有明显的起伏规律。可以确定全球市场对婚纱的需求是稳定的，而且会集中在天气温暖的几个月份。

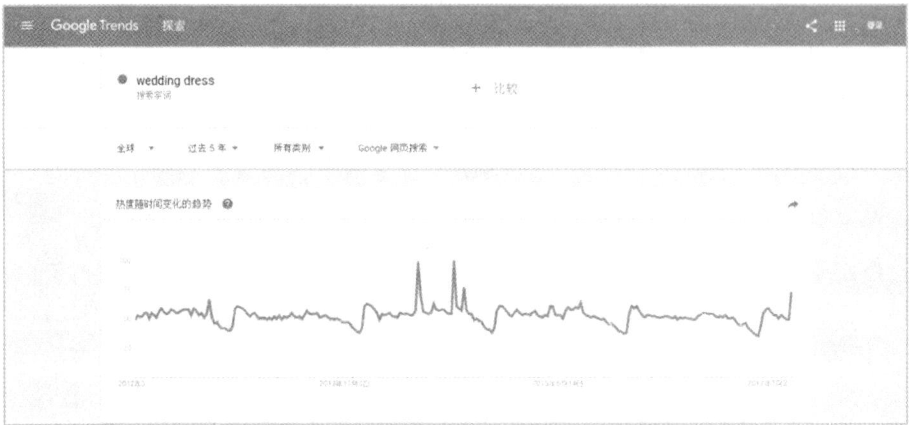

图 3-6

如图 3-7 所示，显示不同国家搜索“wedding dress”的热度。很明显，北美地区、澳洲地区对婚纱的需求最多；其次是俄罗斯和欧洲地区。右侧显示了搜索量最高的几个地区，接下来要结合国家情况来具体分析。

图 3-7

以上结论可以证明全球市场对婚纱产品的关注度，接下来我们可以选择“Google 购物”维度来观察婚纱的网购趋势。

如图 3-8 所示，在“Google 购物”数据趋势中，2015—2017 年搜索有明显的上升，结合这段时间全球跨境电商交易量的迅速上升，智能手机的普及率逐年快速上涨，可以基本判断出通过网络采购婚纱的买家数量会持续增长。

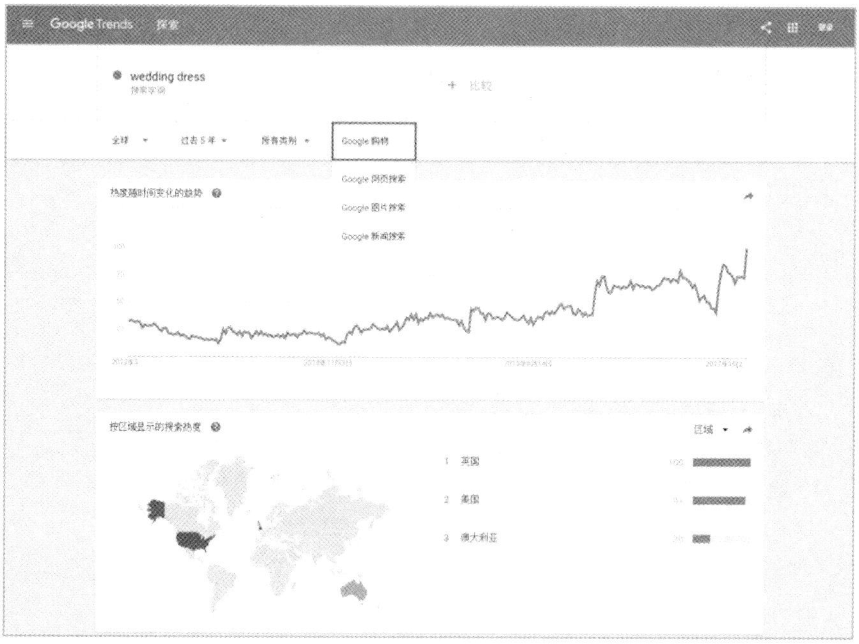

图 3-8

从图 3-8 中看到英国、美国、澳大利亚的搜索量最高，假设我们把主要目标市场锁定为美国，接下来可以具体观察美国市场的数据情况。

如图 3-9 所示，选择“美国”地区，就会显示美国各个州的具体数据报告。

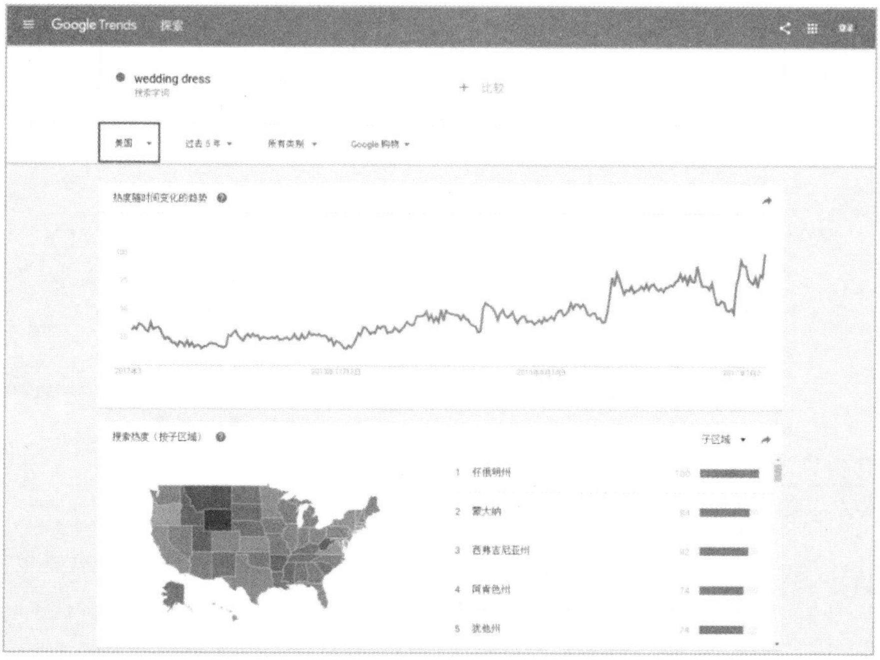

图 3-9

和婚纱类目相近的还有晚礼服类目，在判断选婚纱还是选晚礼服作为主要销售款时，可以通过对比关键词来了解哪种产品的市场需求量更大，如图 3-10 所示。

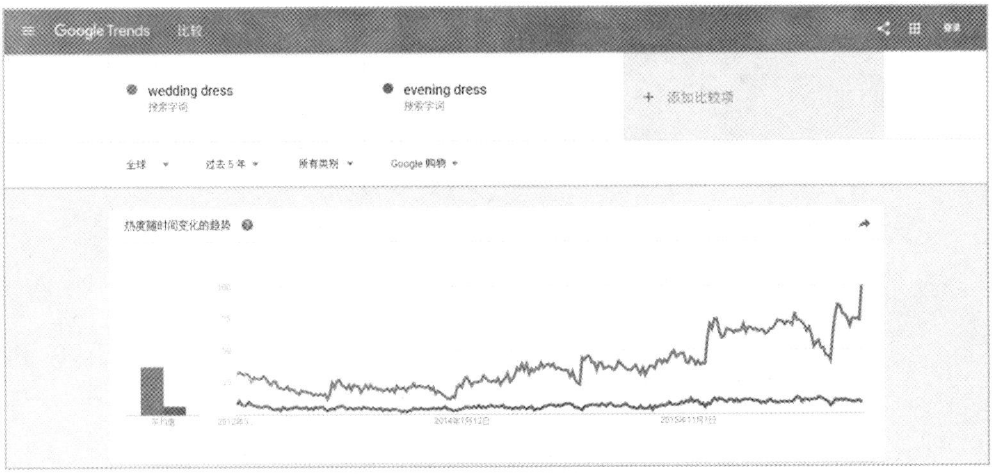

图 3-10

2．Google Global Market Finder（全球商机洞察）

Google Global Market Finder 可以提供来自全球互联网搜索的数据；按照总的搜索量、建议出价和竞争状况对每个市场的商机进行排序；可以从全球范围收集关键词在各地区的表现情况。界面如图 3-11 所示。

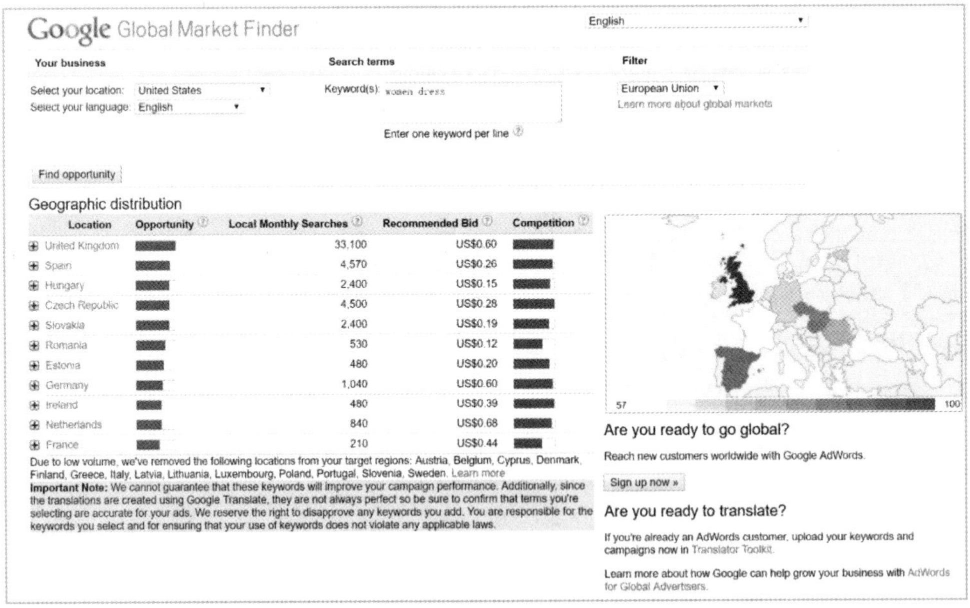

图 3-11

输入能够描述产品的关键词，然后选择一个区域。还可以在多个市场中（Filter）进行选择，包括 G20、欧盟、新兴市场、亚洲或整个世界。通过 Google 全球商机洞察的使用，可以解决诸如“这个市场的竞争状况如何”“该地区对产品的需求与另外一个区域相比如何”“在这个新市场进行广告宣传需要多少成本”等问题。

3．WatchCount 和 Watched Item 网站

WatchCount 和 Watched Item 是 eBay 的两个搜索分析网站，可以查看在 eBay 平台上受欢迎的商品。搜索结果如图 3-12 和图 3-13 所示。

图 3-12

4．Terapeak

在 Terapeak 上可以查找到关于 eBay 平台的商品销售数据。

首先，可以了解热销商品的类目情况。如图 3-14 所示，单击“Hot Research（热门调研）”，列表中出现被热搜的关键词，以及关键词所在的类目和销售数据。从这些数据可以观察到哪些是热销商品，哪些是热销类目。

图 3-13

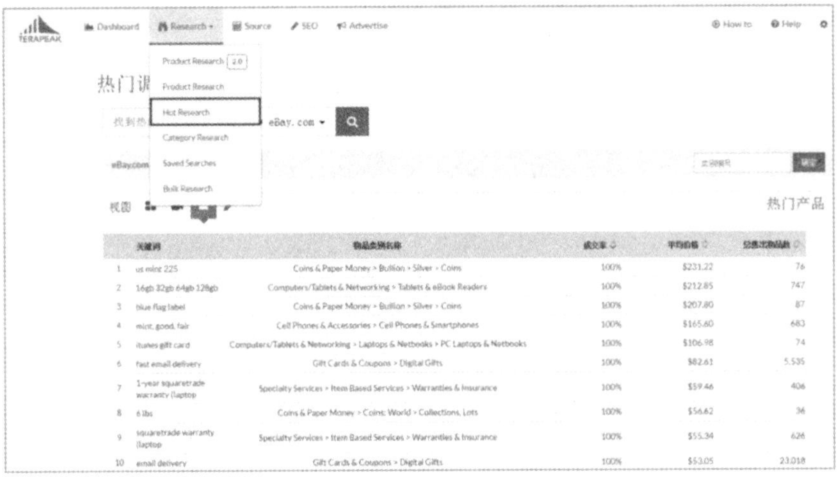

图 3-14

然后，进一步了解自己经营的类目情况。如图 3-15 所示，搜索“dress”关键词，列表中出现涵盖 dress 关键词的搜索情况以及销售数据，在这里可以看到不同的物品类别名称在成交率、均价、销量数量上的数据明细。eBay 针对不同国家有多个站点，可以分站点查看不同地区的搜索情况。

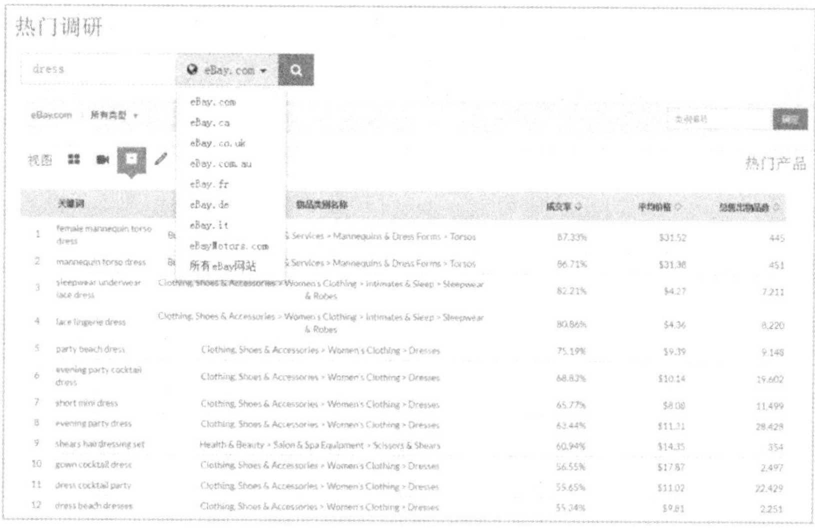

图 3-15

最后，进行具体的产品调研。单击“Research”，选择“Product Research”，输入要查询的关键词“wedding dress”，同时选择要查询的时间段。如图 3-16 所示，选择了过去 30 天时间的信息查询。

图 3-16

根据上面的查询条件显示出结果，如图 3-17 所示，这里展示了涵盖“wedding dress”关键词的产品在过去 30 天时间的详细销售数据。

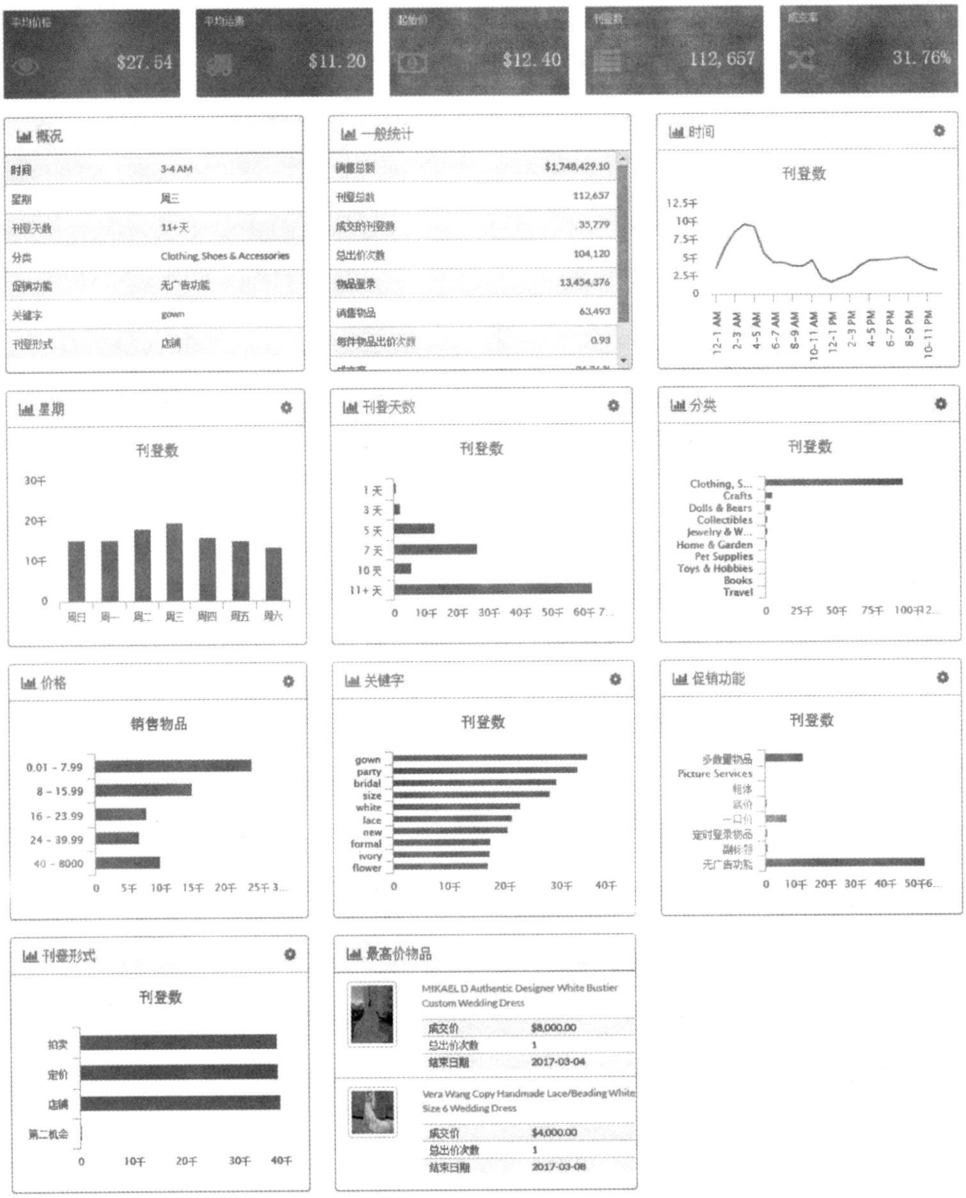

图 3-17

5. 速卖通平台后台数据

在速卖通平台的卖家后台，可以通过“行业情报”和“选品专家”数据工具进行系统的选品分析，这两个分析方法在“数据分析”章节中会详细阐述，这里不再赘述。

3.2.3 观察流行趋势

1. 观察其他国家的本土电商网站

（1）美国电商网站

除了本书中讨论的几大电商平台外，美国有一些以线下大型实体店为基础向电商发展的平台，也是美国买家的主要网购平台。

- Walmart，沃尔玛百货，美国最大的线下零售商，经营连锁折扣店和仓储式商店的美国跨国零售公司。
- Best Buy，百思买（http://www.bestbuy.com/），美国跨国消费电子公司，专注消费类电子产品。
- Macy's，梅西百货（https://www.macys.com/），美国中档连锁百货公司，以消费类产品为主，产品涵盖种类丰富。
- Sears，西尔斯（http://www.sears.com/），美国著名的连锁百货公司，和梅西百货类似。

（2）俄罗斯电商网站

- Ulmart，俄罗斯最大的电商平台，成立于 2008 年，销售 12 万种商品，囊括家电、手机、电脑、汽配、服装、母婴、家装、图书等品类。
- Ozon，俄罗斯老牌电商平台，1998 年上线，主营业务为在线销售图书、电子产品、音乐和电影等。
- Wildberries，时尚类电商平台，成立于 2004 年，是俄罗斯本土的鞋服及饰品在线销售平台。
- Citilink，3C 家电电商平台，成立于 2008 年，为客户提供数码下载、电脑、3C 家电等产品。
- Lamoda，时尚服装电商平台。

（3）巴西电商网站

- Mercadolivre.com.br，巴西本土最大的 C2C 平台，利用好这个平台有利于了解巴西各类物价指数、消费趋势、付款习惯等市场信息。
- Americanas.com.br，巴西本土的连锁零售商店，1929 年成立于里约热内卢，目前该公司在巴西的 25 个州及首都巴西利亚拥有 860 家实体商店。

（4）西班牙电商网站

Elcorteingles，西班牙最大的百货集团，同时也有电商平台，在这里可以看到一些西班牙本土品牌的产品。

（5）法国电商网站

- Cdiscount，法国排名靠前的购物网站，拥有1600万买家，平台经销范围涉及文化产品、食品、IT产品等诸多品类，商品销往南美、欧洲、非洲等地。
- Fnac，法国老牌的图书和电子产品零售商，拥有数百家实体店。
- PriceMinister，欧洲地区流量较高的电商平台，总部在法国，主营3C、Fashion及家居品类。
- La Redoute，乐都特，法国时尚品牌，1995年开始从事网络销售，现覆盖120多个国家，拥有70多个品牌。

2. 通过SNS平台了解流行趋势

SNS网站通常是信息发源地，各领域的最新信息和流行趋势都会最先在SNS网站开始传播，卖家可以在国外流行的SNS网站关注行业相关意见领袖和热门话题，通过观察发掘潜在商机。比如时尚达人经常会分享最新的设计款式，这些设计款式可能会在未来的三个月到两年时期内逐渐在不同国家开始流行，卖家通过判断可以提前预备相关产品。下面介绍三种可能会出现销售商机的流行趋势。

（1）电影流行趋势

关注院线未来一年的上映计划，尤其是好莱坞出品的影视作品，选出观众期待较高的电影，这些电影很可能会带动一股文化潮流，卖家可以针对这些电影里的热门元素提前开发周边产品。但是在开发电影周边产品时要非常注意不可产生侵权行为。

（2）时尚博主流行趋势

做时尚产品的卖家要多关注Instagram和Pinterest等SNS网站，寻找符合自己品牌风格的时尚博主、影视明星进行关注，其穿着或者关注的话题，很可能会引起普通消费者的跟风潮流。

（3）大型文体活动流行趋势

体育比赛和走秀节目都可能带来流行趋势的购买热潮，以下推荐几个值得卖家关注的大型活动。

- 全球性体育赛事都会引起阶段性的流行趋势，比如奥运会和世界杯足球赛。四年一次的世界杯是全球球迷狂欢的日子，这个时期球赛周边产品销量直线上升，比如2010年南非世界杯期间中国产的“呜呜祖啦”这种商品爆卖。
- 美国，超级碗（Super Bowl），美国国家美式足球联盟（也称为国家橄榄球联盟）的年度冠军赛。超级碗被称为美国的“春晚”，美国大牌的演艺明星都会在超级碗演出，在美国是收视率最高的电视节目。
- 明星演唱会，美国每年都会有很多的明星演唱会，也会带动周边纪念品的销售。

第 4 章

市场营销

学习目标：

- 列举速卖通店铺四大营销工具
- 描述速卖通平台活动特点
- 概述速卖通无线端三大营销方式
- 掌握速卖通直通车的推广原理
- 了解策划营销活动和外部引流方式

4.1 速卖通店铺自主营销

4.1.1 店铺自主营销工具

速卖通平台为卖家提供了 4 种自主营销工具，分别是：限时限量折扣、全店铺打折、全店铺满立减和店铺优惠券，在店铺运营过程中卖家需要有策略地使用这些营销工具。

（1）设置和展示规则

- 限时限量折扣活动需要提前 12 小时创建；全店铺打折、全店铺满立减活动需要提前 24 小时创建；店铺优惠券活动创建 1~2 小时后就生效。
- 限时限量折扣、全店铺打折、店铺优惠券活动可以跨月创建，但是全店铺满立减活动的开始和结束日期必须在同一个月内。
- 限时限量折扣活动在开始前 6 小时内、全店铺满立减活动在开始前 12 小时内，都处于“等待展示”状态。若处于“等待展示”和“展示中”状态，则无法再修改活动信息。店铺优惠券活动若处于“展示中”状态，则无法修改或关闭。以上时间均以美国时间为准。

（2）优惠生效规则

- 限时限量折扣活动与平台常规活动的优先级相同，商品只能选择一个活动。
- 限时限量折扣活动和平台活动的优先级高于全店铺打折活动，如果同时参加平台活动和全店铺打折活动，该商品在买家页面将只出现平台活动的相关信息。
- 全店铺满立减和店铺优惠券活动可同时进行，满立减和优惠券活动可以和任意活动同时进行，折扣商品以折后价（包括运费）计入全店铺满立减、店铺优惠券活动的订单中，产生叠加优惠，更易促进买家下单。

1．限时限量折扣

限时限量折扣活动可以增强店铺人气，活跃气氛，调动顾客购买的欲望。此活动适合推新款、打造爆款、清库存和优化排名，其使用特点如下。

- 每月可创建 40 个活动，共 1920 小时。
- 创建后 12 小时生效，活动产品生效前后无法修改。
- 可跨月设置活动，可控制供应数量。
- 全店铺折扣和限时折扣的时间与折扣力度均以限时折扣为优先。
- 同一款产品可同时报名时间不冲突的限时限量折扣或者平台其他活动（除了团购和秒杀）；限时限量折扣和全店铺打折活动的时间冲突时，优先展示限时限量折扣信息。

案例解析： 卖家小王针对 A 产品设置了以下活动。

① A 产品参加全店铺打折活动。活动时间：1 月 3 日 00:00 至 1 月 15 日 00:00，A 产品折

扣率 20% OFF。

② A 产品参加店铺限时限量折扣活动。活动时间：1 月 6 日 00:00 至 1 月 8 日 00:00，A 产品折扣率 40% OFF。

③ A 产品还参加平台活动。活动时间：1 月 9 日 00:00 至 1 月 10 日 00:00，A 产品折扣率 50% OFF。

在 1 月 3 日至 1 月 15 日期间，A 产品的销售折扣经历了 5 个阶段的波动。

- 1 月 3 日至 1 月 6 日，20% OFF。
- 1 月 6 日至 1 月 8 日，40% OFF。
- 1 月 8 日至 1 月 9 日，20% OFF。
- 1 月 9 日至 1 月 10 日，50% OFF。
- 1 月 10 日至 1 月 15 日，20% OFF。

折扣率情况如图 4-1 所示。

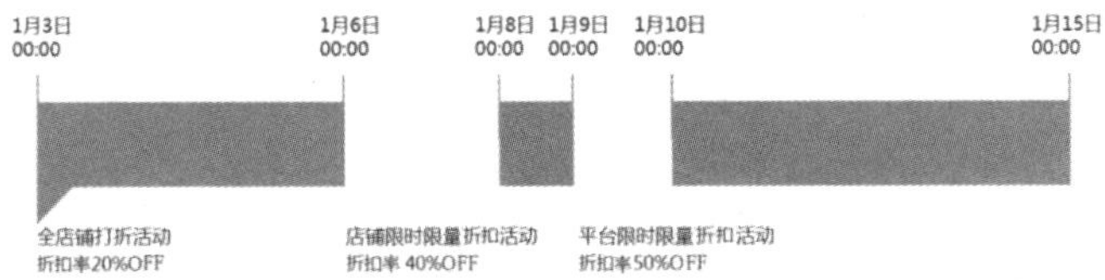

图 4-1

限时限量折扣活动由 3 个部分构成：活动名称、开始时间和结束时间，设置步骤如下。

① 单击“营销活动”→“店铺活动”→“限时限量折扣”→“创建活动”，如图 4-2 所示。

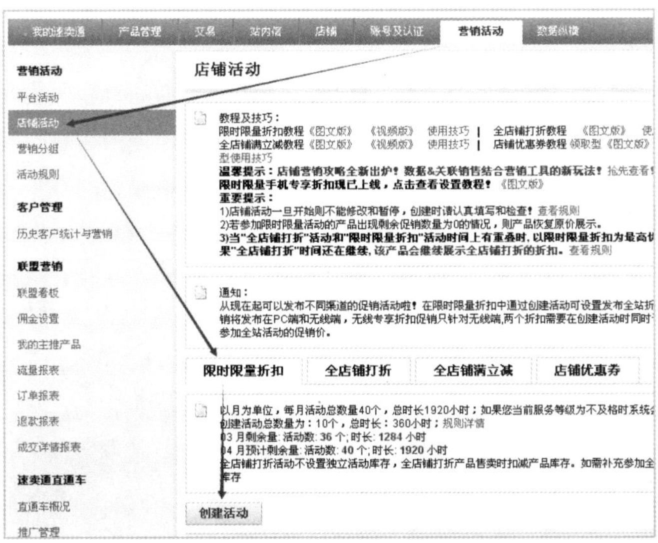

图 4-2

② 填写活动名称，设置活动开始和结束时间，单击“确定”按钮，如图4-3所示。活动名称要简洁明了，例如“新款推荐”。时间设置是美国太平洋时间，通常设置一周左右，能给买家带来紧迫感。

图 4-3

③ 活动时间设置完毕后，开始添加商品，选择参加折扣活动的商品并设置折扣率和限购数量，设置方法如图4-4、图4-5、图4-6所示。

图 4-4

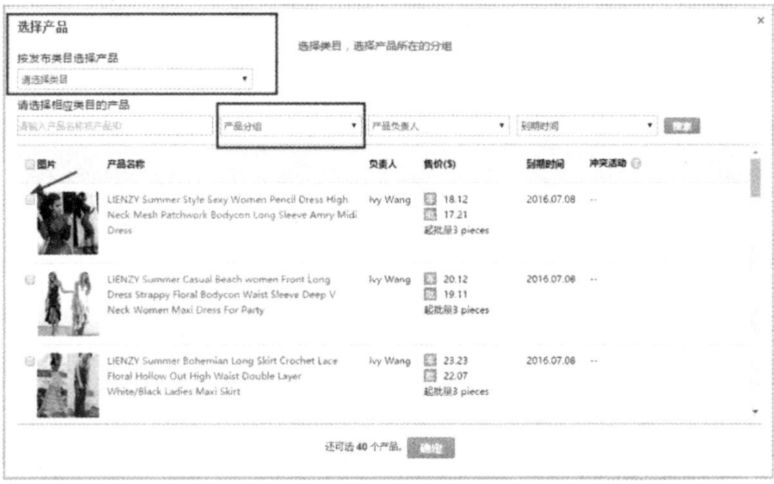

图 4-5

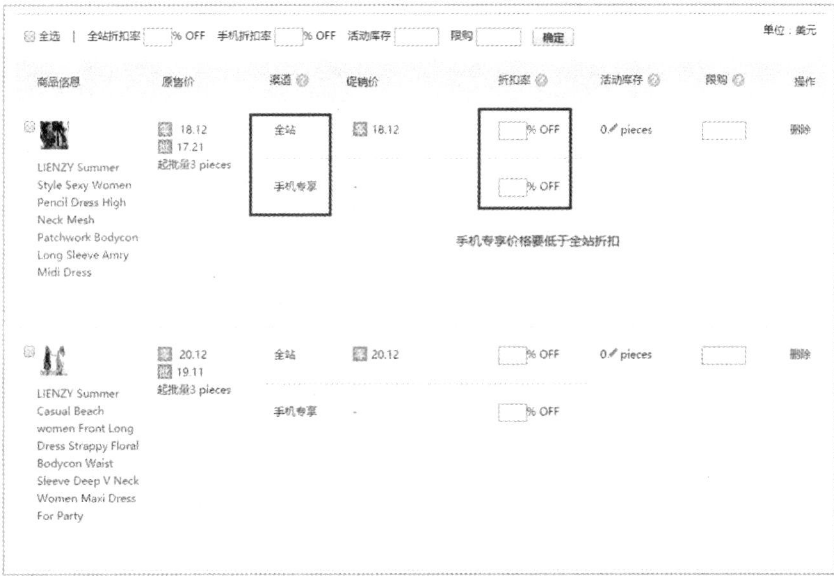

图 4-6

④ 设置完毕的活动会显示 4 种状态：未开始、等待展示（6 小时后）、展示中、已结束，如图 4-7 所示。

图 4-7

设置限时限量折扣的注意事项如下。

- 准确核对库存，如果商品存在多个 SKU，那么所有 SKU 商品普通库存量非 0 且处于“正在销售”状态的均会参加到活动中。
- 目前全站活动和手机专享活动不支持独立库存，请卖家设置恰当的活动折扣率以避免预期外的损失。
- 手机专享折扣，同一产品必须先设置全站折扣后才能设置手机专享折扣，若设置手机专享折扣，则需要低于全站折扣；若不设置，那么手机端价格根据全站折扣率售卖。
- 前期产品定价，要考虑折扣空间，如果计划某款产品要参加活动进行 50%OFF 折扣，那么在初次上传产品定价时要预先留好折扣空间。
- 产品分组，上传产品时把所有准备参加活动的产品放到一个分组里，方便以后按组设置营销活动。
- 联合营销，在设置限时限量折扣的同时可以再配合其他营销工具联合使用，以增强营销力度。

2．全店铺打折

全店铺打折是店铺自主营销“四大利器”之首，对于新店铺效果明显，能快速提高店铺销量和信用，提高店铺综合曝光率。全店铺打折有 3 个使用特点。

- 每月可创建 20 个活动，共 720 小时，可以跨月设置活动。
- 创建后 24 小时生效，活动开始前的 12 小时不可编辑产品。
- 可根据不同折扣力度设置营销分组。

设置全店铺打折需要注意以下几点。

- 全店铺打折的开始时间为美国太平洋时间，创建活动需 24 小时后开始。
- 参加全店铺打折前，要对店铺所有产品的利润进行把控，避免出现某款产品亏本销售。
- 提前做好活动计划，当活动处于“等待展示”状态时，不能再修改活动信息，所以提前做好计划再操作。

下面介绍营销分组的设置。

营销分组可以帮助卖家有效控制店铺所有产品的折扣力度，建议卖家设置营销分组时把可以承受相同折扣率的产品放在同一组里，以后设置全店铺打折时就能清楚控制在多少折扣上。进行营销分组设置，首先打开“营销活动”→“店铺活动”→“全店铺打折”页面，单击“营销分组设置”按钮。

进入营销分组设置页面后，先对每个产品的利润度进行整体核算，清楚每个产品最高能打多少折扣、利润有多少。如图 4-8 所示，这是一个已经做好了营销分组的店铺，大家可以看到，最高折扣相同的产品统一归在一个组里。

图 4-8

例如“10% discount”组的产品，只有 10%的利润度，参加全店铺打折时，这个组的产品最高只能打 9 折。如果打 9.5 折，那么卖家就有 0.5 折的利润。这样就可以清晰地把控全店铺的利润。对于“营销分组”内产品的管理，需要熟悉添加产品”“移出分组”“和“调整分组”功能，如图 4-9 所示。

图 4-9

- 添加产品：如果想将更多相同折扣的产品添加到同一个组中，就可以使用这个功能。
- 移出分组：把产品移出原来的组，移出去之后，系统会默认放到“Others”组，所以参加全店铺打折时，要特别注意“Others”组的折扣设置。
- 调整分组：某个组的产品想调整到其他组中，可以用到这个功能。

卖家做好营销分组之后，就可以操作全店铺打折了。首先打开“营销活动”→“店铺活动”→“全店铺打折”页面，单击“创建活动”按钮，如图 4-10 所示。

图 4-10

创建活动之后，卖家进入“全店铺打折”页面，如图 4-11 所示，其主要由“活动基本信息”和“活动商品及促销规则”两大板块构成。活动基本信息由活动名称、活动开始时间和活动结束时间组成。

图 4-11

- 命名：要起个一目了然的活动名称，例如“月底大促销”，方便卖家后续观察。
- 周期：活动开始时间和结束时间，由于全店铺打折的力度比较大，全店铺打折时间不宜设置过长，建议持续时间为 3 天以内。
- “Other”组：不在分组里的产品全都默认放进这个组中，卖家在“Other”组设置打折时，要仔细观察这个组里的产品。
- 结合客户管理进行营销：先进行客户分析，有针对性地通知卖家的目标客户，给客户发送营销邮件，如果营销邮件不够用，则可以借用第三方工具，向目标客户发出通知。
- 推广：在全店铺打折期间，最好能 24 小时进行直通车推广，通过直通车引进新客户，客户进入卖家店铺之后，发现其中的产品都在打折，很多客户都会顺带买一些其他产品，这样就提高了店铺的客单价。

3．满立减

满立减活动的主要作用是提高客单价和关联产品转化率。满立减活动展示界面如图 4-12 所示。

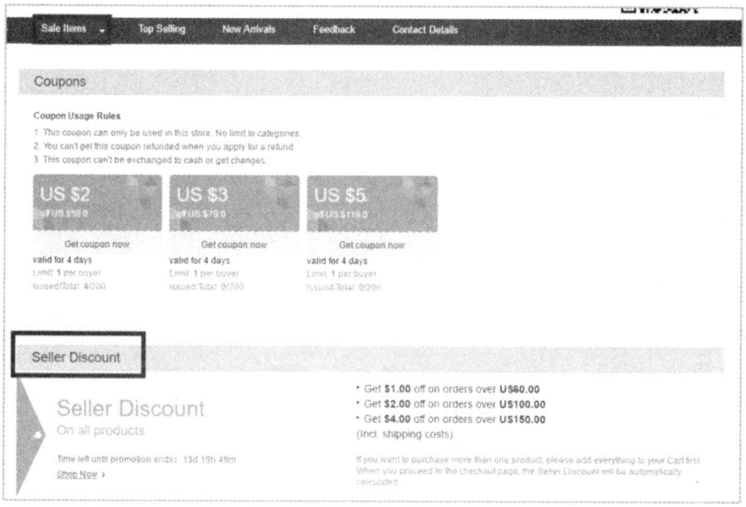

图 4-12

满立减的使用特点如下。

- 每个月可创建 10 个活动，共 720 个小时。
- 不能跨月设置满立减，但设置隔月活动可以叠加使用。
- 活动设置后 24 小时生效。
- 可以设置多梯度满立减。
- 可以针对部分和所有商品来设置活动范围。

下面介绍如何设置满立减。

设置满立减的目的是提高客单价，在设置满立减之前应对店铺以往客单价有充分了解，才能合理设置满立减的折扣力度。了解以往客单价可以通过“数据纵横”→“商铺概况”查找最近 30 天的交易概况。店铺满立减分为“全店铺满立减”和“商品满立减”两种，区别在于参加满立减活动的商品数量，一个是全店铺参加，一个是部分商品参加。

打开“营销活动”→“店铺活动”→“店铺满立减”页面，单击“创建活动”按钮就可以进行全店铺满立减设置了，如图 4-13 所示。

图 4-13

设置满立减需要卖家填写“活动基本信息”和“活动商品及促销规则”，如图 4-14 所示。

选择活动类型“全店铺满立减”或“商品满立减”。对于全店铺满立减，系统默认选择全店商品；对于商品满立减，需要卖家选择参加活动的商品，每次最多可以添加 200 个商品。对于活动开始时间和结束时间的设置，需要注意：

- 满立减活动的开始时间和结束时间只能在同一个月内。
- 由于系统同步原因，得至少提前 24 小时创建活动。
- 满立减活动最好整个月都要存在，所以月初就应该规划好整个月的满立减活动安排。

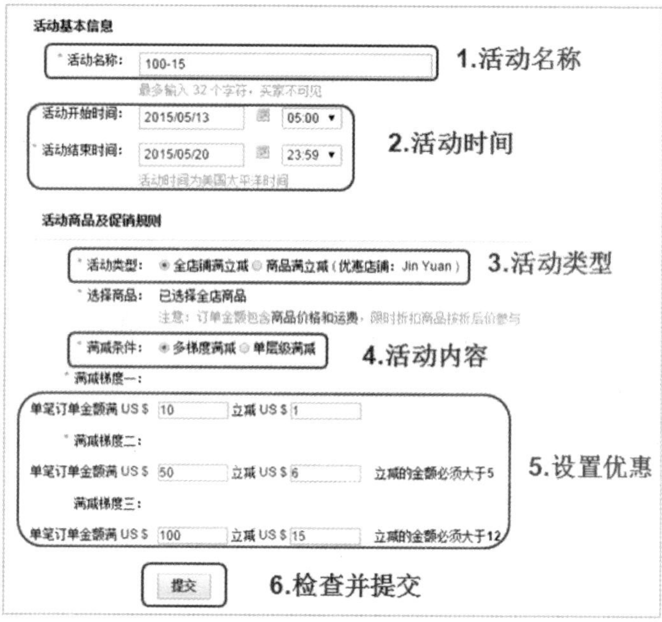

图 4-14

4．优惠券

优惠券活动可以提高客单价，刺激买家下单，为店铺引流。优惠券金额设置比较灵活，可以设置小金额的优惠券，也可以设置使用门槛。国外客户对优惠券有很好的使用习惯，拿到优惠券的顾客有很大比例会把优惠券使用掉。优惠券的使用特点如下。

- 店铺优惠券设置后即时生效（但实际可能会有 1~2 小时延时）。
- 优惠券活动分 3 种类型：领取型优惠券活动、定向发放型优惠券活动和金币兑换优惠券活动。
- 每个月领取型优惠券活动和金币兑换优惠券活动各有 10 个，定向发放型优惠券活动有 20 个。
- 优惠券分有条件优惠券和无条件优惠券。
- 每个订单只能使用一次优惠券。

（1）领取型优惠券

打开“营销活动”→“店铺活动”→“店铺优惠券”→“领取型优惠券活动”页面，单击“添加优惠券”按钮，进入创建领取型优惠券活动页面，如图 4-15 所示。

图 4-15

领取型优惠券活动页面由 3 个板块构成：活动基本信息、优惠券领取规则设置和优惠券使用规则设置。

- 面额：比如店铺的客单价为 15.41 美元，为了提高客单价，可以设置满 20 美元就能使用 2 美元的优惠券。当然，如果卖家店铺的利润度可以承受的话，建议多做一些不限条件的优惠券。
- 时间：对于活动开始时间和结束时间的设置，如果时间充足的话，建议设置优惠券活动的周期为 7 ~ 10 天。
- 规则：对于不限条件的优惠券，就直接选择“不限”；对于需要满足一定条件的优惠券，则填写使用该优惠券需要满足的订单金额。

（2）定向发放型优惠券

凡是与卖家店铺产生过交易、加过购物车、加过 Wish List 的买家，都可以作为定向发放型优惠券的发放对象。打开“营销活动”→“店铺活动”→“店铺优惠券”→“定向发放型优惠券活动”页面，单击“添加优惠券”按钮，进入创建定向发放型优惠券活动页面，如图 4-16 和图 4-17 所示。

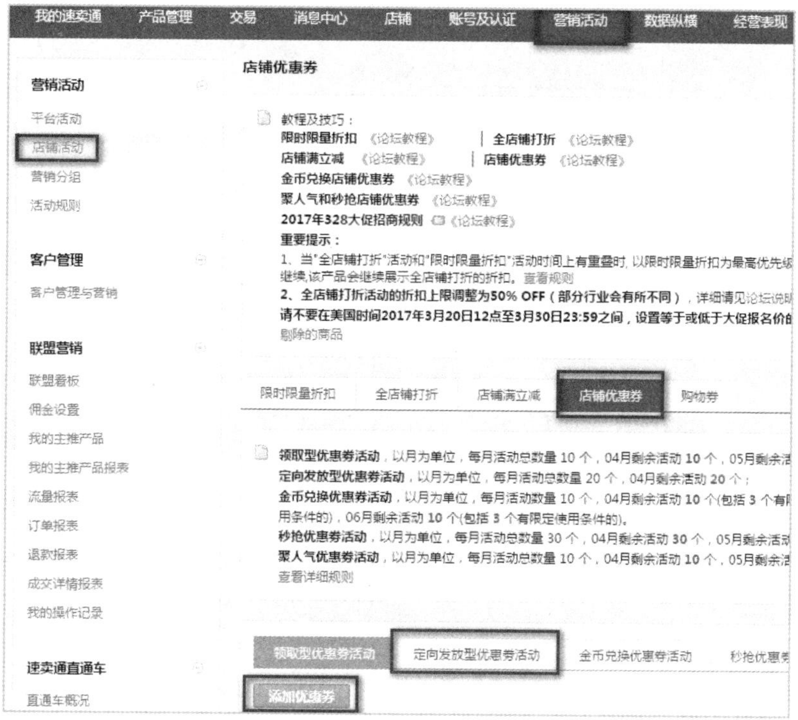
我的速卖通
产品管理
交易
消息中心
店铺
账号及认证
营销活动
数据纵横
经营表现
营销活动
平台活动
店铺活动
营销分组
活动规则
客户管理
客户管理与营销
联盟营销
联盟看板
佣金设置
我的主推产品
我的主推产品报表
流量报表
订单报表
退款报表
成交详情报表
我的操作记录
速卖通直通车
直通车概况
店铺优惠券
教程及技巧：
限时限量折扣 《论坛教程》
全店铺打折 《论坛教程》
店铺满立减 《论坛教程》
店铺优惠券 《论坛教程》
金币兑换店铺优惠券 《论坛教程》
聚人气和秒抢店铺优惠券 《论坛教程》
2017年328大促招商规则 《论坛教程》
重要提示：
限时限量折扣
全店铺打折
店铺满立减
店铺优惠券
购物券
领取型优惠券活动
定向发放型优惠券活动
金币兑换优惠券活动
添加优惠券

图 4-16

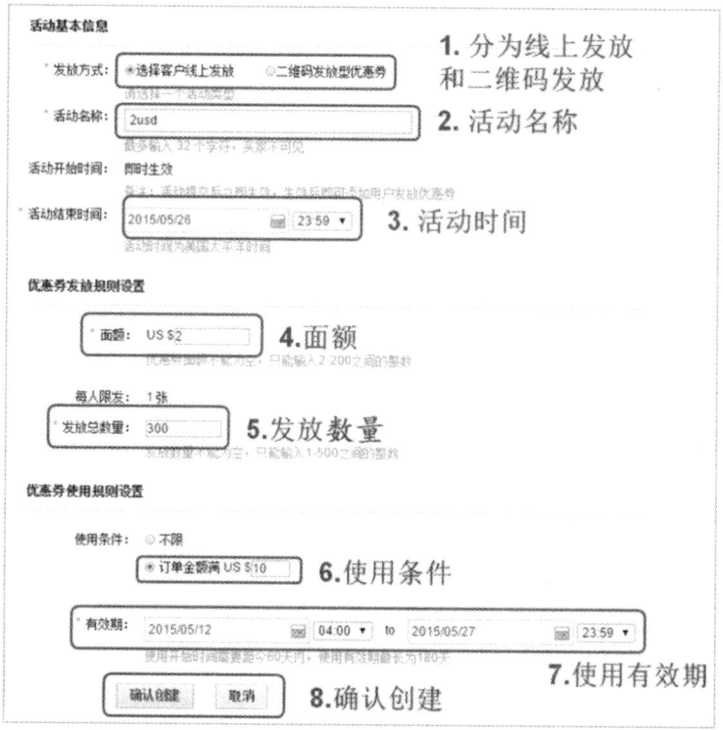
活动基本信息
发放方式：
选择客户线上发放
二维码发放型优惠券
1. 分为线上发放和二维码发放
活动名称：
2usd
2. 活动名称
活动开始时间：
即时生效
活动结束时间：
2015/05/26
23:59
3. 活动时间
优惠券发放规则设置
面额：
US $2
4.面额
每人限发：
1张
发放总数量：
300
5.发放数量
优惠券使用规则设置
使用条件：
不限
订单金额满 US $10
6.使用条件
有效期：
2015/05/12
04:00
to
2015/05/27
23:59
7.使用有效期
确认创建
取消
8.确认创建

图 4-17

添加用户发放优惠券，如图 4-18 所示。

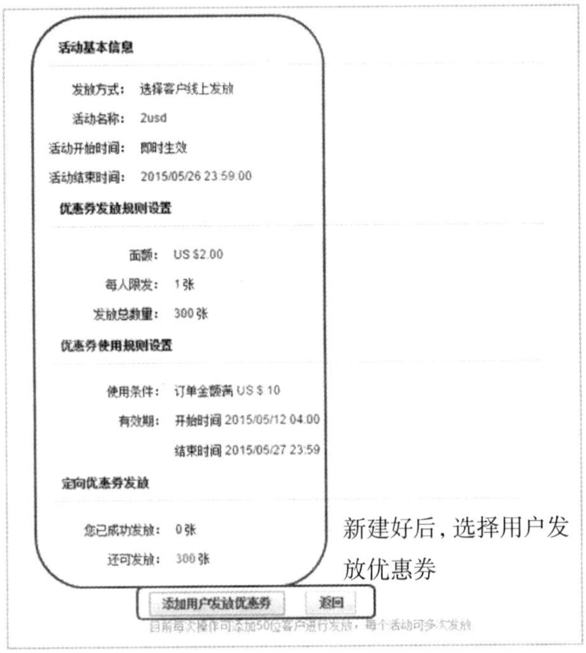

图 4-18

选择客户确认发放，如图 4-19 所示。

图 4-19

定向发放型优惠券活动页面由活动基本信息、优惠券发放规则设置和优惠券使用规则设置 3 个板块组成。为了方便查找和观察，要起个一目了然的活动名称，最多输入 32 个字符，买家不可见。

优惠券发放规则设置如下。

- 面额：指卖家定向发放给客户的优惠券面值，应该在 2~200 美元之间。
- 数量：发放总数量是指本次定向发放型优惠券计划发放的数量，可以是 1~500 张，但是每次添加用户时，单次只能发放 50 张。
- 周期：建议有效期为 7~10 天。
- 客户：可以对 3 类客户进行定向发放，即所有交易过的客户、所有加购物车客户和所有加 Wish List 客户。

- 时间："优惠券使用规则设置"中的有效期是指优惠券的有效期，与活动的结束时间不一样。假如今天为 11 月 13 日，设置活动结束时间为 11 月 30 日，对于有效期为 11 月 30 日至 12 月 5 日的优惠券，卖家需要在 11 月 30 日前发放使用范围为 11 月 30 日至 12 月 5 日的优惠券。
- 客户分类：对于有过交易的客户，发放需要满足一定条件的优惠券，对客单价高的客户发放大面值的有条件的优惠券，对客单价低的客户发放小面值的有条件的优惠券；对于加入购物车和加入 Wish List 的客户，建议发放无条件的优惠券，促进购物车订单进行转化。

（3）金币兑换优惠券

每月可创建 10 个金币兑换优惠券活动，顾客可通过金币兑换实现领取优惠券。

优惠券信息分析很关键，优惠券案例如图 4-20 所示，这个店铺设置了多种优惠券，有 2 美元、3 美元、4 美元、5 美元的，卖家应该对优惠券进行分析，找到最适合自己店铺的优惠券类型。

图 4-20

从图 4-20 中可以看到，在相同时段内，使用 2 美元优惠券的客户最多，共领了 46 张，说明 2 美元优惠券很受欢迎，卖家可以考虑多设置这种优惠券；而 5 美元的优惠券领取最少，以后可以减少此类优惠券的设置。分析优惠券使用状况：单击"查看数据状况"按钮，把优惠券领取张数和使用张数进行对比。

有位卖家设置了一种优惠券，客户领取了 300 多张，但只使用了 82 张，原因是优惠券的有效期为 3 天，时间太短了，客户领取后过期无法使用。针对这位卖家的情况给出 3 点建议：

- 把优惠券的有效时间设置为 10 天。
- 在店铺首页贴出一个优惠券的使用流程公告，因为很多客户还不懂怎么使用优惠券。
- 对于有意向的客户，及时告知。

4.1.2 关联营销

关联营销是指在同一个页面中同时推荐了其他同类、同品牌、可搭配的关联商品。关联营销可以提升转化率，提高客单价，提高店铺内产品曝光率。

1. 产品搭配

关联营销的产品搭配方法有以下几种。

- 搭配关联：搭配推荐的商品和主推商品可以同时在一个使用场景下使用，比如充电宝和充电线、上衣和裤子。
- 替代关联：搭配推荐的商品可以替代主推商品，通常在同一个使用场景下只能选其一，比如长裙和短裙、红色 T 恤和白色 T 恤。
- 满足同类需求关联：搭配推荐的商品和主推商品满足同一个消费者的相似需求，比如奶瓶和尿不湿、登山鞋和户外帐篷。

如图 4-21 所示，是替代关联的案例，在一个产品详情页里推荐了不同款式的女童裙子。

图 4-21

2. 关联营销的位置

关联营销可以设置在商品详情页的顶部和尾部。顶部通常会设置主力推荐的关联营销，为了提高关联营销的转化率，还可以设置购买套餐的优惠政策。尾部通常会设置替代关联的商品，用来挽留看完详情页后未产生购买行为的消费者。

为了使关联营销效果更优，在设置时应突出主推商品，选择搭配套餐可以满足消费者的某种特定需求，比如：套餐购买更优惠。可以多测试几款搭配商品，从数据中判断如何搭配可以最大化提高转化率。

4.1.3　橱窗推荐

速卖通橱窗位通过增加产品的排序分值来提高其曝光度，在同等条件下橱窗产品比非橱窗产品排名靠前。速卖通的橱窗没有特定的展示位置，只是平台根据卖家店铺的等级奖励给卖家的一个增加产品曝光量的资源。如图 4-22 所示，是店铺等级和橱窗位的关系。

卖家服务等级详解

	不及格	及格	良好	优秀
定义描述	符合以下任一条件： 1、ODR>=8% 2、卖家责任裁决率>=0.8%	符合以下所有条件： 1、4%<=ODR<8% 2、卖家责任裁决率<0.8%	符合以下所有条件： 1、ODR<4% 2、卖家责任裁决率<0.8%	符合以下所有条件： 1、考核期内结束的已支付订单数>=90笔 2、ODR<2.5% 3、卖家责任裁决率<0.8% 4、90天好评率>=97%
橱窗推荐数	无	2个	5个	10个
搜索排序曝光权利	曝光靠后	正常	曝光优先	曝光优先+特殊标识
提前放款特权	无法享受最高放款比例	无法享受最高放款比例	无法享受最高放款比例	有机会享受最高放款比例
平台活动权利	不允许参加	正常参加	正常参加	优先参加
店铺活动资源	活动时长和数量大幅减少	正常	正常	正常
营销邮件数量	0	100	200	500

成长期卖家和无服务等级的卖家将与及格卖家享受同等的平台资源。

图 4-22

要增加橱窗位，首先就要提高卖家服务等级，也就是减少店铺的不良体验订单和增加店铺的好评率。

橱窗营销的方法如下。

首先打开速卖通后台，在“店铺动态中心”中显示了橱窗推荐可使用的数量，如图 4-23 所示。

图 4-23

在有橱窗推荐可使用的情况下，可以打开“产品管理”→“管理产品”页面，单击“更多操作”→“橱窗推荐”来利用橱窗推荐，如图 4-24 所示。

图 4-24

合理利用橱窗推荐，选择最有竞争力的商品进行橱窗推荐。橱窗推荐位可以用来推新款、打造爆款和活动款，在使用的过程中应该不断观察数据，淘汰转化率不高的商品，使橱窗推荐效果最优。

4.1.4　联盟营销

1. 联盟营销的特点

联盟营销通常指网络联盟营销，由专业的联盟营销机构组织大量网站的广告资源，为广告主（卖家）提供全网范围的广告推广。速卖通联盟营销是速卖通官方推出的一种“按效果付费”的推广模式，联盟营销的站长来自全球 100 多个国家，客户群体庞大。

参与联盟营销的卖家可以得到大量海外网站的曝光机会，商品信息从更多渠道展示给目标消费者，对店铺订单量的增长有很大帮助。速卖通联盟营销采用按销售额付费模式，即 CPS（Cost Per Sale），加入联盟营销无须预先支付费用，曝光是免费的，只有成交才支付佣金。

卖家可以自行设置佣金比例，也可以遵守默认比例。不同类目默认的最低佣金比例不同，在 3%~8%之间；所有类目可设置的最高佣金比例为 50%。

（1）佣金设置

佣金设置分为 3 类。

- 店铺默认佣金。在加入联盟营销时，需要设置店铺默认佣金，店铺内所有商品在未进行特殊设置的情况下均按照店铺默认佣金计算。
- 类目佣金。卖家可以针对类目进行佣金设置，在该类目下所有商品在未进行特殊设置的情况下按照类目佣金计算。
- 主推商品佣金。卖家可以有针对性地设置主推商品，并为主推商品设置特殊佣金比例。

3 类佣金设置在计算佣金时的优先级是：首先是主推商品佣金，其次是类目佣金，最后是店铺默认佣金。设置主推商品可以提升其曝光机会。修改主推商品或主推商品的佣金比例，会在操作 3 日后生效。

（2）佣金计算方法

按照买家从联盟网站通过特定格式的推广链接访问卖家的速卖通店铺，在 15 天之内，如果买家在该店铺下单，并且这笔订单最终交易完成，则此订单算为有效计算佣金的订单。15 天的计算时期从最近一次通过特定链接访问时间开始，如果在这 15 天之内买家又通过推广链接进入，就会重新开始计算 15 天。

在交易期内，买家进行退款的联盟订单会退回联盟佣金；交易结束后，买家正常退货联盟佣金不退还，因为联盟网站已经起到了导购的作用。折扣商品按照实际销售价格计算联盟佣金，运费不计算联盟佣金。

（3）案例解说（案例摘自速卖通官方论坛）

速卖通卖家王先生，于 2012 年 3 月 30 日加入速卖通联盟计划，加入时，设定 5%为默认佣金比例。2012 年 4 月 1 日，为了提高其产品的竞争力，他为自己的珠宝、钟表类目设置了 6%

的佣金比例。根据佣金生效时间，佣金比例将在 3 个工作日后生效。2012 年 4 月 1 日，为了更好地推广自己的热销单品，他选择了一款项链作为主推商品，并设置了 10%的佣金比例。同样佣金比例将在 3 个工作日后生效。

- 2012 年 4 月 2 日，买家 Janet 通过联盟网站 A，看到王先生的项链，下单购买了一条，金额$58.78，运费$20。虽然王先生设置了珠宝类目 6%的佣金比例和该项链 10%的主推商品佣金比例，但因为购买时尚未生效，所以佣金比例是默认的 5%，王先生需要支付 $\$58.78 \times 5\% = \$2.94$ 的联盟佣金。
- 2012 年 4 月 5 日，买家 Tom 也通过联盟网站 A，看到了王先生的项链（$58.78），进入商铺后又购买了两件其他的珠宝产品（每件金额$55），运费$30。因为王先生设置了珠宝类目 6%的佣金比例，而项链作为主推商品有 10%的佣金比例，所以王先生需要为这笔$198.78 的订单支付 $\$58.78 \times 10\% + \$55 \times 2 \times 6\% = \$12.48$ 的联盟佣金。
- 2012 年 4 月 10 日，买家 Janet 收到货后很满意，又直接访问王先生的店铺，下单购买了 5 条同样款式的项链（每条$56.54），加上一个小件电子产品（每件$100），运费$20。这个买家是联盟网站带来的，并在 15 天的有效期内，所以应该支付联盟佣金。项链有 10%的佣金比例，而电子产品没有设置单独类目，所以是 5%的默认佣金比例。所以王先生需要为这笔$402.70 的订单支付 $\$56.54 \times 5 \times 10\% + \$100 \times 5\% = \$33.27$ 的联盟佣金。
- 2012 年 4 月 12 日，买家 Jim 通过联盟网站 A，看到了王先生的项链，进入商铺后只购买了两件其他的电子产品（价格分别为$100 和$120），运费$30。电子产品没有设置单独类目，所以是 5%的默认佣金比例。王先生为这个客户做了折扣$50，产品的总价将计算为 $\$220 - \$50 = \$170$（不计算运费），王先生需要为这笔订单支付 $(\$100 \times 5\% + \$120 \times 5\%) \times 170 / 220 - \$8.5$ 的联盟佣金。

（4）加入和退出联盟营销

如图 4-25 所示，进入“我的速卖通”→“营销活动”→“联盟看板”页面，勾选“我已阅读并同意此协议”复选框，单击“下一步”按钮，进入设置联盟佣金比例页面。

图 4-25

设置好佣金比例后，单击“加入联盟计划”按钮，就可以正式加入联盟营销了。一旦加入联盟营销，店铺所有商品就都变成联盟商品了。加入联盟营销 15 天后可以退出，退出之后创建的订单将不再收取联盟佣金，但退出之前创建的订单依然计算联盟佣金。退出联盟营销后，15 天内不能再加入联盟营销。

2. 联盟营销的组成

联盟营销由 7 个部分组成：联盟看板、佣金设置、我的主推产品、流量报表、订单报表、退款报表、成交详情报表。下面针对主要板块进行讲解。

（1）联盟看板

打开“我的速卖通”→“营销活动”→“联盟看板”页面，如图 4-26 所示。

图 4-26

通过联盟看板能清楚地知道联盟营销近 6 个月的营销情况，以图 4-26 为例，大家可以看到在 6 个月之内，联盟为卖家带来的订单金额为 29972.5 美元，而卖家真正支付给平台的只有 1261.77 美元，投入产出比为 14.5306%。

这里的投入产出比是指佣金支出金额与联盟渠道订单金额之比。通过这个数据可以看到，加入联盟营销，点击数和店铺销售额都有了非常大的提升。

（2）佣金设置

不同类目的佣金比例要求如图 4-27 所示。

一级发布类目	最低佣金比例	最高佣金比例
Apparel & Accessories	5%	50%
Automobiles & Motorcycles	5%	
Beauty & Health	5%	
Computer & Office	3%	
Construction & Real Estate	5%	
Consumer Electronics	5%	
Customized Products	5%	
Electrical Equipment & Supplies	5%	
Electronic Components & Supplies	5%	
Food	3%	
Furniture	5%	
Hair & Accessories	5%	
Hardware	5%	
Home & Garden	3%	
Home Appliances	5%	
Industry & Business	3%	
Jewelry & Watch	5%	
Lights & Lighting	3%	
Luggage & Bags	5%	
Mother & Kids	3%	
Office & School Supplies	5%	
Phones & Telecommunications	3%	
Security & Protection	5%	
Shoes	8%	
Special Category	5%	
Sports & Entertainment	5%	
Tools	5%	
Toys & Hobbies	5%	
Travel and Vacations	3%	
Weddings & Events	5%	

图 4-27

一旦加入联盟营销，所有的产品就都会加入，所以设置佣金比例时应充分考虑所有产品的定价是否可以支持佣金的支出。

（3）我的主推产品

最多可以设置 60 个产品作为卖家主推产品进行推广。只有主推产品才能参加联盟专属推广活动，没有设置为主推产品的产品没有权限。所以设置主推产品时应选择市场接受度高的热销商品，这样有利于提升推广效果。设置主推产品佣金时建议比其他产品佣金略高些，如店铺佣金为 5%时，主推产品佣金可设置为 6%~8%。

主推产品设置完毕后，卖家应以固定周期（建议 1~2 个月）对主推产品的销售数据进行总结，淘汰转化率低的主推产品，替换成其他产品。经过几个月的调整后，使联盟营销转化率达到最佳状态。

（4）流量报表

通过流量报表，卖家可查看近 6 个月内联盟营销每天的流量状况，包括联盟 PV、联盟访客数、总访客数、联盟访客占比、联盟买家数和总买家数，如图 4-28 所示。

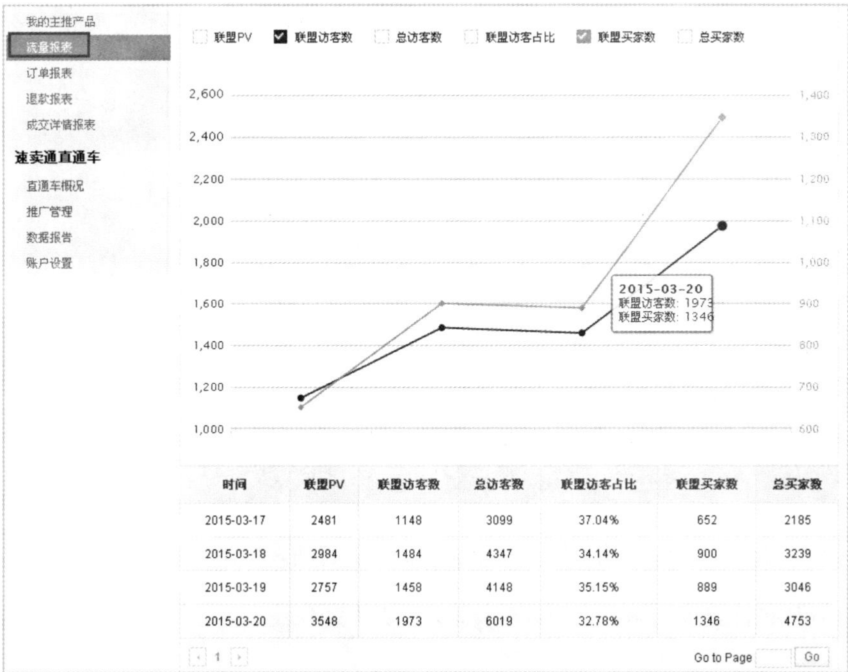

时间	联盟PV	联盟访客数	总访客数	联盟访客占比	联盟买家数	总买家数
2015-03-17	2481	1148	3099	37.04%	652	2185
2015-03-18	2984	1484	4347	34.14%	900	3239
2015-03-19	2757	1458	4148	35.15%	889	3046
2015-03-20	3548	1973	6019	32.78%	1346	4753

图 4-28

（5）订单报表

如图 4-29 所示，通过订单报表，可以知道近 6 个月内联盟营销每天为卖家带来的订单情况。

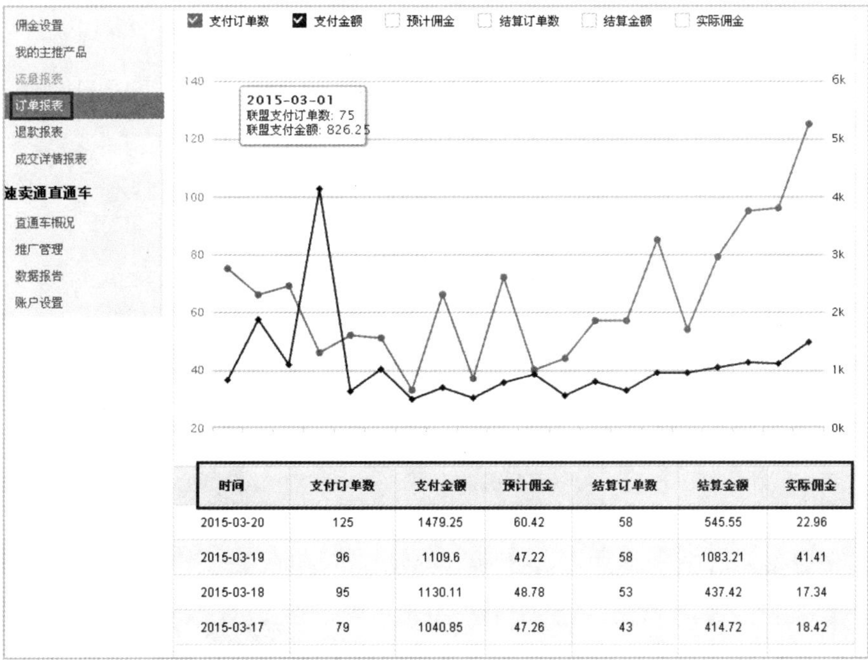

时间	支付订单数	支付金额	预计佣金	结算订单数	结算金额	实际佣金
2015-03-20	125	1479.25	60.42	58	545.55	22.96
2015-03-19	96	1109.6	47.22	58	1083.21	41.41
2015-03-18	95	1130.11	48.78	53	437.42	17.34
2015-03-17	79	1040.85	47.26	43	414.72	18.42

图 4-29

订单报表主要包含联盟营销每天为卖家带来的支付订单数、支付金额、预付佣金、结算订单数、结算金额和实际佣金。

（6）成交详情报表

通过成交详情报表，卖家可以清楚地了解某个时间段内联盟营销为其带来的每一笔订单和收取佣金等信息。通过观察成交详情报表能判断出联盟营销的效果。

联盟营销需要通过数据分析不断调整商品和佣金比例，最终形成一套适合自己的最优方案。

4.1.5 客户关系营销

客户关系管理（Customer Relationship Management ，CRM）可以有效地帮助企业了解客户需求，发掘市场潜力，降低营销成本，稳定销售业绩。店铺客户关系营销的重要性如下。

- 提升客户黏性，提高老客户回头率，稳定客户群。
- 提高客单价，引导客户增加购买数量。
- 稳定销售业绩，降低营销成本。
- 形成口碑传播，是最好的营销方式。
- 提升客户体验，提高店铺等级和 DSR。
- 改进生产工艺或销售流程，获取终端消费者反馈，帮助卖家进行自身改进。

1. 速卖通后台客户管理

进入“营销活动”→“客户管理与营销”→“客户管理”页面，如图 4-30 所示。

图 4-30

在“所有客户”里可以看到店铺成立以来所有的客户类型，通过“客户类型”的筛选可以区分已交易的客户、加购物车的客户、加收藏夹的客户，以及自定义筛选条件，如图 4-31 所示。

图 4-31

在“客户分组”里卖家可以针对自己的营销策略，对客户进行不同维度的分组，常见的分组方式有：按照国家分组、按照语言分组、按照下单金额分组、按照买家等级分组，如图 4-32 所示。

图 4-32

2．主要营销方式

速卖通平台客户关系营销主要有两种方式：邮件营销和定向优惠券营销。

邮件营销（E-mail Direct Marketing， EDM），将活动信息通过邮件发送给客户，适用于节假日营销、大促营销、推爆款、清库存。定向优惠券营销，通常用在大促期间，对于提升转化率效果明显。

进入“营销活动”→“客户管理与营销”→“客户营销”页面，有“邮件营销”和“定向优惠券营销”两种营销方式可以选择。在此新建营销邮件或定向优惠券，选择目标客户，即可定向发送营销内容，如图 4-33 所示。

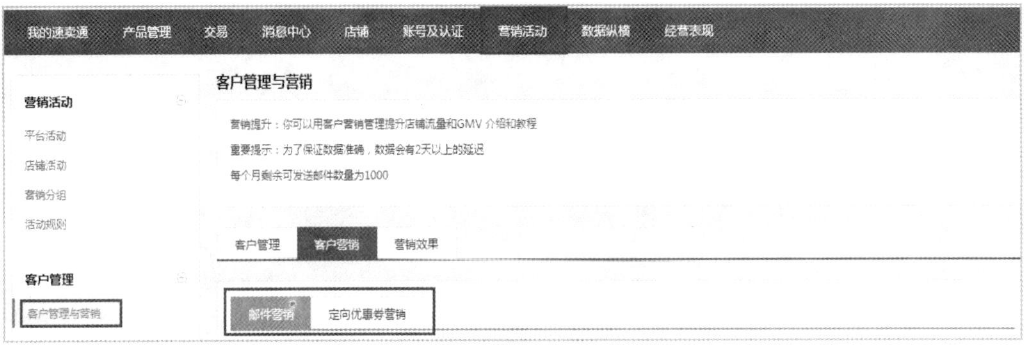

图 4-33

4.1.6 实时营销

实时营销可以随时观察客户动向，及时与客户互动，提高转化率和客户黏度。

实时营销功能如下。

进入“数据纵横”→“实时营销”页面，可以观察到实时访客的信息，包括访客 ID、会员等级、访客类型、访客行为、首访时间、浏览量、添加收藏次数、添加购物车次数、下单订单数、下单金额等，如图 4-34 所示。

针对实时客户有两种营销方式：“一键催付”和“定时定向优惠券”。对于已下单未付款的客户，可以使用“一键催付”功能，催付信息会在买家下单时以订单留言的形式提醒买家，如图 4-35 所示。

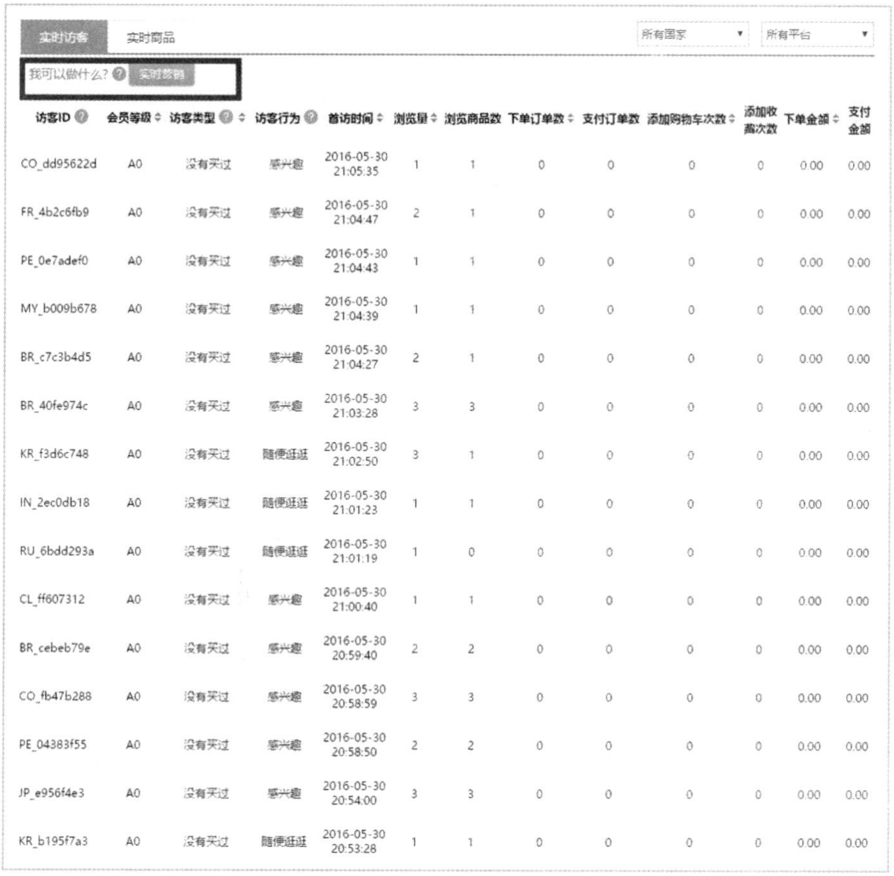

访客ID	会员等级	访客类型	访客行为	首访时间	浏览量	浏览商品数	下单订单数	支付订单数	添加购物车次数	添加收藏次数	下单金额	支付金额
CO_dd95622d	A0	没有买过	感兴趣	2016-05-30 21:05:35	1	1	0	0	0	0	0.00	0.00
FR_4b2c6fb9	A0	没有买过	感兴趣	2016-05-30 21:04:47	2	1	0	0	0	0	0.00	0.00
PE_0e7adef0	A0	没有买过	感兴趣	2016-05-30 21:04:43	1	1	0	0	0	0	0.00	0.00
MY_b009b678	A0	没有买过	感兴趣	2016-05-30 21:04:39	1	1	0	0	0	0	0.00	0.00
BR_c7c3b4d5	A0	没有买过	感兴趣	2016-05-30 21:04:27	2	1	0	0	0	0	0.00	0.00
BR_40fe974c	A0	没有买过	感兴趣	2016-05-30 21:03:28	3	3	0	0	0	0	0.00	0.00
KR_f3d6c748	A0	没有买过	随便逛逛	2016-05-30 21:02:50	3	1	0	0	0	0	0.00	0.00
IN_2ec0db18	A0	没有买过	随便逛逛	2016-05-30 21:01:23	1	1	0	0	0	0	0.00	0.00
RU_6bdd293a	A0	没有买过	随便逛逛	2016-05-30 21:01:19	1	0	0	0	0	0	0.00	0.00
CL_ff607312	A0	没有买过	感兴趣	2016-05-30 21:00:40	1	1	0	0	0	0	0.00	0.00
BR_cebeb79e	A0	没有买过	感兴趣	2016-05-30 20:59:40	2	2	0	0	0	0	0.00	0.00
CO_fb47b288	A0	没有买过	感兴趣	2016-05-30 20:58:59	3	3	0	0	0	0	0.00	0.00
PE_04383f55	A0	没有买过	感兴趣	2016-05-30 20:58:50	2	2	0	0	0	0	0.00	0.00
JP_e956f4e3	A0	没有买过	感兴趣	2016-05-30 20:54:00	3	3	0	0	0	0	0.00	0.00
KR_b195f7a3	A0	没有买过	随便逛逛	2016-05-30 20:53:28	1	1	0	0	0	0	0.00	0.00

图 4-34

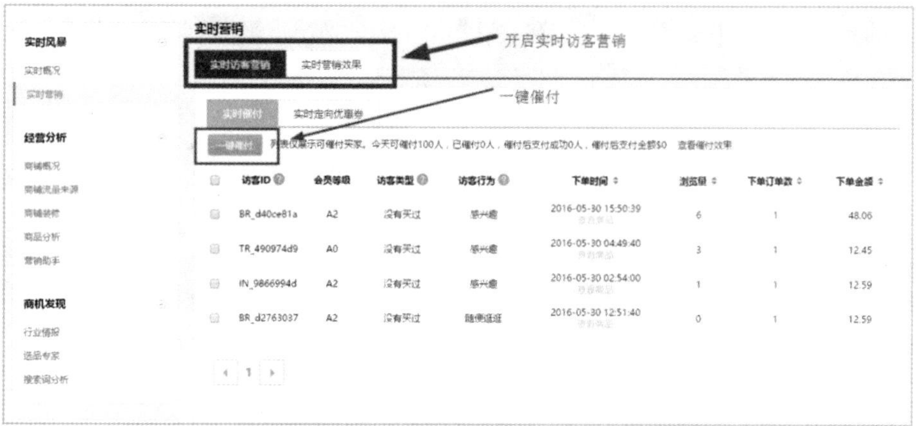

图 4-35

对于已加收藏夹的客户，可以使用“定时定向优惠券”功能催促买家下单，如图 4-36 所示。

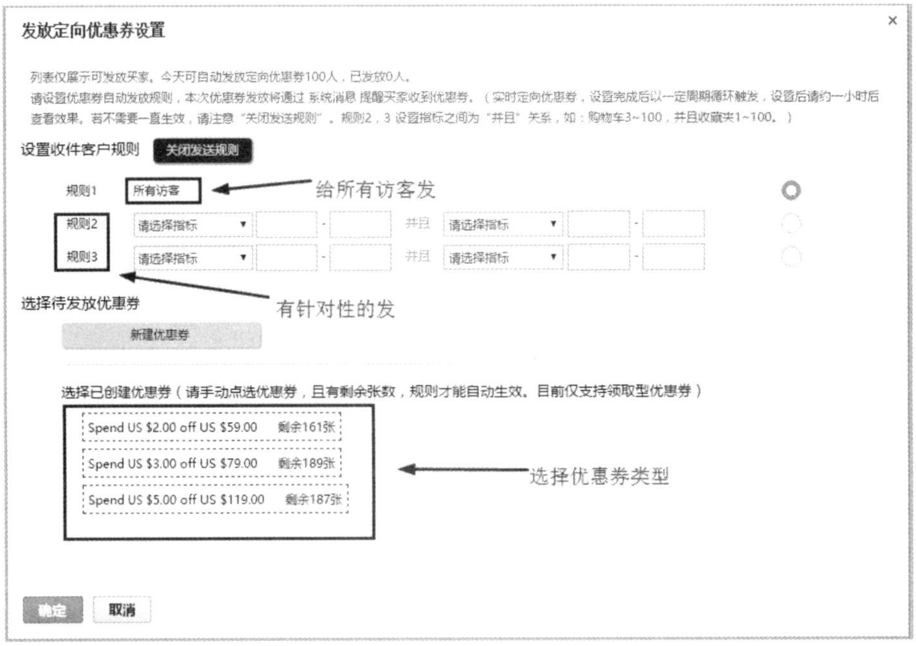

图 4-36

4.2 速卖通平台活动

平台活动是指由平台组织、卖家参与的主题营销活动，以促进销售为主要目的。通常在活动期间买家流量和下单数量会显著升高，参加活动的卖家在活动期间订单量会激增。在短期内订单量大幅上涨通常称之为“爆单”。平台作为活动组织方会对参与的卖家和商品有一定的要求，符合要求的卖家可以自主选择报名，在有大量卖家报名的情况下平台会筛选出部分卖家参与。下面主要介绍速卖通平台的大促活动和参与方式。

4.2.1 主要大促活动

1. “328”周年大促

每年的 3 月 28 日速卖通都要举行周年庆大型促销活动，活动力度堪比“双十一”活动。2017 年“328”大促持续 3 天时间，参与“328”大促的卖家必须进行持续 3 天时间的全店铺打折活动，并且同时对美国、英国、法国、俄罗斯、西班牙国家进行包邮。“328”大促的活动形式包括店铺优惠券、预售时段和正式活动时段。

2. “双十一”大促

“双十一”大促已经从中国网购狂欢节走向世界网购狂欢节，在“双十一”期间速卖通面向全球买家进行大促活动。速卖通“双十一”从美国西部时间 11 月 11 日 0 点开始（北京时间

11 月 11 日 16:00）。2016 年速卖通“双十一”当天总订单量达 3578 万笔，较 2015 年同日增长 68%，621 万买家，交易覆盖 230 个国家和地区，无线订单成交占比 58%。当天订单数过万的店铺达 366 家，订单数最多的达到 88523 笔。

在“双十一”活动正式开始前期的预热阶段，平台邀请了俄罗斯、美国、西班牙等国家的网络名人进行直播导购，与粉丝互动，为各大品牌和商品进行前期预热。

3．Super Deal

Super Deal 又称 Today Deal，是一个天天特价的促销活动，在速卖通买家首页有明显的入口。

4．俄罗斯团购爆品团

俄罗斯团购是针对俄罗斯市场的营销活动，参加该活动的商品必须对俄罗斯联邦、乌克兰、白俄罗斯国家设置包邮。

4.2.2　卖家的大促计划

平台大促对卖家来说是最佳销售期，要抓住大促机会，实现店铺跨越式增长，卖家需要从以下 4 个方面着手。

第一，对全店商品清晰分层。

大促中，对店铺引流款商品和主推款商品的选择很重要。引流款多为店铺内有竞争力的爆款，以此爆款的超低价去吸引买家进店，通常对这个爆款可报名参加大促的秒杀活动，或者主会场 5 折精品活动。

主推款是店铺主推的应季商品，折扣在 30% OFF 左右，需要有竞争力、有差异性且价格吸引人，能够将引流款引入的流量更好地在店内转化。

引流款和主推款商品数量有限，仍有部分无法转化的买家在店铺内浏览其他商品。所以除了引流款和主推款，还需要店铺整体传递给买家强烈的促销感受，通过店铺内其他商品的促销来刺激买家，卖家可以对店铺内其他商品都做一个小折扣，例如 15% OFF，可以通过全店铺打折来实现。

第二，商品信息优化很重要。

促销信息、商品卖点等信息要体现在商品标题中，商品关键属性要填写完整。大促中，有很多活动是通过系统抓取的方式来提取全店商品，展示到相关页面的，所以完善标题中信息和属性信息是非常重要的。

商品信息的优化还需要关注单个商品页面的产能，店铺内的商品必须做好关联销售和交叉推荐，将访问商品详情页面的流量尽可能转化成订单。

第三，挖掘老客户，提升交易额。

维护老客户的成本远低于开发新客户的成本，每个店铺都应该做好老客户维护工作。每次大促活动都是唤回老客户的最好时机，将店铺优惠信息发给老客户，结合平台的优惠政策提前通知老客户，甚至给老客户提供额外的优惠，都可以很有效地挖掘老客户价值。

第四，配合大促信息做好店铺装修。

大促的设计元素结合店铺的优惠政策和商品信息是常用的店铺装修方法，简单、有效。

4.2.3 活动报名流程

每一期平台活动招商，卖家都能够在速卖通卖家后台“营销活动”板块下的“平台活动”栏目中找到报名入口；卖家选择产品报名即可，一旦入选，该产品将出现在活动的指定推广板块中。

具体报名流程是，根据图4-37所示，卖家选择平台活动的种类，按照以下步骤进行操作。

（1）进入速卖通卖家后台，单击“营销活动”。

（2）选择“平台活动”。

（3）默认会选中“可参加的活动”，这里圈出来是想告诉大家，还可以单击下拉按钮，选择“所有活动”，看看自己有哪些活动是目前不能参加，但是可以通过提高自身的条件来参加的。

（4）单击右边的“我要报名”按钮即可。

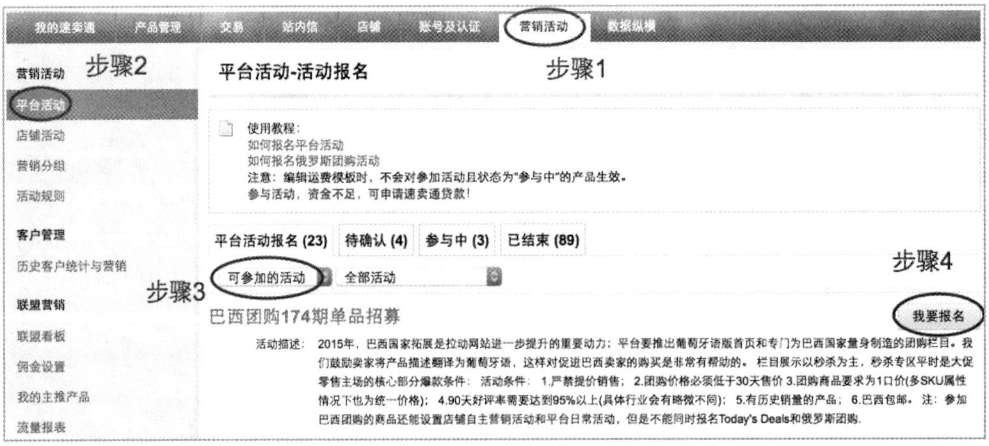

图4-37

选好平台活动种类之后，单击“选择产品”，通过类目的选择来浏览可以参选的产品，结合自身的供应链优势选择最优产品报名，如图4-38所示。当前平台活动一共允许报名3个产品，列表中的产品都是符合基本条件的，只需要勾选左侧的复选框即可选中该产品。对话框里有一栏“时间冲突的活动”，意思是当前产品已经报名了其他平台活动，该产品即不允许报名此活动。

图 4-38

选好所有产品之后，单击“确定”按钮，进入下一个环节，即设置产品的折扣力度、库存以及限购数量。如图 4-39 所示，折扣范围必须满足 99%OFF~25% OFF，活动库存必须≥200；否则会报错提示修正。关于限购，意思是当前客户 ID 以该折扣能买到的最大组数。卖家按照自身能承受的让利范围填报折扣和库存。

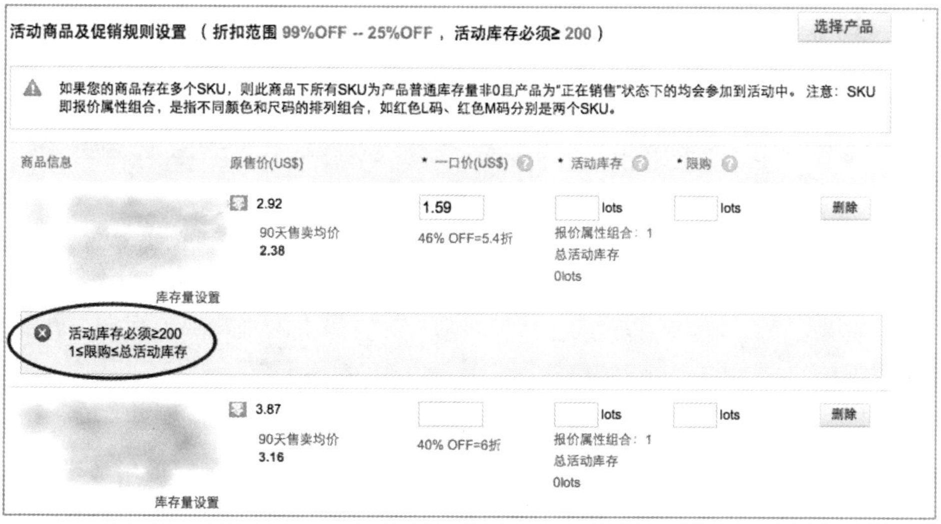

图 4-39

选择完毕之后，单击“确定”按钮，弹出确认信息对话框，如图 4-40 所示，单击“确定”按钮，完成报名。

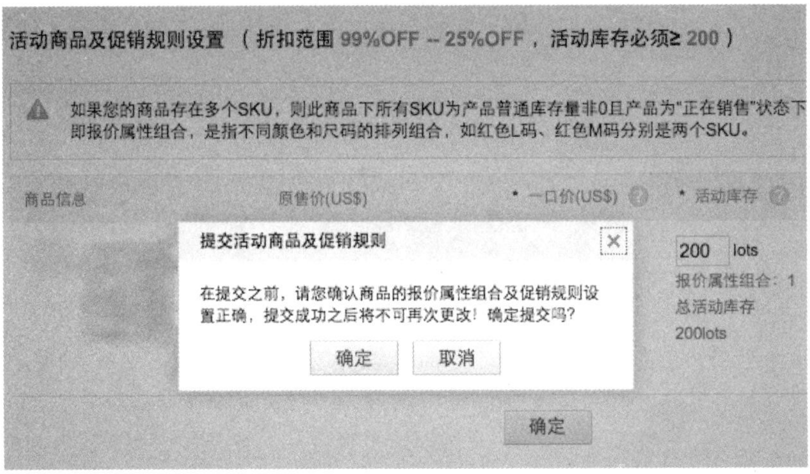

图 4-40

完成报名后，可以查看所有已经报名的平台活动。有些平台活动在报名之后，产品被锁定之前是允许修改库存和折扣等数据的，有些活动则不行，具体看活动类型和要求。报名成功后需要等待审核，不管是否入选速卖通平台都会发邮件通知，要记得随时查看邮箱。

4.3 速卖通无线端营销

4.3.1 无线端流量特点

无线端流量和 PC 端相比具有自身的特点和规律。

- 每周流量峰值通常出现在周末。
- 每天流量峰值通常出现在晚上。
- 无线端用户反复购买频次比 PC 端高。
- 无线端用户访问时间段短、频次高。
- 买家在无线端打开速卖通网站方式有两种：一种是通过手机浏览器打开，网址是 m.aliexpress.com，故称之为 M 版；另一种是买家在手机上安装 AliExpress APP，通过 APP 打开。速卖通网站首页在无线端 M 站展示的第一屏界面如图 4-41 所示界面，第二屏界面如图 4-42 所示。

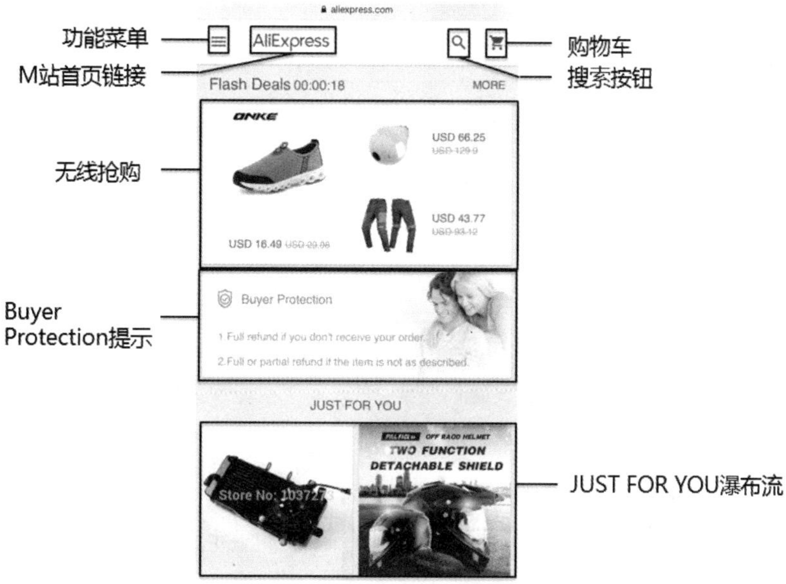

图 4-41

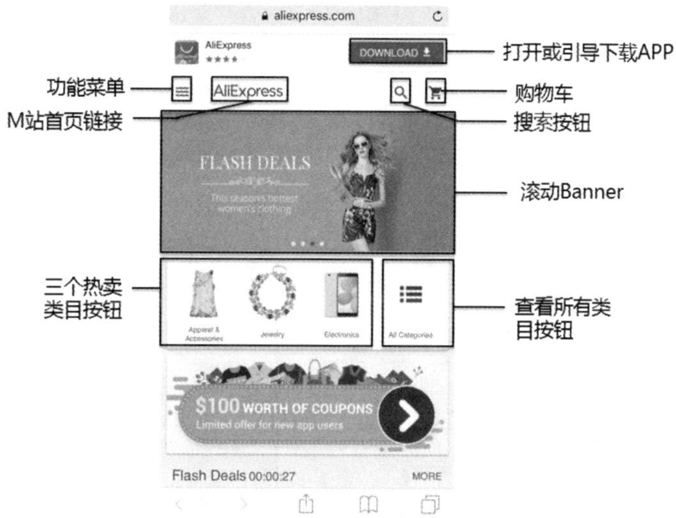

图 4-42

速卖通网站首页在 APP 展示的，第一屏界面如图 4-43 所示，第二屏界面如图 4-44 所示。

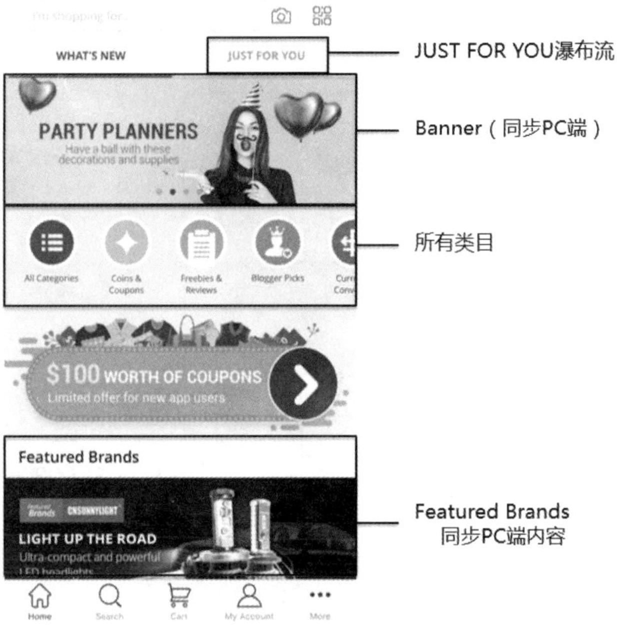

图 4-43

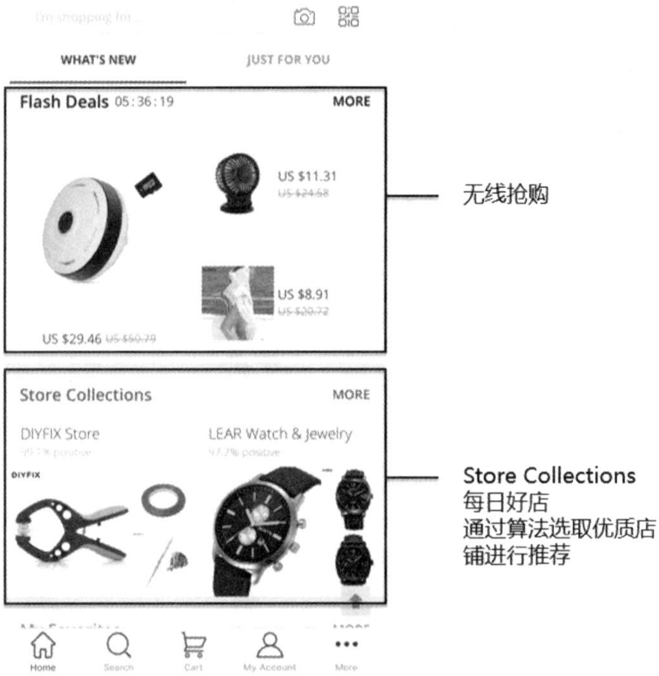

图 4-44

为了更好地引导用户下单购买，无线端界面设计比 PC 端简约，只保留必要的功能按钮。

4.3.2 无线端营销活动

1．无线端抢购活动

无线端抢购活动又称 Flash Deals。一天 8 场，每场 10 个单品售卖 3 小时，连续 24 小时。每场的超高流量全部导给这 10 个商品，目的是打造全场爆款。明星单品展示位仅供本期时段内最具性价比的商品展示，该商品同时也展示在 APP 首屏曝光。商品售空后，将引导买家进入卖家的店铺浏览其热卖商品，为卖家引入更多的流量。

2．无线端试用活动

无线端试用活动由卖家提供 1 美分商品试用，赢得试用的买家在试用后必须提供试用报告。买家在申请试用之前，必须收藏提供试用的卖家店铺，并且填写收货地址。卖家可以通过无线端试用活动赢得大量的店铺收藏量和高质量的买家试用评价，卖家可以借此为后续该商品的营销打好基础。

3．无线金币兑换活动

报名参加无线金币兑换活动的卖家商品会展示在 AliExpress APP 的金币频道（Coins & Coupons），供买家金币兑换。对报名商品的要求是，商品价值必须超过 100 美元（价值计算方法：90 天均值×库存>100 美元）。

4.4 推广和引流

直通车是卖家常见的引流方式，其见效快、易调控；SNS 营销适合维系客户关系和开发潜在客户，适合品牌营销。在此，介绍速卖通直通车和 SNS 两种引流方式。

4.4.1 速卖通直通车

1．直通车特点

直通车是一种按效果付费的广告，简称 P4P（Pay For Performance）。直通车的付费方式是按点击付费，简称 CPC（Cost Per Click）。

速卖通平台的买家购买模式是：搜索关键词→浏览搜索结果页→点击感兴趣的商品进行浏览，所以说商品是否能展示在搜索结果页靠前的位置直接影响商品的点击率。直通车是通过竞价排名让卖家商品可以展示在搜索结果页靠前的位置。卖家通过有竞争力的出价使自己的商品展示在页面靠前的位置，展示不需要付费，当买家点击该商品时卖家需要支付广告费。

竞价排名即通过竞争出价的方式获得网站的有利排名位置，达到高曝光、高流量的目的。

竞价排名的基本原理是，卖家选择一批和产品相关的关键词，并对这些关键词进行出价；

买家搜索该关键词时，出价高的卖家商品即被展现在页面靠前的位置。但是在基本原理背后，系统会根据多种因素加权计算排名规则，最终呈现在网页上的结果会和单纯的出价高低有所区别。

直通车推广有以下 3 个优点。

（1）新品可快速曝光

对于新上线的商品，由于没有很好的销售记录，很难有机会被展示在搜索结果页靠前的位置，通过直通车可以快速获取大量的曝光，增加销售机会，为以后的营销打好基础。

（2）精准流量，合理付费

直通车引入的流量精准，无效流量少，只有产生有效的点击才会计费。恶意点击和重复性人工点击，在计费时会被系统除去。

（3）预算可控，自主选择

卖家可以为每个关键词设置单个点击竞价，也可以针对投放时间、投放区域、每日投放预算进行设置，对于直通车广告的投入费用和投放地区可以进行定位。

2. 直通车规则

直通车推广方式分关键词投放和商品推荐投放。

- 关键词投放展示位置。最初，直通车关键词投放的商品会展示在搜索结果页右侧和底部两个特殊区域内，改版后右侧的特殊展示区域被取消，和自然搜索产品融合在一起。搜索结果页的第一页主搜第 12、20、28、36 共 4 个中国好卖家展示专区；第二页及以后页主搜第 8、16、24、32、40 位每页共 5 个主搜推广区，如图 4-45 所示。

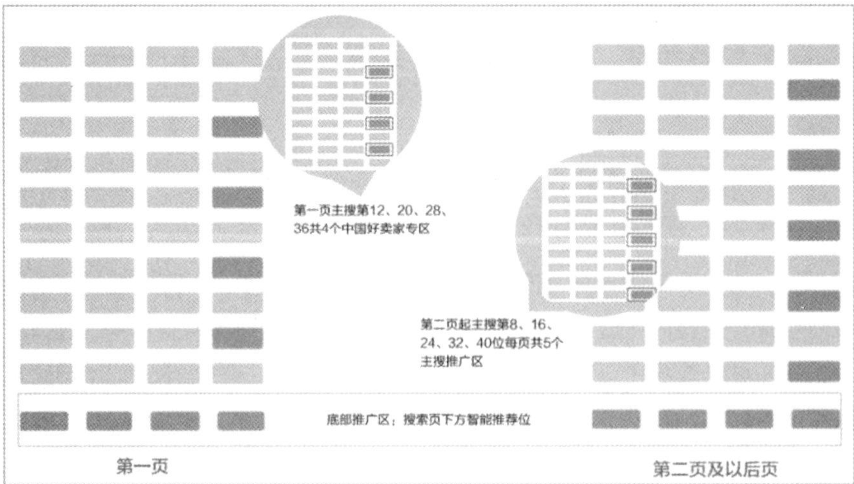

图 4-45

- 商品推荐投放展示位置。商品详情页下方的推荐位如图 4-46 所示。

图 4-46

关键词投放的展示位置与“匹配度”和“竞价”两大因素相关，因此可以人为干预展示位置。

商品推荐投放的位置由系统确定，不可人为干预，如图 4-47 所示。

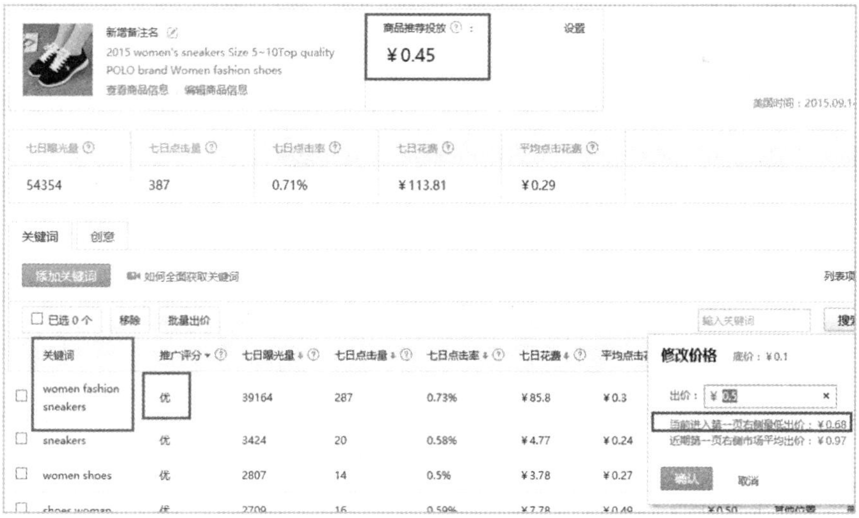

图 4-47

（1）排序规则

直通车的排名主要受两大因素的影响，分别是推广评分和出价，其中推广评分在整体排名中起关键作用，它主要通过商品信息质量、商品与关键词匹配性、商品评分和店铺评分 4 个因素来考量。商品评分指的是买家对产品的认可度及评分和评价；店铺评分指的是买家对店铺的

DSR 评分及对卖家产品描述、卖家服务和物流服务的评价。具体的案例如图 4-48 所示。

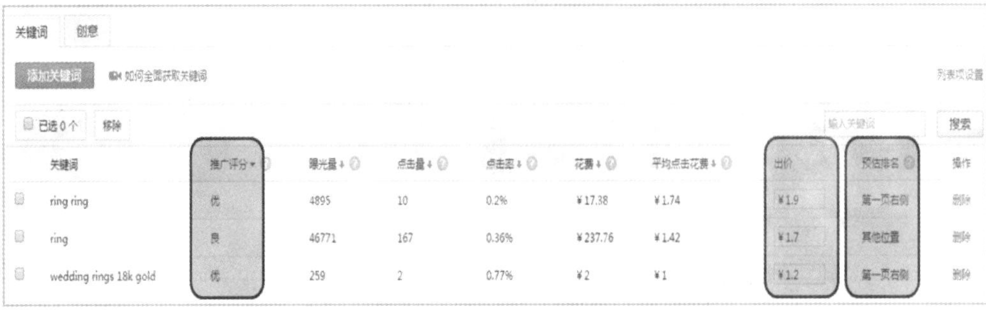

图 4-48

图中左边显示的推广评分一共分为两种情况：优和良。只有推广评分为“优”，再加上具有竞争力的出价，卖家商品才有可能排在首页的右侧。如果推广评分为“良”，那么即使出价再高，也不能排在首页的右侧。因为一个商品的属性和关键词数量有限，无法让很多关键词都成为优词，这里的排名位置会根据推广评分和出价进行实时调整，要多关注后台的数据。

（2）扣费规则

直通车产品的展示曝光不扣费，海外客户有效点击才扣费。扣费与卖家的推广评分及出价相关，但实际的扣费肯定不会超过卖家的出价，这些数据在卖家后台可以查看。

（3）推广方式

目前直通车的推广方式有两种，如图 4-49 所示，其中一种是专门用于打造爆品的重点推广计划；另一种是方便测品的快捷推广计划。这两种方式各有优点并都带有自动选品的功能，系统会根据近期数据向卖家展示最近表现不错的商品，方便卖家选品。

图 4-49

直通车重点推广计划：在设置重点推广计划时，每个推广商品下都有其独立的推广关键词库，可以针对每个重点商品单独设置商品推荐投放计划，所有商品共用一个每日消耗上限。

重点推广计划独有创意主图和创意标题的功能，即卖家可以为每个重点推广商品设置专门用于直通车推广的图片和标题。重点推广计划最多允许创建 10 个，建议每个计划推广同类目的商品以便于后期管理，并且选择想要重点推广的商品，集中精力做推广。

新建一个推广方计划有以下几个步骤。

- 新建直通车重点推广计划，在系统推荐的关键词库里对关键词进行筛选，去掉热度不高、不符合商品的词，如图 4-50 所示。

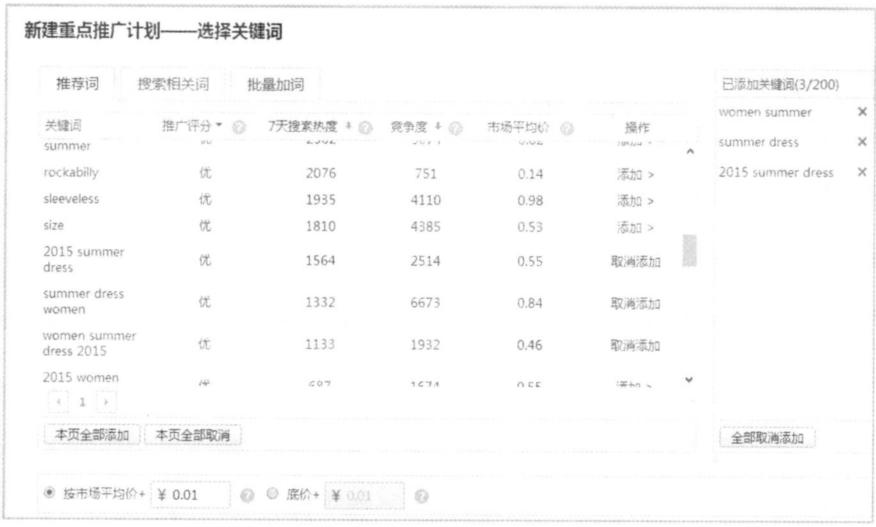

图 4-50

- 提炼重点词。例如推广一款连衣裙产品，产品标题为：2015 Summer Women Dresses O-neck Sleeveless long Retro Casual Party lace Robe Rockabilly 50s Vintage Plus Size。
  - 从标题中提炼出重点词：summer dress、women dress、party dresses。
  - 从上面的 3 个重点词延伸一些相关性词，如：vintage dress、lace dress、50s dress、retro dress、casual dress、long dress、plus size dress 等。
- 增加更多的关键词。可以通过直通车后台的“优化工具”→“关键词工具”，由系统推荐更多的关键词，如图 4-51 所示。也可以使用“数据纵横”工具寻找更多的关键词。将自己提炼的关键词和系统推荐的关键词加入推广词库里。

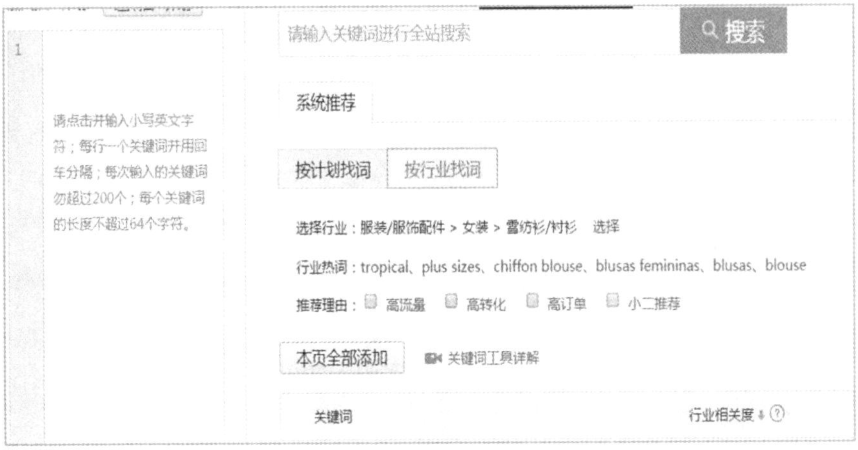

图 4-51

- 调整出价。系统会根据当前出价预估直通车的展示位置，供卖家参考，以便调整出价。
- 良词推优和筛选创意主图。对系统判断推广评分为“良”的关键词进行优化。如图 4-52 所示，找出系统判断推广评分为“良”的关键词。

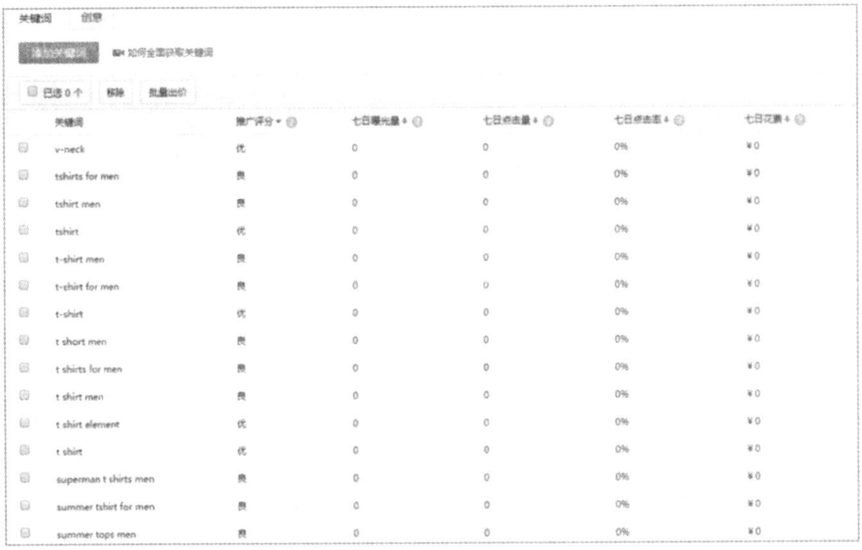

关键词	推广评分	七日曝光量	七日点击量	七日点击率	七日花费
v-neck	优	0	0	0%	¥0
tshirts for men	良	0	0	0%	¥0
tshirt men	良	0	0	0%	¥0
tshirt	优	0	0	0%	¥0
t-shirt men	良	0	0	0%	¥0
t-shirt for men	良	0	0	0%	¥0
t-shirt	优	0	0	0%	¥0
t short men	良	0	0	0%	¥0
t shirts for men	良	0	0	0%	¥0
t shirt men	良	0	0	0%	¥0
t shirt element	优	0	0	0%	¥0
t shirt	优	0	0	0%	¥0
superman t shirts men	良	0	0	0%	¥0
summer tshirt for men	良	0	0	0%	¥0
summer tops men	良	0	0	0%	¥0

图 4-52

优化方法使用“创意”功能，选择将“良”词加入创意标题内，如图 4-53 和图 4-54 所示。

图 4-53

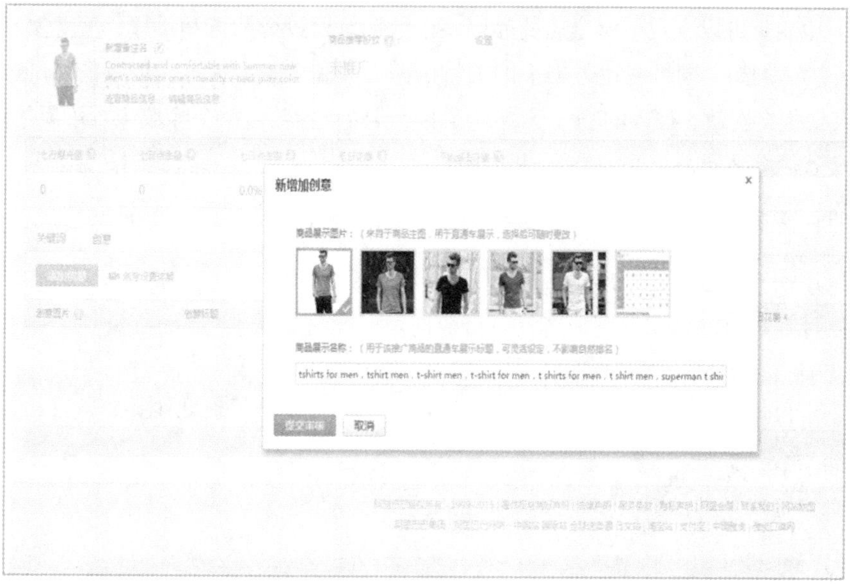

图 4-54

直通车快捷推广计划：每个账户最多能同时创建 30 个快捷推广计划，每个计划最多能同时推广 100 个商品，同时具备批量选词、批量出价的功能，让卖家用更少的时间和精力选出值得集中精力推广的商品。

（4）优化工具

直通车优化工具有选品工具、关键词工具、商品质量诊断、抢位助手（抢位助手只针对资深车手卖家开放）4 种。

选品工具主要有两个功能。第一个功能是系统会有 3 个推荐理由来帮卖家推荐值得推广的产品，分别是：热搜、热销和潜力。卖家也可以同时针对商品分组、发布的相应账号以及数据维度对分析结果进行筛选，如图 4-55 所示。

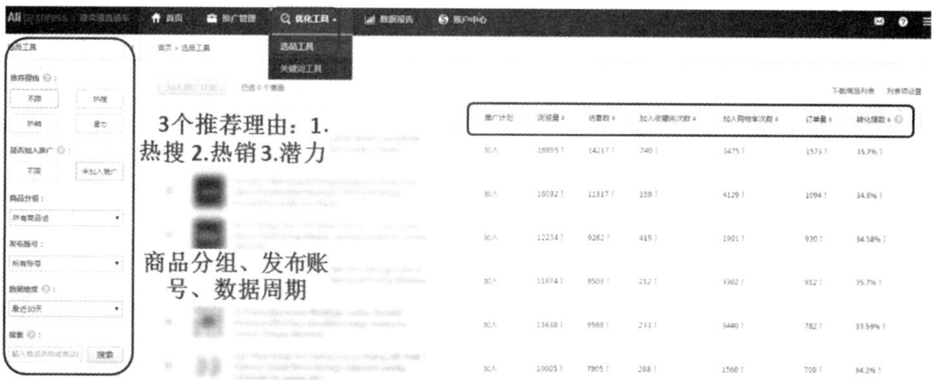

图 4-55

第二个功能是可以直观地对全店商品以多个数据维度进行筛选和排序，使卖家对店铺商品数据一目了然。例如，同行对比数据下的类目供需指数和竞争力数据，以及商品的浏览量、访客数、加入收藏夹次数、加入购物车次数、订单量、转化指数。每个筛选主页可以呈现 30 个商品，也可以下载商品列表至 Excel，分析数据结果。

速卖通直通车的关键词工具如图 4-56 所示，其功能主要体现在 5 大方面。

- 可以用任意关键词搜索出更多的相关关键词。
- 可以针对现有的推广计划或者任意行业搜索推荐关键词。
- 系统会自动推荐一些行业近期买家的搜索词。
- 卖家可以根据 4 种标签筛选被推荐的关键词：高流量词、高转化词、高订单词、小二推荐词。
- 当卖家选好关键词后，也可以对所选的词批量出价。

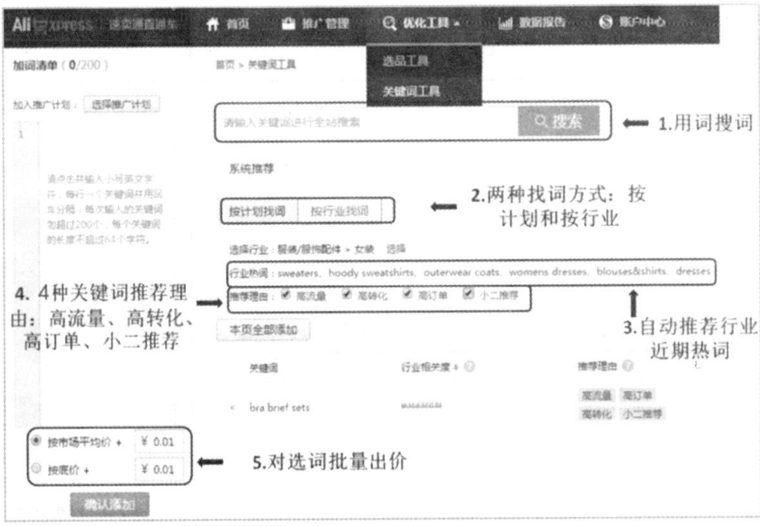

图 4-56

（5）直通车首页

当卖家直通车账户处于正常状态，账户余额大于 0，且至少有一条处于激活状态的推广信息时，推广状态显示为“推广中”。在该状态下，买家在前台直通车展示位可以看到卖家的推广商品，海外有效 IP 客户点击后，会产生相应的扣费，如图 4-57 所示。

图 4-57

在未推广状态下，推广计划不生效，直通车展示位无法展示卖家的推广商品。以下情况会显示为“未推广”状态。

- 账户冻结：当卖家账户处于冻结状态时，推广状态显示为“未推广 您的账户目前处于冻结状态，已停止所有推广。如有问题请与服务人员联系”。
- 无推广信息：当卖家账户处于正常状态，账户余额大于 0，且没有创建任何推广信息时，推广状态显示为“未推广 您还没有创建推广信息，现在就去创建推广信息”。单击“创建推广信息”按钮可链接到创建推广信息页面。
- 推广信息全部暂停：当卖家账户处于正常状态，账户余额大于 0，且卖家有创建完成的推广信息，但是全都设置为“暂停”状态时，推广状态显示为“未推广 目前您的推广信息全部处于暂停投放状态，现在就去激活推广信息”。单击“激活推广信息”按钮可链接到推广计划管理页面。
- 账户欠费：当卖家账户处于正常状态，且账户余额小于或等于 0 时，推广状态显示为“未推广 您的账户欠费，已停止所有推广。请您及时充值”。单击“充值”按钮可链接到充值页面进行支付宝在线充值。
- 达到每日预算限额：当卖家账户处于正常状态，账户余额大于 0，且卖家当天的消耗总额已经达到设定的日广告预算时，所有推广信息都会下线，推广状态显示为“未推广 您今天推广总消耗额已达预算限额”。卖家可以提高每日预算以延长投放时间。

卖家的直通车账户信息如图 4-58 所示，除了账户状态，其主要包含以下几个板块。

图 4-58

- 账户余额：指现金账户与红包账户的实时总余额。如果账户余额不足，点击推广服务的使用将自动终止。
- 账户预计可消费天数：根据最近 7 天卖家账户日均推广花费金额和当前卖家账户余额，推算卖家未来可正常持续推广的天数。
- 今日消耗：实时显示卖家账户今日已经产生的现金+红包扣费金额，系统会按照卖家红包账户和现金账户的余额等比例扣除。例如，卖家现金账户有 8000 元，红包账户有 2000 元，卖家每消耗 100 元，系统会从现金账户扣除 80 元，从红包账户扣除 20 元。
- 账户每日消耗上限：显示卖家账户当前设定的每日最高推广消费上限金额。

（6）推广管理

推广管理如图 4-59 所示，其主要包含以下几个板块。

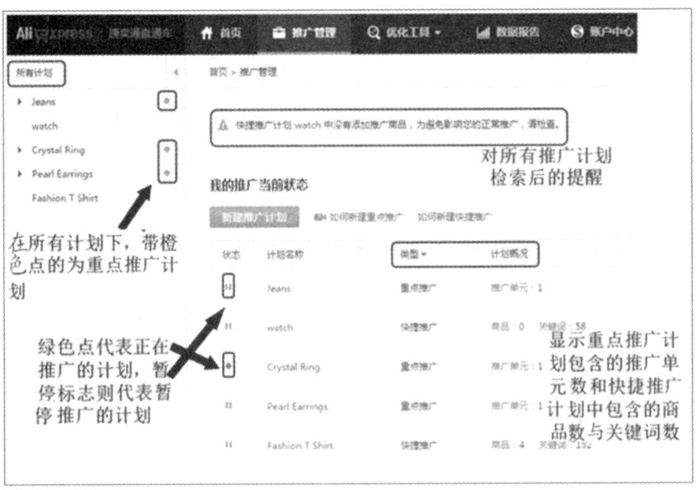

图 4-59

- 所有计划：显示当前重点推广计划和快捷推广计划的名称。后面带橙色点的是重点推广计划，无标志的为快捷推广计划。

- 状态：绿色点代表正在推广的计划，暂停标志则代表暂停推广的计划。
- 类型：分为重点推广计划和快捷推广计划。
- 计划概况：分别显示重点推广计划中包含的推广单元数，以及快捷推广计划中包含的商品数和关键词数。
- 感叹三角形：对所有推广计划检索后的提醒。

（7）推广效果

推广效果监控如图 4-60 所示，其主要包含如下几个板块。

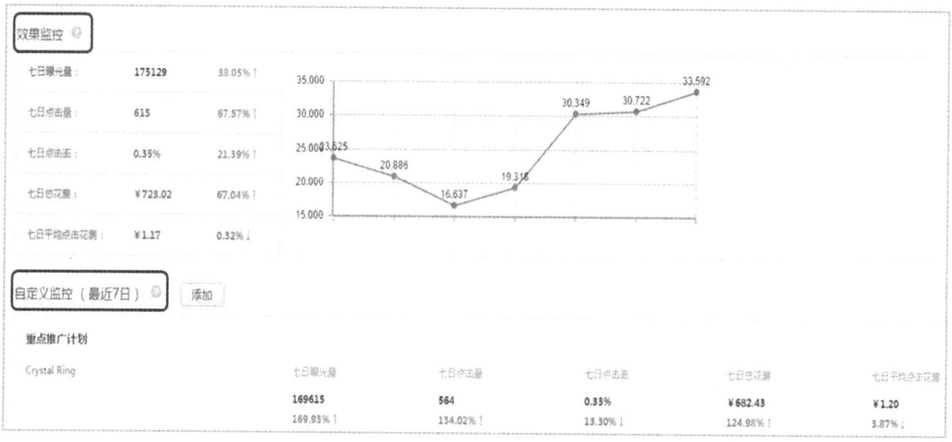

图 4-60

- 七日曝光量：指最近 7 天，卖家所有推广中的商品在海外买家搜索过程中获得的展现流量。
- 七日点击量：指最近 7 天，卖家所有推广中的商品在海外买家搜索过程中获得的其进一步点击查看的次数。
- 七日点击率：点击率＝点击量÷曝光量。如果点击率较高，则说明买家对卖家推广中的商品感兴趣，愿意通过点击进一步查看了解卖家商品详情。点击率是反映卖家商品是否满足买家的采购需求、是否令买家感兴趣的重要指标。
- 七日总花费：指最近 7 天整个账户的财务消耗，精确到小数点后两位，单位是元。
- 七日平均点击花费：指最近 7 天对所有推广中的商品点击花费的平均数，也代表了卖家引入一个潜在买家的平均成本。计算公式为：平均点击花费＝总花费金额÷总点击量。

因为效果监控中的数据来自于所有推广中的商品，卖家可通过自定义监控的功能，查看各个推广计划下具体每个商品的推广效果。

（8）数据报告

账户报告：如图 4-61 所示。

- 单击直通车后台的“数据报告”，进入数据页面。

- 针对卖家的速卖通直通车账户的整体营销状况提供效果统计分析报告。
- 按天统计，每一天的账户效果还可以展开，即按照推广计划的维度查看每天的数据。
- 分为图形和报表两部分，反映曝光量、点击量、花费等多项数据指标，可由卖家自定义类型、时间段、指标进行查看，同时支持报告下载。

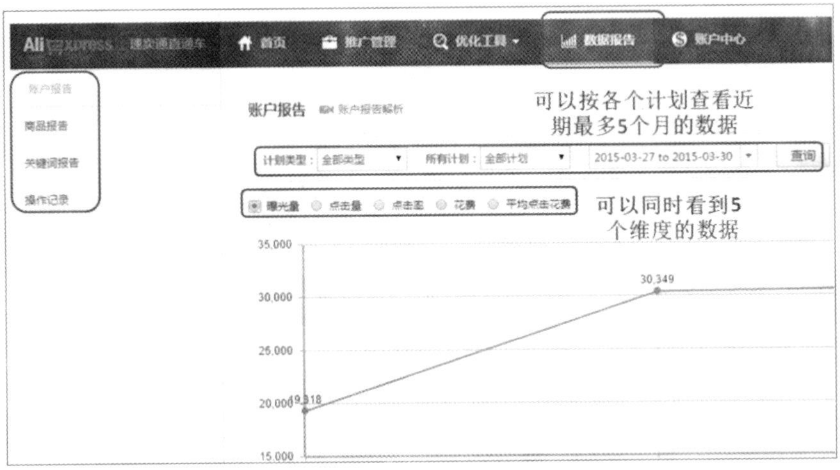

图 4-61

商品报告：如图 4-62 所示。

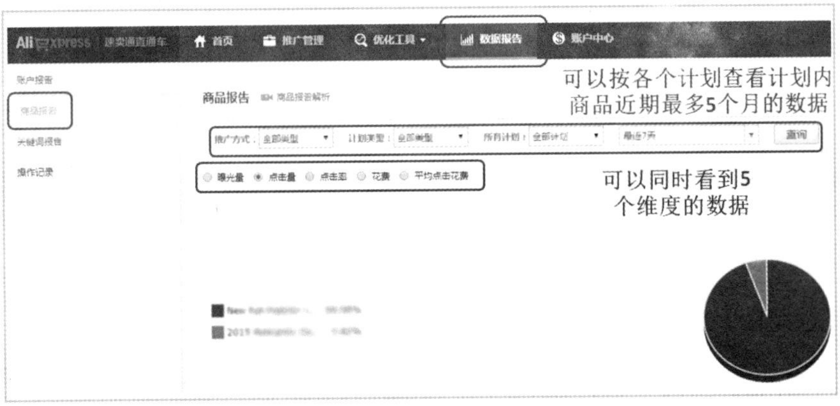

图 4-62

卖家推广了商品之后，需要了解商品的数据效果，包括曝光量、点击量、花费等核心指标，来确认下一步的优化方向。

卖家可以按照各个计划查看该计划内所有商品最近 5 个月的数据，主要包括：曝光量、点击量、点击率、花费和平均点击花费。在报告下方可以看到对应商品、对应时间内的曝光量、点击量、点击率、花费及平均点击花费等数据，并支持导出查看数据，如图 4-63 和图 4-64 所示。

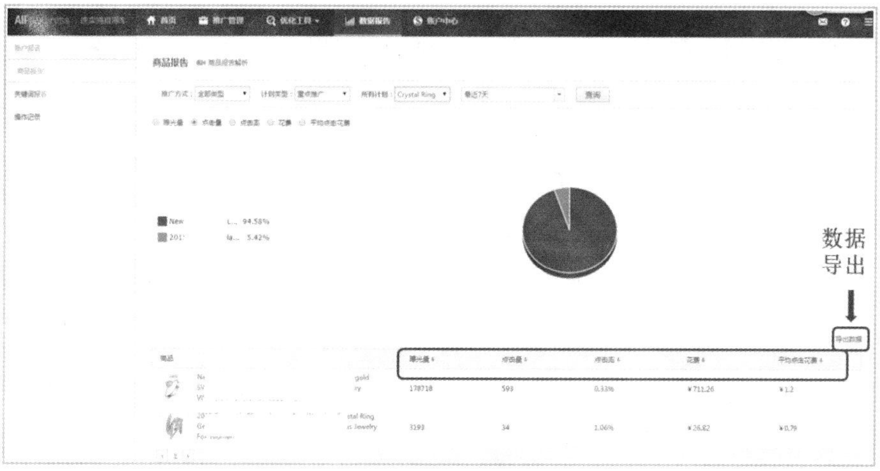

图 4-63

商品名称	曝光量	点击量	点击率	花费	平均点击花费
New hot 2015 Crystal Lu	178718	593	0.33	711.26	1.2
2015 Romantic Wedding	3193	34	1.06	26.82	0.79

图 4-64

导出数据之后，卖家可以对相关维度的数据进行排序。比如，卖家选择最近 7 天的数据，按点击量排序之后，找到排在第一位的商品，与自己要重点推广的商品进行对比，确认是否是主推商品，如果不是，那么推广计划就需要继续完善。

如何结合商品报告做优化?

查看完商品报告之后，卖家需要针对问题商品进行细节排查和优化。在这里，卖家同样可以根据七日曝光量、七日点击量、七日总花费等数据维度对推广计划进行整体排序。选择需要重点关注的推广计划，例如，可以根据不同计划的推广数据，对一些计划增加或者更改推广商品，同时也可以根据计划的推广效果继续添加更多的长尾关键词，以增加点击量，降低平均点击花费。

关键词报告：如图 4-65 所示。

卖家推广商品时，能否得到充足的曝光量取决于关键词，所以要了解关键词的数据效果，包括关键词的数量、曝光量、点击量、花费等核心指标，再来确认下一步的优化方向。

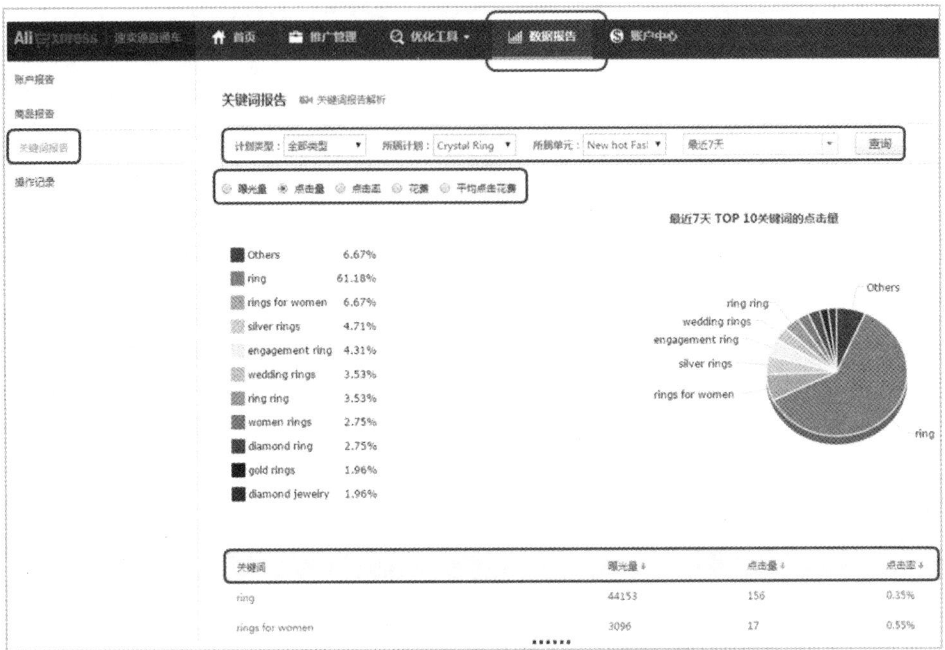

图 4-65

计划类型如图 4-66 所示，卖家可以通过筛选推广计划和推广单元来查看最近 5 个月的关键词数据，各指标解释如下。

- 曝光量：指在选定计划及时间范围内所有关键词的曝光量。
- 点击量：指在选定计划及时间范围内所有关键词的点击量。
- 点击率：指在选定计划及时间范围内所有关键词的点击率。
- 花费：指在选定计划及时间范围内所有关键词的花费。
- 平均点击花费：指在选定计划及时间范围内所有关键词的平均点击花费。

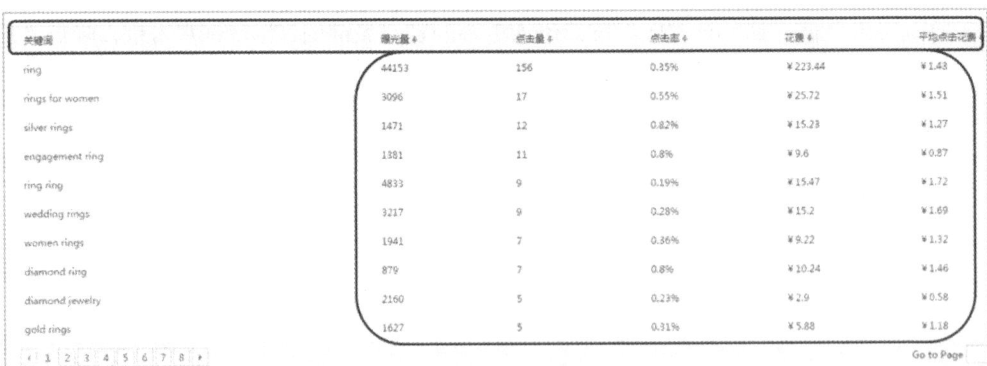

关键词	曝光量	点击量	点击率	花费	平均点击花费
ring	44153	156	0.35%	¥223.44	¥1.43
rings for women	3096	17	0.55%	¥25.72	¥1.51
silver rings	1471	12	0.82%	¥15.23	¥1.27
engagement ring	1381	11	0.8%	¥9.6	¥0.87
ring ring	4833	9	0.19%	¥15.47	¥1.72
wedding rings	3217	9	0.28%	¥15.2	¥1.69
women rings	1941	7	0.36%	¥9.22	¥1.32
diamond ring	879	7	0.8%	¥10.24	¥1.46
diamond jewelry	2160	5	0.23%	¥2.9	¥0.58
gold rings	1627	5	0.31%	¥5.88	¥1.18

1 2 3 4 5 6 7 8 Go to Page

图 4-66

在报告下方可以看到在选定计划及选定时间范围内每个关键词的曝光量、点击量、点击率、花费及平均点击花费等数据。同时可以对相关维度的数据进行排序，比如，卖家选择最近 7 天的数据，按点击量排序之后，找到排在第一位的关键词，与自己要重点推广的商品进行匹配，确认是否是最贴切的关键词，如果不是，那么推广计划就需要继续完善。

如何结合关键词报告优化计划?

查看完关键词报告之后，卖家需要针对问题关键词进行细节排查和优化。比如，对于虽然与商品匹配但曝光量少的关键词，可以适当修改其出价；对于曝光量高但点击量少的商品，可以利用“创意”功能更换推广主图；对于点击量高但成交少的商品，可以适当修改商品折扣和详情页。

操作记录：如图 4-67 所示。

在数据报告中可以查看操作记录，卖家一次性可以查看 5 个月内所有的操作记录，每当直通车推广数据发生变化时，卖家可以研究自己的操作记录，观察和总结推广技巧及失误，提高“开车”能力，争取花更少的资金，博取更多的点击。

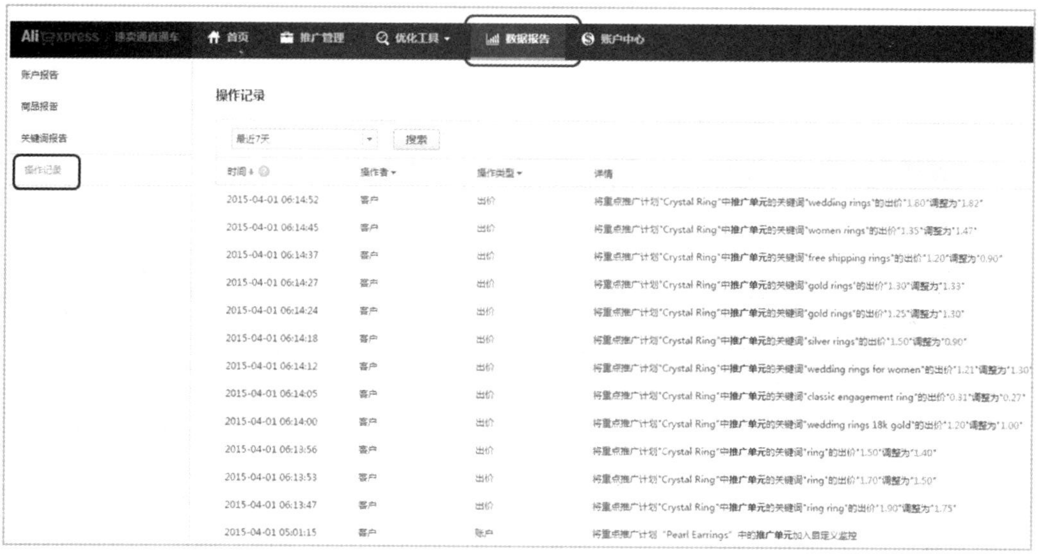

图 4-67

（9）账户中心

账户查询：如图 4-68 所示。

图 4-68

在账户查询中，卖家可以查看或者进行操作。

- 可以查看卖家账户的可用余额和余额构成。
- 发票申请：对卖家已经充值成功的金额可以向阿里巴巴申请开具发票。
- 设置余额提醒，防止推广计划在无意间因欠费而停止。
- 对账户进行充值。

4.4.2 SNS 海外营销策略

1．海外社交网站介绍和运用

SNS（Social Network Service）指社交网络服务，下面介绍一些有代表性的 SNS 网站。

（1）Facebook

Facebook 于 2004 年 2 月 4 日上线，从用户量和 facebook.com 网站流量来看，Facebook 是目前全球最大的实名制社交网站。如果把一个网站的用户量比作一个国家的人口数量，那么 Facebook 在互联网这个虚拟的国度里面，已经是全球仅次于中国和印度的世界人口第三大国。Facebook 最早的一批用户，已经在平台上活跃 10 年了。

在 Alexa 查询网站中看到，Facebook 流量在全球网站排名中位居第三位，如图 4-69 所示，平均每天 Facebook 的访问量就超过 6 亿次。

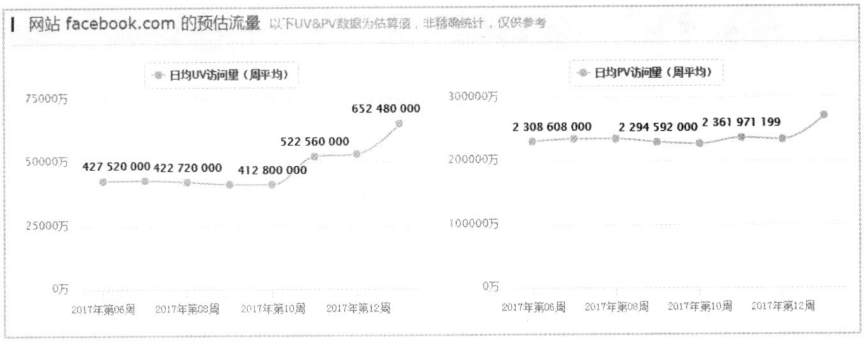

图 4-69

如图 4-70 所示是 Facebook 网站的访问国家/地区排行，位居前列的美国、英国、德国、法国等都是跨境电商购买的主力国。

网站 facebook.com 的国家/地区排名、访问比例

国家/地区名称	国家/地区代码	国家/地区排名	网站访问比例	页面浏览比例
美国	US	3	27.0%	19.7%
英国	GB	4	4.8%	4.2%
印度	IN	4	4.3%	6.2%
日本	JP	7	4.3%	3.4%
德国	DE	4	3.5%	3.2%
法国	FR	4	3.5%	3.6%
巴西	BR	4	3.2%	3.3%
加拿大	CA	4	3.0%	2.3%
意大利	IT	4	2.9%	3.7%

图 4-70

Facebook 分为个人页面和公司页面。

- Facebook 个人页面

访问 www.facebook.com 进入 Facebook 注册页面，Facebook 会提示卖家填写姓名、生日、邮箱等信息。凡是要求卖家填写真实个人信息的都属于真人社交网站，注册时应注意以下两点。

第一，注册账号时常常填写的是业务员个人真实身份信息，但是由于 SNS 营销是公司行为，并且公司为每个客户的营销都付出了相应的成本，业务员在离职时应交接 SNS 网站的账号信息，所以在开始注册时就应考虑到这些因素。

第二，每个账号务必要跟常用的手机号码绑定，这样在账号出现异常时能确保账号安全。

Facebook 会监控用户的账号，在用户登录 Facebook 时，如果发现其 IP 地址发生变化就会认为账号异常而把账号锁定，Facebook 会要求用户输入验证码来把账号要回来。因为公司页面在个人页面管理之下，所以如果个人页面出现了异常无法登录，公司页面也就无法使用了。

Facebook 个人注册页面如图 4-71 所示。

图 4-71

- Facebook 公司页面

Facebook 公司页面注册入口：https://www.Facebook.com/pages/create，建议在注册公司页面时务必将公司信息填写完整、准确，因为 Facebook 公司页面在谷歌搜索时是可以被检索到的。

建立公司页面的要点：要有详细的介绍、账号名称；Facebook 公司页面的命名最好与自己的品牌名称一致，因为这样客户在谷歌搜索时就可以检索到公司的 Facebook 页面。如果在 Facebook 公司页面中发布一些客户好评，当客户检索到 Facebook 页面看到这些内容时，就可以增加对卖家品牌的好感度。

Facebook 公司注册页面如图 4-72 所示。

图 4-72

Facebook 平台运营策略和实操方法如下。

- 卖家有免费的老客户资源

卖家可以给老客户发邮件欢迎他们关注公司页面，不管是否能成功，告知老客户很有必要，在给客户发货时也可以附上 Facebook 页面的网址。注意图片要精美，如果受限于产品属性，则起码要做到简洁、大方。因为社交时代是读图时代，图片是全球通用的语言，产品图片有卖点才能打动客户，社交营销尤其如此。

- 如何知道老客户是否在 Facebook 上

方法一：将通信录列表导入到 Facebook 广告后台，后台会将列表中可以跟踪到的客户告知卖家。

方法二：直接询问客户经常使用哪些社交网站，再算出使用社交网站的客户比率。

在 Facebook 广告中，有一个 Power Editor 高级功能，它可以实现定制化受众的功能。

卖家将老客户联系表单导入后，就可以知道老客户中有多少人在使用 Facebook。Power Editor 比起 Facebook 的普通广告页面，功能更加全面。在广告受众选项中，有自定义受众和创建类似受众的选项。根据后台列表格式，将老客户列表上传。建议将邮箱和电话号码分别上传，以增加覆盖率。

- 如何顺利开通 Facebook 广告账号

由于一小部分企业会盗刷信用卡发布广告，而 Facebook 官方无法收到广告款项，因而他们会封锁信用卡所在地与账号 IP 地址不一致的账号，所以 Facebook 广告账号在开通时容易受限。可以尝试以下几个方法来开通 Facebook 广告账号。

方法一：联系 Facebook 将卖家账号列入白名单。

方法二：找到正规的渠道服务商开通一个广告账号。

方法三：使用国外的信用卡。

- Facebook 广告的类型有哪些

Facebook 广告主要有流量广告、根据行为转化的广告、消息广告、页面粉丝增加广告、游戏 APP 安装量广告、增加活动参与人数的广告等、派送优惠券广告、视频广告等。如果卖家的产品需要专业解说，建议使用 Youtube 视频在 Facebook 上投放广告。可以选择按照区域、年龄、性别、情感状态等维度定向投放广告，也可以设置针对某些用户行为进行广告投放。

Facebook 有一个选项为 Life Event，Facebook 可以抓取到用户的 Life Event 数据区分人群精准投放广告。例如，新晋父母可以投放母婴类广告；准新娘可以投放婚纱礼服广告。Facebook 广告投放前三位是：游戏、旅游和美食。投放广告不仅仅为了获取流量，更重要的是获取客户数据。

（2）Twitter

Twitter 是微博的鼻祖，所有的 Twitter 消息都被限制在 140 个字符之内。和 Facebook 平台具有很强的互动性相比，Twitter 平台的运营更偏向于媒体传播性质。从 Alexa 查询网站中的排名来看，Twitter 每日访问次数达 1.6 亿次，如图 4-73 所示。

图 4-73

（3）Instagram

Instagram 是在国外使用范围非常广的一个手机端图片分享网站，演艺圈明星、时尚博主、网络红人都在 Instagram 上发布自己的生活照、街拍照等信息，对于时尚类品牌来说是非常好的营销渠道，如图 4-74 所示。

图 4-74

（4）Pinterest

Pinterest 的中文名字为“拼趣”，是一个为卖家的项目和兴趣发现创意点的图片社交网站，采用瀑布流的形式展示图片，无须用户翻页，在页面底端不断加载新图片。Pinterest 的原身是婚庆类产品的导购网站，因此在网站上积累了一部分适龄女性。Pinterest 网站流量数据如表 4-1 所示。

表 4-1

排　名	国家名称	月均访问流量/占比	人均访问时间	人均访问页数	网站跳出率
1	美国	1.80 亿（48.26%）	00:09:19	7.96	32.05%
2	英国	1894 万（5.09%）	00:07:49	7.63	35.69%
3	加拿大	1841 万（4.95%）	00:08:35	7.82	33.43%
4	巴西	994 万（2.67%）	00:08:52	8.23	37.20%
5	法国	941 万（2.53%）	00:08:06	8.15	36.83%
6	澳大利亚	863 万（2.32%）	00:08:08	7.62	34.26%
7	印度	744 万（2.00%）	00:07:53	7.16	38.66%
8	荷兰	732 万（1.97%）	00:07:48	8.24	33.38%
9	西班牙	660 万（1.77%）	00:08:30	8.88	34.99%
10	德国	642 万（1.73%）	00:07:13	7.56	38.40%

对于兴趣类的社交网站，不能不关注 Pinterest。Pinterest 上的很多流量来自于移动端。用户群体 68%是女性，大部分来自于欧美国家。在谷歌浏览器中，有一个插件可以一键将卖家店铺的图片分享到 Pinterest 中，通过这种路径分享的图片，用户点击图片就可以直接链接到卖家店铺。Pinterest 有各种分类，如个人的分类、主题的分类等。

平台中的大卖家可以在 Pinterest 上找一些相关的主题如包包、服装、家具等，找到适合自己品类的主题后，观察在该主题中什么类型的图片可以获得较高的互动率，这样的图片就可以成为这个区域选品的参考。

细心的卖家会观察哪些图片追粉比较多，然后根据这些图片做主题页面来吸引流量。卖家也可以制作好专题页面后，把在 Pinterest 上受欢迎的产品进行打折促销，以此吸引更多的流量。

做好 Pinterest 的策略总结为 4 点。

- 找到感兴趣的主题页面。
- 找到红人推荐的图片。
- 关注对应的评论，评论是很重要的。
- 找一些网络红人的账号，进行传播。

虽然 Pinterest 可以带来巨大的兴趣类流量，但是这些流量本身是建立在一种弱关系上的，并不是强关系。一些朋友在 Pinterest 上引流，但是没有沉淀，很容易像流水一样流进来后又流出去，所以卖家要结合强关系的平台去做营销。

（5）vk.com

VK 是目前俄语系国家中最受欢迎的社交网站，俄罗斯的年轻人在这个社交平台上非常活跃，速卖通也投入了大量的精力在这个社交网站上给平台做推广。与表 4-1 同时段的 VK 网站流量数据如表 4-2 所示。

表 4-2

排　名	国家名称	月均访问流量/占比	人均访问时间	人均访问页数	网站跳出率
1	俄罗斯	8.93 亿（62.42%）	00:27:31	63.18	12.48%
2	乌克兰	2.93 亿（20.48%）	00:27:08	66.51	13.00%
3	白俄罗斯	5731 万（4.01%）	00:27:01	61.31	12.55%
4	哈萨克斯坦	3324 万（2.32%）	00:25:00	65.95	14.76%
5	美国	3094 万（2.16%）	00:13:00	25.76	30.61%
6	德国	1121 万（0.78%）	00:14:53	26.33	28.38%
7	英国	851 万（0.60%）	00:16:56	34.28	26.19%
8	土耳其	822 万（0.57%）	00:13:16	27.35	34.45%
9	摩尔多瓦	552 万（0.39%）	00:20:18	40.10	20.56%
10	西班牙	488 万（0.34%）	00:09:20	14.99	46.98%

通过以上数据卖家可以看到，VK 网站对客户的黏性非常强。从表 4-1 和表 4-2 中可以看到，VK 用户的浏览时间超过 Pinterest 用户。

（6）ru.itao.com

速卖通针对俄罗斯市场做的商品分享网站，流量比较大，有很多俄罗斯买家会在上面分享网购产品。买家可以使用自己在速卖通上的账号直接登录 itao 网站，买家分享的很多产品都是在速卖通上买的，当然还是以服饰类为主。

在 itao 上很容易找到适合自己产品的网红，想联系这些网红也比较简单，网红都会在个人介绍页面上刊登自己的邮箱信息，卖家可以选一些自己的产品发给网红，询问是否可以合作。

如果网红的粉丝量不是很大，也可以通过提供服饰赞助来代替推广费用。

2．关于 SNS 营销策划

内容和互动策划要点如下：

- 卖家要了解客户群体的兴趣爱好和体验。
- 多参考客户的问题，作为内容的话题点。
- 分析老客户，建立社区服务的账号。

下面以 itao 为例进行介绍。

对于刚起步的新手卖家，可以用一些简单的方法来实现 SNS 营销。首先到 itao 上注册一个账号，如果你的产品是针对女性用户的就选一个美女头像，然后给自己起一个俄罗斯姑娘的名字。不会俄语，可以在平台上找两、三个俄罗斯姑娘的名字拼凑起来。

用这个账号在平台上关注一些目标客户群体，经常与他们互动，关于翻译问题可以通过谷歌翻译来解决，如果觉得谷歌翻译的精确度不高，则可以通过一些俄语学习小组来请别人翻译。

当这个账号积累了一定的粉丝量以后，就可以开始营销你的产品了。

在没有真实的外国买家秀的情况下，可以尝试拍一些模仿买家秀的照片，比如你的产品是不需要露脸的鞋子，如图 4-75 所示。

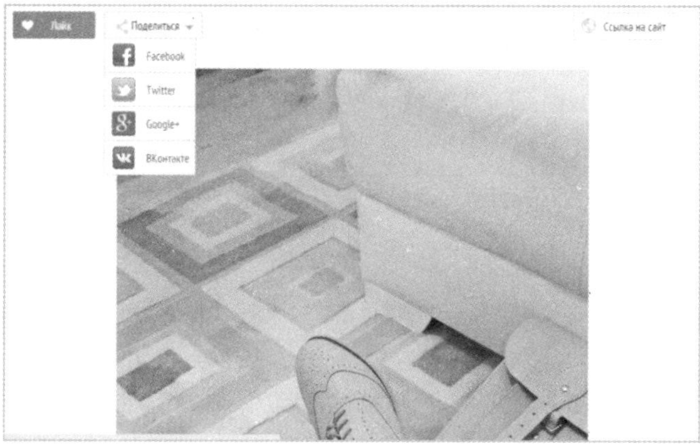

图 4-75

拍摄模仿买家秀的照片时，注意拍摄的场景尽量模仿外国人的居住环境。有了配图后，要让你的分享内容更真实。在已销售产品的买家评价里，找一个写得较好的内容，把它作为分享正文！但是一定要记得通过翻译软件确认里面的评价内容是正面的，如图 4-76 所示。

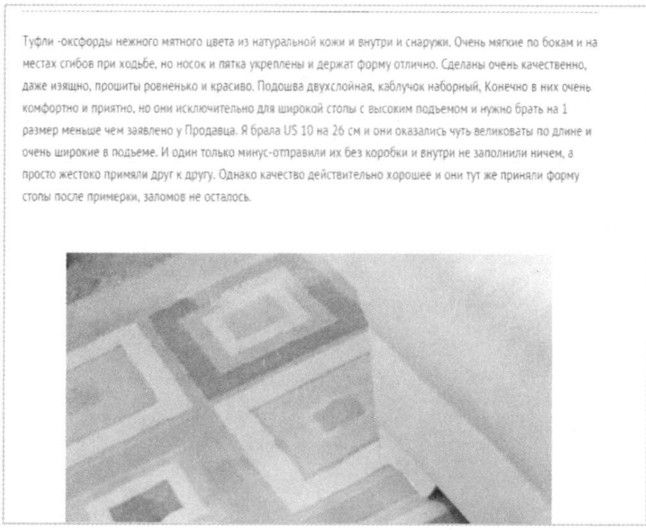

图 4-76

最后别忘了分享一个购买链接，分享的最终目的是将客户流量引入到你的产品页面中。做好这个分享以后，找一些之前已经建立关系的粉丝，请他们为你点赞和评论。虽然采用这种方法引入的流量可能有限，但是对于小卖家来说是一个不错的办法。

分享效果取决于前期的策划和执行，如图 4-77 和图 4-78 所示，同一个卖家的两个不同分享内容，被点赞和分享的数量明显体现出两者的差距。

图 4-77

图 4-78

第 5 章

视觉设计

学习目标：

- 概述跨境电商设计的特点
- 掌握主图和海报设计的要点
- 明确详情页设计的要点
- 列举速卖通旺铺装修的主要模块

5.1 视觉设计基本原理

5.1.1 何为商业视觉设计

商业视觉设计除了要符合买家的审美要求，更重要的目的是有助于促进销售。商业视觉设计应该达到以下 4 点要求。

- 视觉设计要传递准确的信息。
- 视觉设计要包含足够的信息量。
- 视觉设计要符合买家的审美要求。
- 视觉设计要引导买家产生购买行为。

5.1.2 跨境电商设计特点

1. 品牌和促销使用不同风格的图片

用于品牌宣传的图片往往饱和度高，品牌性格更加突出，视觉效果的品质感更强。

用于促进销售的图片一般饱和度较低，视觉效果使产品和价格的亲切感更强。

卖家可以参考国际时尚品牌的宣传图片，找一些品牌宣传图片和促进销售图片进行比较，研究其中的设计和配色原则。在设计之前，需要确定图片是用于品牌宣传还是促进销售，如果两者都想兼具则往往达不到良好的效果。

2. 布局和交互

买家不会逐句阅读网页上的内容，研究表明，人们阅读网页时普遍遵循“F 形”阅读习惯，如图 5-1 所示。

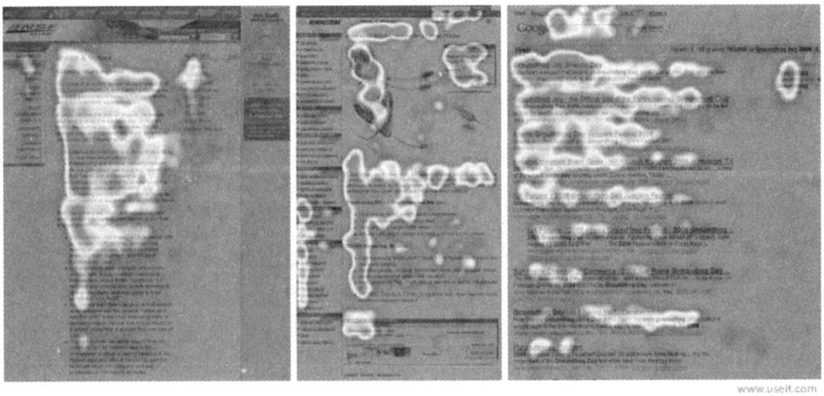

图 5-1

这种阅读路径像字母 F 的形状，包括三个方面：第一，眼睛首先是水平运动，常常是扫过网页内容的上半部分。这样就形成了一条横向的运动轨迹，这就是字母 F 的第一条横线。第二，眼光略微下移，很典型地扫描比上一步范围小的区域。这就画出了字母 F 的第二条横线。第三，眼睛朝网页左边的部分进行垂直扫描。有时候，这个举动很慢，而且很有系统性，这样就画出了字母 F 的一条竖线，如图 5-2 所示。

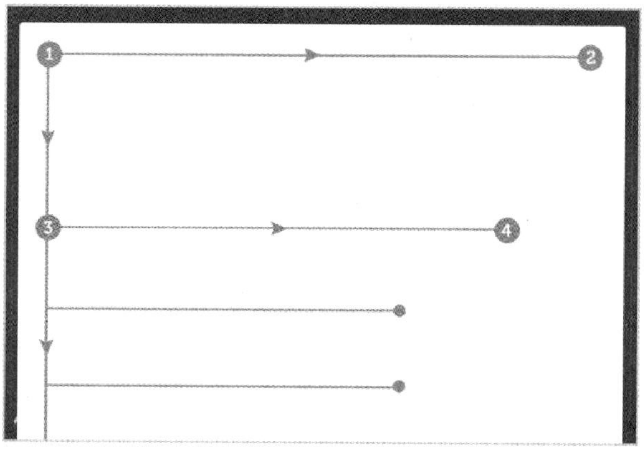

图 5-2

了解了“F 形”阅读习惯后，进行网页设计时就要注意：买家不会逐字通篇阅读，一定要把重要的内容放在左上侧。

3．少即是多

观察国外的电商网站，发现产品详情页和产品列表页的设计都非常简洁，仅包含产品展示图片和必要的信息文字，如价格和产品名称。

要符合海外消费者的审美标准 “少即是多”，只需用必要的元素，表达最核心的信息。

除了“少即是多”标准，“对齐”也非常重要，同样的设计内容是否达到“对齐”标准，将影响最终的视觉表现。如图 5-3 所示，页面简洁明了，没有过多的促销信息。

图 5-3

如图 5-4 所示，模特、姿势、场景都不相同，视觉效果整体显得杂乱。

图 5-4

“对齐”包括图片和文字的上下、左右对齐，也包括同类产品应该排列在一起。如图 5-5 和图 5-6 所示，比较有没有把同类产品放在一起排列的视觉效果差距。

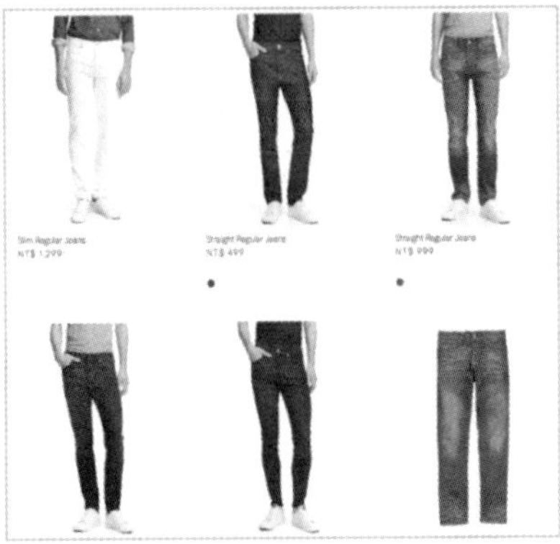

图 5-5

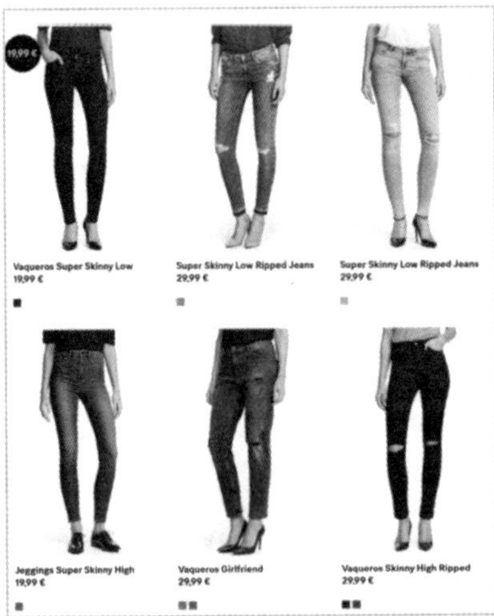

图 5-6

5.1.3　从店铺数据看视觉设计

店铺有了好的定位后，还需要通过好的视觉设计来体现店铺品质。网店需要通过色彩、图像、文字的结合造成强视觉冲击力来吸引潜在客户的关注，由此增强产品和店铺的吸引力，达到营销制胜的效果。

下面我们通过实际的店铺案例来看看视觉营销对交易转化的影响。首先来看一个店铺后台数据：商铺流量来源，如图 5-7 所示。

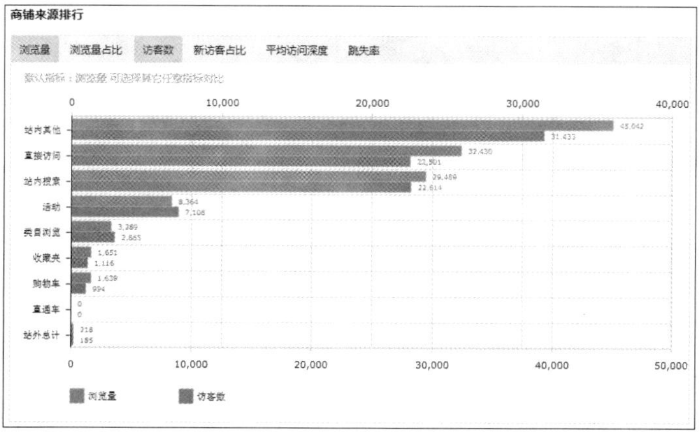

图 5-7

在商铺流量来源中，“站内其他”往往是浏览量最大、访问深度最深、跳失率最低的。浏览量最大的这个部分，到底与店铺的哪些因素有关呢？如图 5-8 所示，影响站内其他流量的主要因素是店铺装修和关联营销。

详细数据　　下载最近30天原始数据

来源	浏览量	浏览量占比	访客数	新访客数	新访客占比	平均访问深度	跳失率	提升秘籍
总计	**159,493**	**100.00%**	**83,205**	**80,896**	**97.22%**	**1.92**	**78.48%**	
站内总计	159,275	99.86%	83,177	80,877	97.23%	1.91	78.47%	
站内其他	45,042	28.24%	31,433	29,855	94.98%	1.43	79.70%	店铺装修，关联营销
直接访问	32,430	20.33%	22,501	21,638	96.16%	1.44	82.01%	
站内搜索	29,489	18.49%	22,614	22,335	98.77%	1.3	82.37%	用搜索词分析提升排序
活动	8,364	5.24%	7,106	7,106	100.00%	1.18	88.47%	马上报名参加活动
类目浏览	3,289	2.06%	2,865	2,860	99.83%	1.15	89.73%	选好类目，填好属性
收藏夹	1,651	1.04%	1,116	988	88.53%	1.48	79.39%	引导买家收藏商铺商品
购物车	1,639	1.03%	994	928	93.36%	1.65	73.45%	引导买家添加购物车
直通车	0	0.00%	0	0	0.00%	0	0.00%	直通车优化秘籍
站外总计	218	0.14%	185	151	81.62%	1.18	86.02%	

图 5-8

下面是一个新店铺的实际情况。在店铺刚刚开始运营阶段，卖家试着开直通车，流量是提高了，但是却没有转化成订单。停掉直通车，流量就没有了。在店铺开通的前几个月，该商家做了大量工作，上传产品、优化信息，虽然店铺流量有小幅度的提升，但实际效果却不尽如人意，如图 5-9 所示。这究竟是什么原因造成的呢？

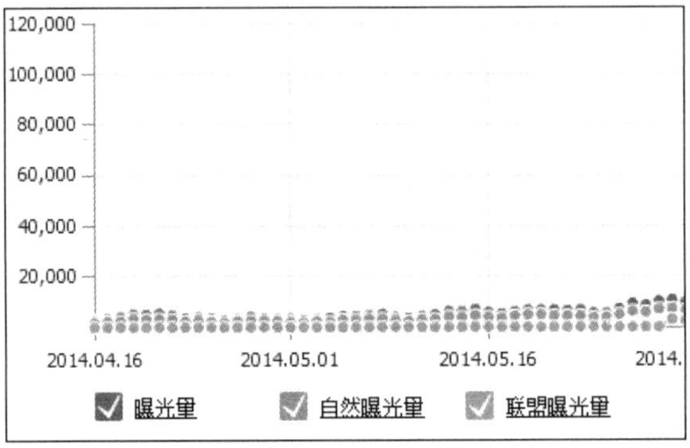

图 5-9

经过多方分析，以及和其他同类商品对比以后发现，这个店铺的商品质量和价格都有优势，但是由于卖家在开店初期为了省钱，拍摄的产品图片质量欠佳，导致商品主题、店铺首页、详情页等和其他店铺的美观度相比差距很大。

认识到问题的卖家特地请了摄影师拍摄商品照片，还聘请了专业的设计师对店铺首页、详情页等进行重新装修设计，再配合营销策略，整体数据有了出人意料的提升，如图 5-10 所示。

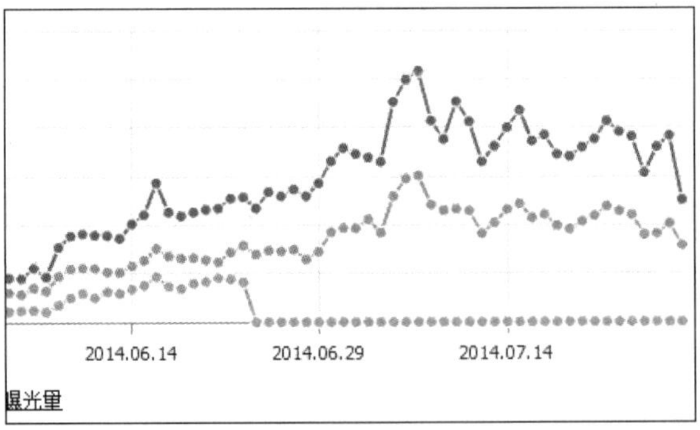

图 5-10

5.1.4 如何开始设计工作

1．思考设计目的

当接到一个设计任务时，不要着急动手制作，先思考将要设计的内容应该发挥的作用。比如，一个产品页面所要起到的作用有：

- 最大限度地展示产品的美观性、功能性。
- 将客户所需要了解的所有信息尽可能清晰地传达。
- 让客户更积极、方便地下单购买。

而一个广告图需要起到的作用是：

- 让买家对活动产生兴趣。
- 传达活动的具体内容。
- 推动买家尽快参与。

2. 策划页面结构

在策划页面结构时可以使用线框图的形式，画线框图是网页设计中很重要的一个环节，可以表达设计者的思路，也方便与设计师进行交流。设计线框图可以用纸笔、Word 等简单的方式来实现，也可以选择专业软件，比如 Axure RP。一个简单的页面设计线框图样例如图 5-11 所示。

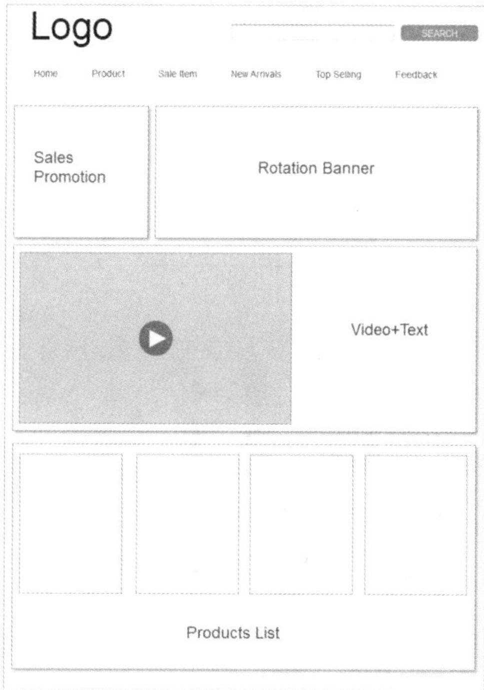

图 5-11

3. 准备设计素材

设计素材主要包括产品照片、文案、品牌 Logo 和装饰性素材。产品照片要选择高像素，拍摄角度应满足设计的需要，并且能够体现产品的特点，比如服装要有细节图，电子产品要有功能图。文案包括营销文案、产品文案和活动文案。营销文案应简洁而富有吸引力；描述产品的文案应凸显产品特点，满足消费者的需求；活动文案要清晰表达活动性质、活动时间和政策等必要信息。品牌 Logo 应准备多种格式和多种尺寸以满足不同的设计需要，比如在白色背景上需要彩色 Logo，在深色背景上需要反色（白色）Logo。

以上这些素材都准备好后，还需要看看哪些不是必需的，去掉那些不能有效传达信息的元素，然后开始设计。

5.2 图片规范化

图片无论在使用还是管理过程中都应该遵循规范化原则，保持店铺整体视觉形象的统一性。

5.2.1 网店设计基本术语

1．店铺首页/Home

店铺首页是用于展示店铺整体形象的页面，通常包含店招、广告图、产品图等，如图 5-12 所示。速卖通平台把店铺首页设计称之为“旺铺装修”。

图 5-12

2．产品详情页/Detail

产品详情页是用于展示某款产品具体信息的页面，应该包含产品主图、购买区域、产品介绍区域。产品主图是最能表达产品整体性特点的图片，会出现在产品详情页、搜索结果页等地方，通常要求为正方形白色背景图片。

产品描述应该包含买家要购买该款产品所必须知道的所有信息，如足够的产品展示图片、产品性能描述以及物流、售后等必要的其他说明。

3．产品列表页/List

用于展示多款产品的页面，称为产品列表页。产品列表页会抓取每款产品的主图作为该产品的展示图片。比如搜索结果页就是一种产品列表页。

4．广告图/Banner

广告图用来介绍活动或展示产品。多张广告图滚动播放的形态，称为轮播广告图，如图 5-13 所示。

图 5-13

5.2.2　图片尺寸规范

1．速卖通图片尺寸

速卖通产品详情页主图尺寸要求是不小于 800px×800px 的正方形图片，不同类目对主图会有其他补充要求。

店铺首页装修提供“系统基础板块”和“第三方板块”两种设计方案。“系统基础板块”是默认的店铺装修工具，不需要额外购买；“第三方板块”提供由第三方开发设计的店铺装修工具，需要付费购买。速卖通“系统基础板块”和“第三方板块”的图片尺寸要求如图 5-14 所示，“第三方板块”支持全屏展示图片，全屏尺寸意味着图片的视觉表现力更强。

速卖通提供的系统基础板块

板块名称	建议尺寸
店招	宽度1200px，高度150px
轮播海报	宽度960px，高度100~600px
自定义板块	宽度960px

第三方提供的板块

板块名称	建议尺寸
店招	宽度1920px，高度100~150px
全屏轮播海报	宽度1920px，高度建议600px以内
轮播海报	宽度1920px，高度建议450px以内

图 5-14

2．eBay 图片规范

以下是 eBay 网站对产品图片的要求。

- 刊登物品至少需要一张图片，最多可以上传 12 张。
- 图片最长边至少为 500px，推荐 1600px。
- 上传到 eBay 图片服务器的图片不能有边框和文字。
- 可以使用水印，但有尺寸和透明度要求。可以使用水印来标明图片所有权和归属权，但不能用于营销。
- 图库图片只能用于全新物品，不能用于二手物品，影音分类除外。

3．Amazon 图片规范

以下是 Amazon 网站对产品图片的要求。

- 图片尺寸不低于 500px，但是建议 1000px 以上。当图片任意一边大于 1000px 时，就可以使用“zoom function”图片放大功能。
- 产品主图必须是纯白色背景，产品占据图片 85%以上的面积。仅展示所售商品，不得使用插画等非照片形式，不得带有 Logo 和水印。
- 产品辅图应该对产品做一个不同侧面的展示、产品使用的展示，或者对在主图中没凸显的产品特性做补充，在亚马逊产品列表中卖家最多可以添加 8 张辅图。

5.2.3　图片管理规范

1．视觉规范化——图片品质

世界各地买家的网络条件存在很大的差异，在选择图片品质时既要保证产品的清晰度，又要保证大部分买家可以顺利打开图片。所以，完成设计后，要存储为 Web 所用格式，如图 5-15 所示。

图 5-15

根据不同的产品特点可以适当调低图片品质，比如服饰类图片可调整为 60，数码类图片可调整为 80。以上是参考数据，具体的可根据实际情况来调整。

2．视觉规范化——图片命名

规范化图片命名便于使用产品图片和查找图片，下面介绍快速批量修改图片名称的方法。首先，按“Ctrl+A”组合键全选所有图片，如图 5-16 所示。

图 5-16

然后，按 F2 键对其中一张图片重命名，再直接按回车键即可实现对所有产品图片的统一命名，如图 5-17 所示。

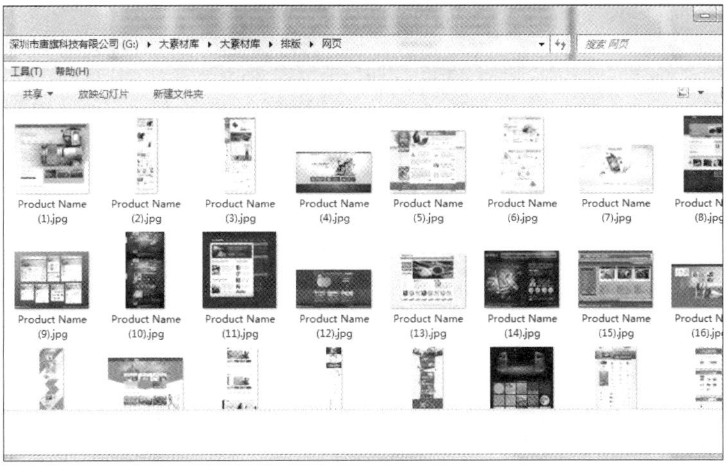

图 5-17

2．视觉规范化——Logo 的使用

店铺名称和 Logo 的使用也需要规范。不同的设计师在制作图片时，可能会把 Logo 放在不同的位置或者使用不同版本的 Logo，比如有的放在左上角，有的放在右上角，有的使用大尺寸

图片，有的使用小尺寸图片，当这些图片一起展示在网页上时会影响整体的美观性。因此在设计之前，就应该统一规范 Logo 的使用规则，每个设计师都应遵守该规则。

5.3 广告图设计

无论是轮播海报图、产品主图，还是直通车推广图，它们都是很重要的广告图，将直接影响点击率和转化率。

5.3.1 主图设计

产品主图是买家在搜索结果页第一眼看到的产品信息，将直接影响产品页的浏览量。同时，主图会在第一时间让买家建立起对产品的认知。所以，在设计主图时应该准确反映出品牌定位和产品性能。常见的主图有 3 种形式。

（1）白底主图，如图 5-18 所示。

图 5-18

白底主图优势明显：风格简洁、清晰，产品主体突出，没有可能会干扰注意力的背景装饰，在产品列表页排列展示时整个页面的视觉效果显得更整洁、干净。各个跨境电商平台都不同程度地要求使用白底主图，例如 Amazon 平台主图必须是纯白色背景的，速卖通平台要求报活动的产品主图必须是纯白色背景的。

（2）边框主图，如图 5-19 所示。

图 5-19

有边框的主图在白底网页上会显得特别突出，可以相对提高点击率。

（3）背景主图，如图 5-20 所示。

图 5-20

使用背景主图可以提高点击率，突显产品在场景中的效果，营造产品的使用氛围。但是背景主图使用不当容易成为牛皮癣，如图 5-21 所示。

图 5-21

虽然使用边框主图和背景主图在一定程度上可以提高点击率，但是大部分平台为了保证网页美观和统一性，不允许使用边框主图和背景主图。除了一些在深色背景下才能体现出拍摄效果的特殊产品，一般制作主图时都选择纯白色背景。如图 5-22 所示是 3 种主图的比较，供大家参考。

图 5-22

从整体考虑，产品主图设计应该避免以下误区。

- 主体很多，没有重点。
- 画面杂乱，主体不突出。
- 图片很暗，主体不明显。
- 图片比例不一致，非正方形。
- 文字过多，遮盖了主体。

5.3.2 海报图设计

1. 尺寸

常见的海报图宽度有 960px、1200px、1920px 三种尺寸，其中 1920px 宽度可以实现全屏海报图的效果，高度一般建议为 400~600px。

全屏海报图效果好，但是在小电脑屏幕上无法完全展示，只能显示中间部分，所以在设计全屏海报图时一定要把产品主体和文案位置控制在中间 1200px 范围内，确保所有用户在不同显示器上都能看到海报内容。

当产品图片足够清晰时，可以设计大尺寸海报图；当产品图片清晰度不够时，建议制作小尺寸海报图以避免效果不佳。

2．构图

画面构图有两种简单的方法：三分法和九宫格法。

三分构图法通常应用在横向的图片上，横向均分三份，主体放在三分之一处，如图 5-23 所示。

图 5-23

九宫格构图法是把画面分成 9 个小块，主体放在 4 条线的交点处，如图 5-24 所示。

图 5-24

3．文字排版

海报图的文案一般包含主标题、副标题和说明文字 3 种。主标题和副标题的字号大小应该有 3~4 倍的差距。不同文字之间的对齐非常重要，无论是靠左、靠右、对齐，还是居中对齐，即使有微小的差距也会影响整体的美观性。如图 5-25 所示，优秀的文字排版可以提升画面的整体效果。

图 5-25

4．风格

海报图有很多种，比如节日海报图、产品海报图、促销海报图、品牌海报图等。用于烘托节日气氛的海报图，请参考图 5-26。

图 5-26

用于描述产品特点的海报图，如图 5-27 所示。

5-27

用于品牌宣传的海报图，如图 5-28 所示。

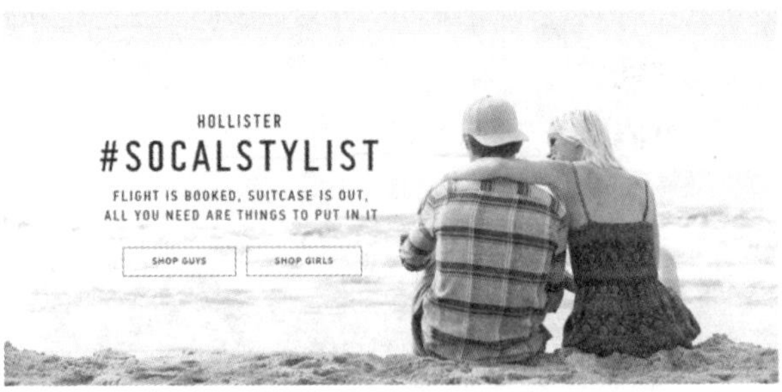

图 5-28

5．色彩

在设计海报图时产品图片是确定的，设计师要做的是设计文案和色彩，那么如何让图片的整体色彩协调一致呢？不同色彩会传达不同的感情，要让海报图色彩和产品协调一致，有一个简单的方法，就是从产品图片里取色。如图 5-29 所示，海报图中的文字和行动按钮的颜色都与模特本身的颜色相近，整体色彩和谐一致。

图 5-29

取色方法是，在制作图片时用取色工具在模特头发部位取色，微调后成为主题文字颜色，如图 5-30 所示。

图 5-30

6．行动按钮

在合适的位置设计一个明显的行动按钮，可以提高点击率。如图 5-31 所示，比较是否设计了行动按钮的区别。

图 5-31

5.4 详情页设计

在店铺装修中切片和代码是比较常用的技术。本节我们就针对切片来介绍其操作技巧。

5.4.1 操作切片工具

首先打开 Photoshop，找到切片工具。常用的切片方式有：划分切片、常规切片和辅助线切片。先来看划分切片。划分切片的效率很高，适用于产品排列方式为等分的结构，如图 5-32 所示。

图 5-32

选择切片工具，用切片工具逐个手动选出不同的切片。在框选切片的过程中要注意，不要有切片交叉或空隙出现，否则会导致切片失败。这种切片方式效率低，且容易出现误差，所以并不推荐，如图 5-33 所示。

图 5-33

再来看辅助线切片。辅助线切片按照参考线，快捷切片。其操作步骤如下：

首先按“Ctrl+R”组合键调出标尺，在标尺上按住鼠标左键向下拖拉出一条辅助线，将这条线放在切片的位置，然后选择切片工具，单击“基于参考线的切片”按钮，如图 5-34 所示。

图 5-34

切片做好后，选择“文件”→“存储为 Web 所用格式”，选择所有的切片，选择 JPEG 格式，调整图片品质，推荐品质为 80~90，如图 5-35 所示。

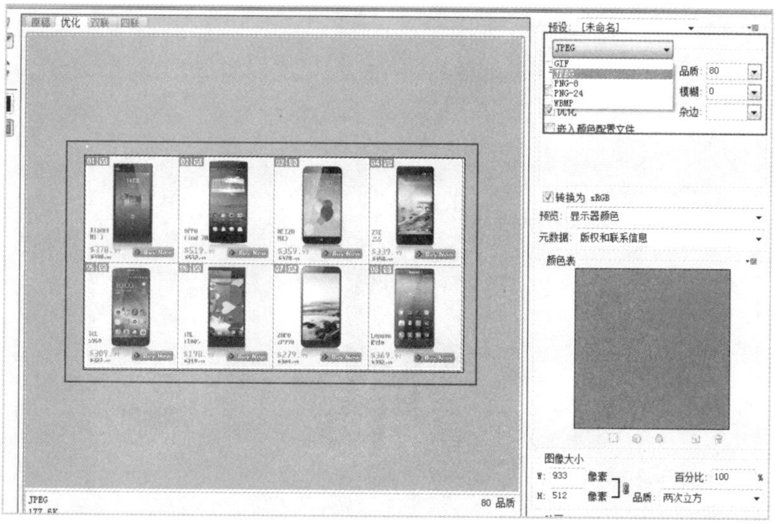

图 5-35

单击“存储”按钮，选择格式为“HTML 和图像”，文件名使用英文或数字，尽量不要用中文，如图 5-36 所示。

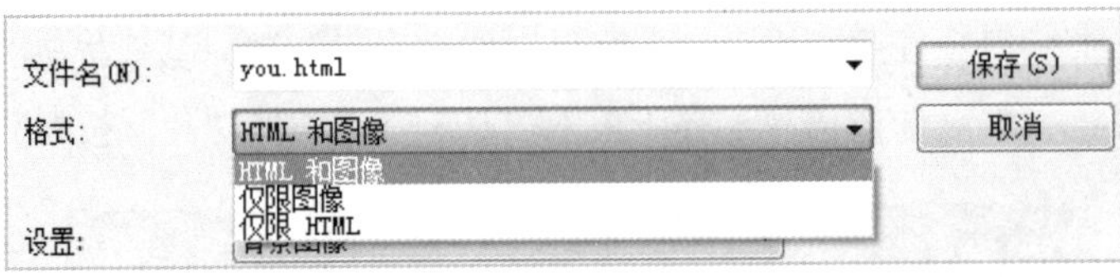

图 5-36

5.4.2 上传图片

单击“产品管理”，进入图片银行，新建分组，单击“上传图片”按钮，如图 5-37 所示。

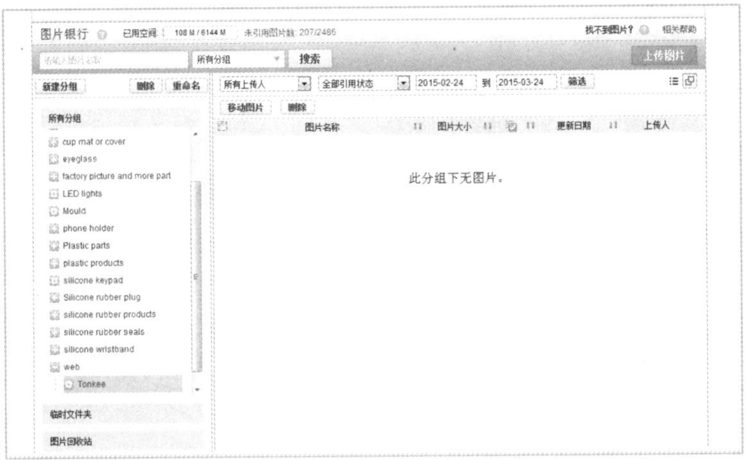

图 5-37

每次可以上传 6 张图片，依次将所有的图片上传完成，如图 5-38 所示。

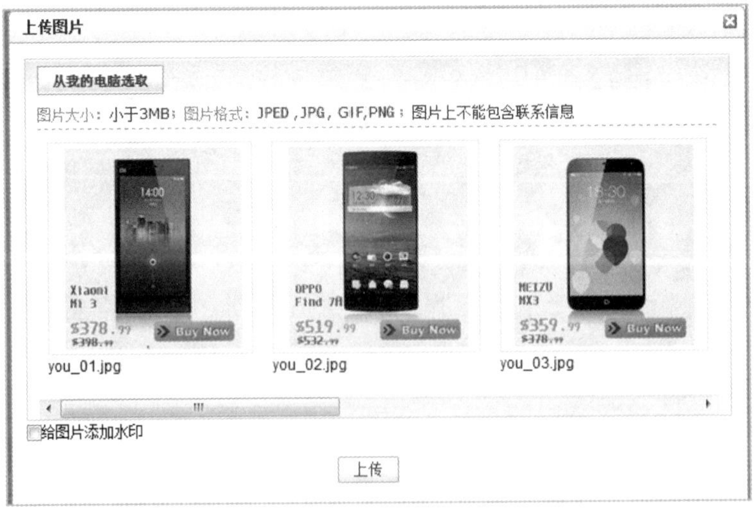

图 5-38

5.4.3　调整代码

使用 Dreamweaver 打开刚才保存的 HTML 文件，选择“拆分”模式，如图 5-39 所示。

图 5-39

在界面中能看到产品图片，但是图片路径是存在电脑上的，在网页上并不能打开，所以需要替换成一个网上的地址，就是上传到图片空间的图片路径。回到图片银行中，选择 01 号图片，单击鼠标右键，选择“复制图像地址”，如图 5-40 所示。

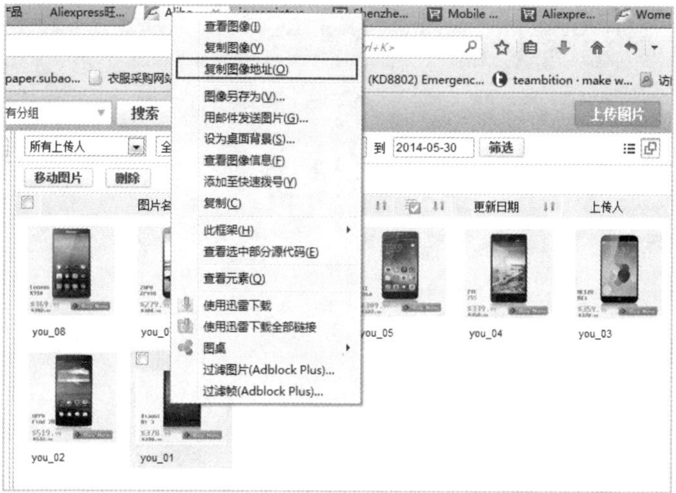

图 5-40

将图示区域原地址删除，粘贴刚才复制的地址，如图 5-41 所示，依次将对应的图片地址替换完成。

图 5-41

5.4.4 发布网页代码

在后台，将鼠标指针放在任意一个板块上，右下角都会自动出现一个“添加模块”按钮，如图 5-42 所示。

图 5-42

单击“添加模块”按钮，新建一个自定义内容区，如图 5-43 所示。

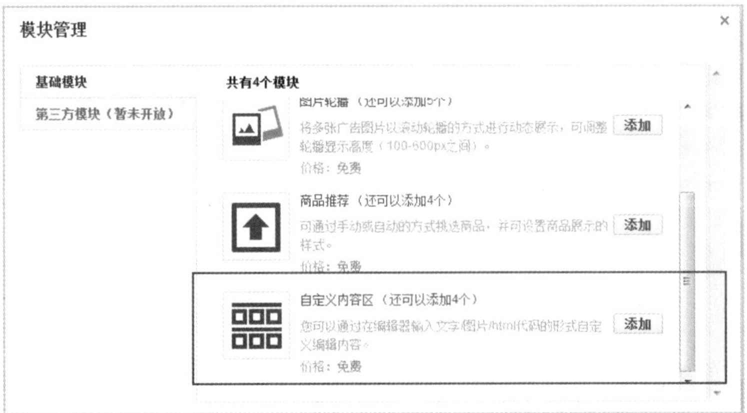

图 5-43

单击源代码按钮，展开代码，将 Dreamweaver 中的代码复制进来，如图 5-44 所示。

图 5-44

再次单击源代码按钮，转换成图片格式，如图 5-45 所示。

图 5-45

依次选择产品，加入对应的产品链接，如图 5-46、图 5-47、图 5-48 所示。

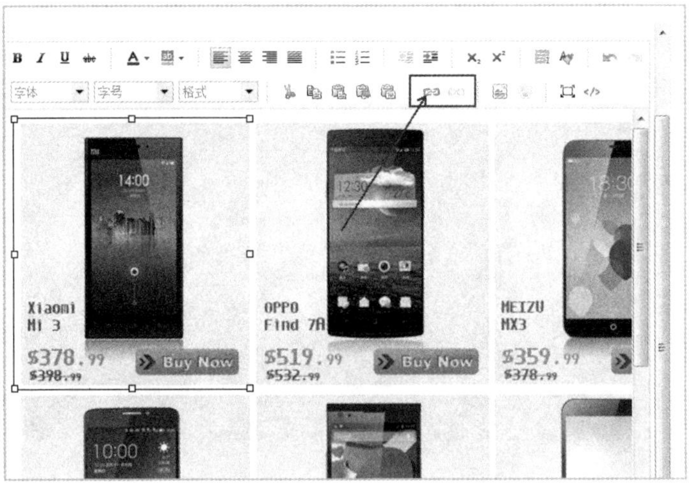

图 5-46

图 5-47

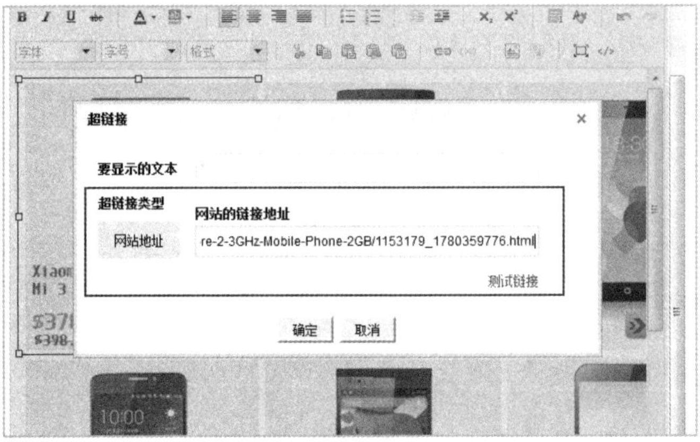

图 5-48

确认无误后单击“保存”按钮，如图 5-49 所示。

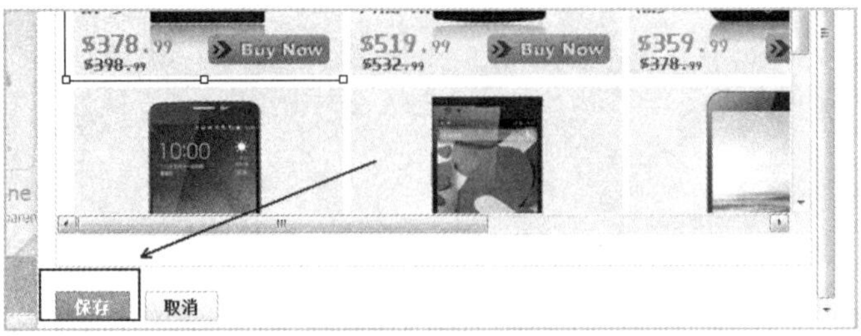

图 5-49

5.4.5　测试优化

上传产品或添加自定义链接时，需要预览检验是否存在误差，避免发布后出现问题。同样，上传图片完成后，单击装修页面右上角的“预览”按钮，测试产品链接是否有误，然后再进行相应的调整。如图 5-50 所示，确认无误后单击“发布”按钮，这样上传就算完成了。

图 5-50

5.5　旺铺装修设计

速卖通平台是强调“店铺”概念的，而有些平台弱化或没有“店铺”概念。这里讲解速卖通平台旺铺装修的基本操作。

5.5.1　认识店铺装修

登录卖家后台，进入“店铺”→“店铺装修及管理”页面，如图 5-51 所示。

图 5-51

“PC 店铺”装修包含店铺首页装修和品牌故事页装修，品牌故事页专门用于品牌宣传，目前仅针对官方店铺开放。“无线店铺”是买家在移动端打开店铺首页时看到的页面。“装修市场”是第三方服务商提供的装修模板，卖家可以付费购买。

进入 PC 店铺装修页面，速卖通平台提供了基础设计模块，如图 5-52 所示。我们可以通过编辑这些模块的颜色、布局和上传自己设计的图片实现个性化的店铺首页效果。

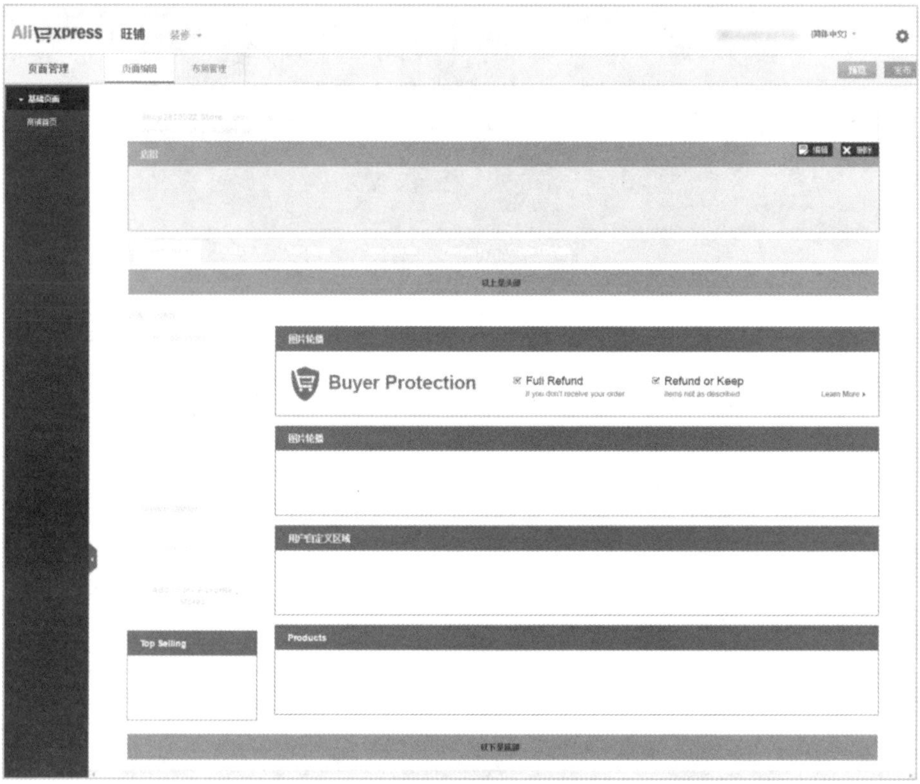

图 5-52

基础设计模块包含店招、图片轮播、联系信息、收藏店铺、商品推荐、用户自定义区域等部分。第三方模块相对于系统模块则更加丰富一些，包含新品上市、限时导购、自定义模块、全屏轮播、优惠券、分类导航、广告墙、页脚等。

基础设计模块提供 4 种配色方案供选择，分别是湖蓝、蓝色、红色和棕色，如图 5-53 所示。

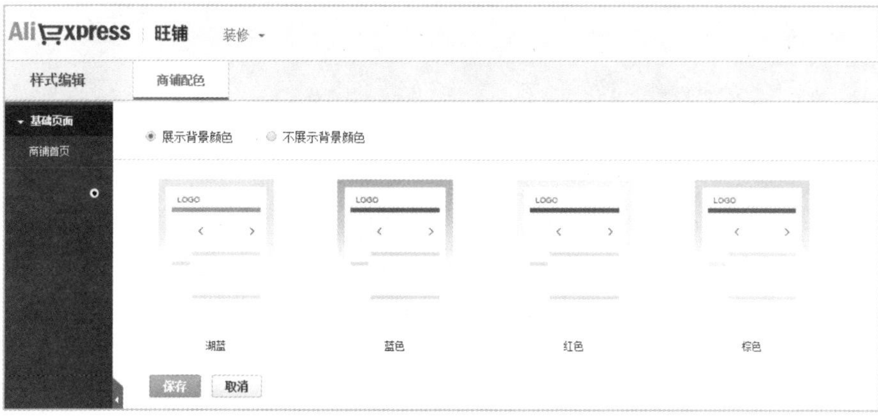

图 5-53

选择配色方案时要和品牌或产品的主色调相互协调。页面布局管理功能可以根据需要改变模块之间的布局，用鼠标点住即可拖动模块改变其位置，如图 5-54 所示。

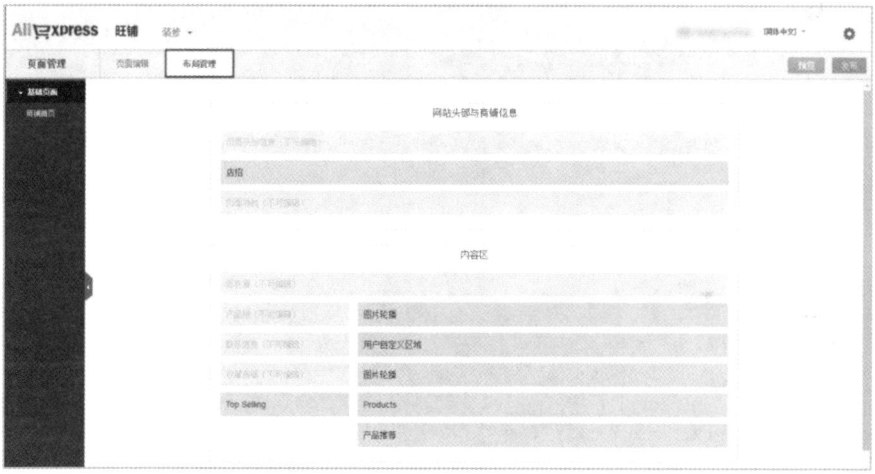

图 5-54

5.5.2 店招模块

在店铺首页装修页面的最上方是店招模块，店招是一个店铺的招牌，通常会放店铺名称、店铺 Logo、店铺收藏、主营产品等信息。

每个店铺只能添加一个店招模块。将鼠标指针放在店招模块上，右上角就会出现“编辑”按钮，单击此按钮，可以看到关于店招模块的规格参数。店招模块的高度为 100~150px，宽度为 1200px，图片大小不能超过 2MB。如图 5-55 所示，店招允许加入一个链接，可以是首页链接、产品组链接或者其他任何单一产品链接。

图 5-55

可以根据店铺的需要加入首页链接、活动链接、产品链接进行交替使用，以此达到高效的利用率，如图 5-56 所示。

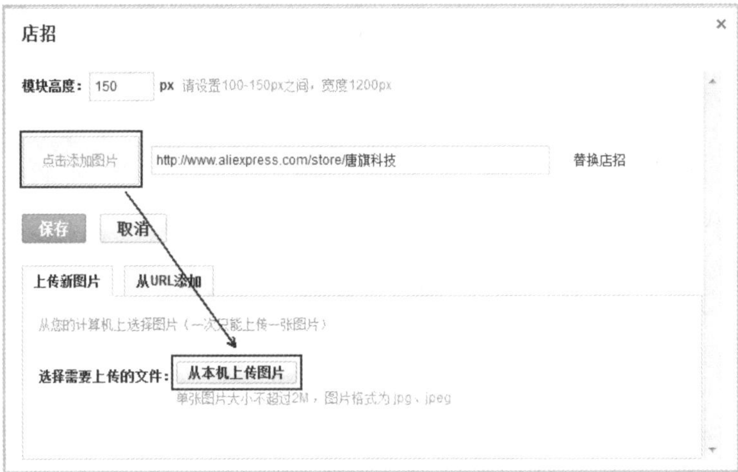

图 5-56

如图 5-57 和图 5-58 所示是已完成的店招，从整体角度来考虑，更推荐前者 150px 的高度，显得店铺略为大气；而后者 100px 的高度显得有些局促。店招可以标注店铺名称、公司名称和产品信息等内容。

图 5-57

图 5-58

5.5.3　图片轮播模块

图片轮播模块位于主区内，是一个非常重要的产品展示模块，多张广告图以滚动轮播的方式进行动态展示，更直观、更生动地表达商品信息。一个店铺可以添加 6 个图片轮播模块，模块之间可以上下调整位置，方便与其他模块进行互相搭配。

单击模块右上角的“编辑”按钮，可以看到轮播图片的规格参数。图片轮播模块的高度为 100~600px，宽度为 960px，图片大小不能超过 2MB。一个图片轮播模块最多可以添加 5 张图片，每张图片可以添加一个相应的产品链接，如图 5-59 所示。

图 5-59

如图 5-60 所示是一个宽度为 960px、高度为 400px 的轮播图片。

图 5-60

5.5.4 商品推荐模块

商品推荐模块用于陈列展示商品。每个店铺可以添加 5 个商品推荐模块，每个模块最多可以展示 20 个商品，可以设置每行展示 4 个或 5 个商品。单击“编辑”按钮，可以打开商品推荐模块的编辑页面，如图 5-61 所示。

图 5-61

推荐方式可以选择“自动”或“手动”。选择“自动”选项，系统会在已发布的产品里挑选符合条件的进行展示；选择“手动”选项，需要自行勾选希望展示的产品。

排序方式有 5 个选项：最新发布在前、最新发布在后、按价格降序排列、按价格升序排列、按销量降序排列。最常见的选择是“按销量降序排列”，将销量高的商品排在前面，商品展示效果如图 5-62 所示。

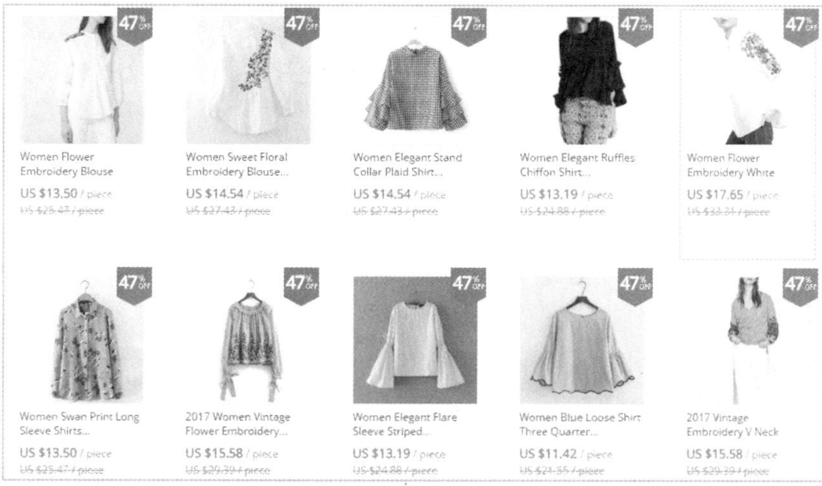

图 5-62

5.5.5　用户自定义区域

前面介绍的几个模块的表现形式都受到模块默认设置的限制，而用户自定义区域模块可以自由实现希望展示的效果。

一个店铺一共可以添加 6 个用户自定义区域模块，同一个自定义区域模块的字符数不超过 5000 个。打开用户自定义区域模块的编辑页面，首先给该模块输入标题，下方的空白区域可以自由输入文字或图片，如图 5-63 所示。

图 5-63

在空白区域直接输入文字和图片并不能自由实现想要的效果，需要配合 Adobe Photoshop 的切片工具和 Adobe Dreamweaver 编写代码来制作个性化效果，将编写好的代码直接粘贴到源代码区域即可实现。源代码按钮如图 5-64 所示。

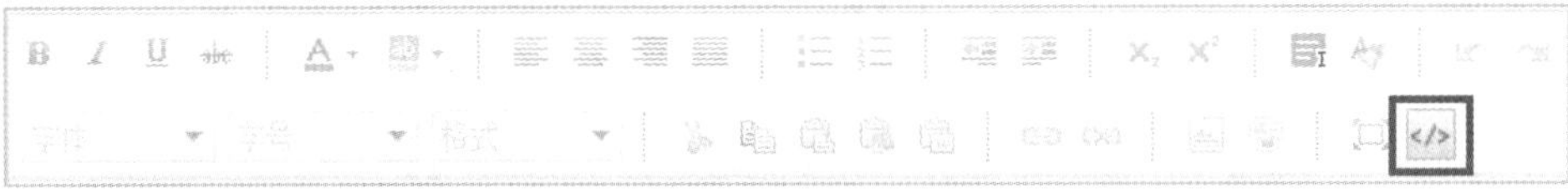

图 5-64

用户自定义区域模块的应用非常广泛，语言栏也属于自定义内容，首先将语言图标设计出来，切片，然后加入语言链接，如图 5-65 所示。

图 5-65

语言链接代码如下。

意大利语：http://it.aliexpress.com/store/123456（用自己的店铺编号替换）

韩语：http://ko.aliexpress.com/store/123456

阿拉伯语：http://ar.aliexpress.com/store/123456

德语：http://de.aliexpress.com/store/123456

西班牙语：http://es.aliexpress.com/store/123456

荷兰语：http://nl.aliexpress.com/store/123456

日语：http://ja.aliexpress.com/store/123456

法语：http://fr.aliexpress.com/store/123456

葡萄牙语：http://pt.aliexpress.com/store/123456

土耳其语：http://tr.aliexpress.com/store/123456

俄语：http://ru.aliexpress.com/store/123456

泰语：http://th.aliexpress.com/store/123456

越南语：http://vi.aliexpress.com/store/123456

用户自定义区域可以设置在右侧主区内，宽度限制为 960px，高度不限，但不建议超过

3000px，如图 5-66 所示；也可以设置在左侧区域，宽度限制为 180px，高度不限，但不建议超过 1500px，如图 5-67 所示。

图 5-66

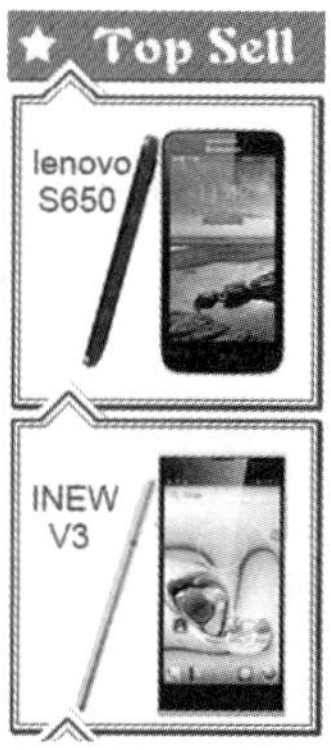

图 5-67

第 6 章

数据分析

学习目标：

- 明确数据分析目标和定位
- 描述各平台数据分析特点
- 讲述数据分析专业名词
- 列举速卖通数据分析工具
- 概述店铺数据分析要点

6.1 数据分析思路

6.1.1 数据分析目标和定位

店铺运营包括行业对比、选品开发、店铺监控、商品分析、打造爆款等，在所有运营环节中能够为决策提供客观依据的就是数据分析。数据分析的目标是找到最适合自己店铺的运营方案，达到销售利润最大化。

对于基础卖家，需要掌握选择产品、编辑商品、采购货物、正常发运等技能；对于进阶卖家，需要做好客服工作，开好直通车，做好店铺活动营销、店铺销售平稳增长等重点工作；对于明星卖家、超级卖家，要整合供应链，提高库存周转率，提升议价能力，建立品牌意识，做行业 TOP10 店铺。以上工作都需要以数据分析为背景支持进行调整和优化。

6.1.2 数据分析常用步骤

数据分析常用步骤如下。

（1）确定目标

在获取数据之前，运营人员应该明确通过数据分析需要解决说明的问题。

（2）收集数据

- 自己店铺的数据——过往的销售记录、交易转化数据、广告推广效果等是最真实、最有价值的，应该定期收集整理存档。
- 平台提供的数据——速卖通卖家后台提供的数据纵横工具，是速卖通基于平台海量数据打造的一款数据产品，卖家可以充分利用这个工具了解行业状况。平台前台买家端会有销量榜、热销榜等榜单信息，仔细观察可以收集到行业销售数据和竞品数据。
- 第三方数据工具——有的平台提供给卖家的数据不丰富，无法满足卖家对数据分析的需求，因此可以利用第三方数据工具收集更多的数据。有些第三方数据工具是专门服务于跨境电商卖家的，通常可以监测平台整体数据、行业数据、竞品数据等；有些是体现全网网民搜索趋势的，如谷歌趋势。后面会具体介绍第三方数据工具。

（3）整理数据

可制作成图表，也可用 Excel 的公式及数据透视表功能进行统计运算，最重要的是可以直观看到想要的结果。

（4）对比数据

通常需要通过对比才能得出结论和做出判断，比如本月和上月的数据对比、不同产品的数据对比等。

（5）做出判断

通过对比数据发现需要改进的地方，或者筛选出较优的方案。

（6）尝试改变

尝试建一个新方案进行数据测试，比如做直通车推广时多尝试几张不同风格的广告图。

（7）前后对比，确定最优方案

测试 A、B 方案后选择最优方案，达到效果最优化。

6.1.3 数据分析常用名词

（1）浏览量 PV

浏览量（Page View，PV）指页面被访问的总次数。一个页面被点击一次，即被记为一次浏览，一个用户多次点击或刷新同一个页面，会被记为多次浏览，累加不去重。

（2）访客数 UV

访客数（Unique Visitor，UV）即网站独立访客总数。一个用户一天内多次访问店铺被记为一个访客。

（3）转化率

常用的转化率有详情页成交转化率和全店铺转化率。详情页成交转化率=详情页成交人数/详情页访客数。全店铺转化率=全店铺成交用户数/全店铺访客总数。

（4）点击率

点击率指页面上某一内容被点击的次数与被显示的次数之比，反映内容受关注程度，常用来衡量推广图片或产品主图的效果。

（5）支付率

支付率指支付成交笔数占拍下笔数的百分比。支付率=支付成交笔数/拍下笔数。

（6）跳失率

跳失率指用户登录店铺后只访问了一个页面就离开的访问人次占登录页面访问总人次的比例。跳失率=跳失人次/登录页面访问总人次。

（7）访问深度

访问深度指用户一次连续访问店铺的页面数。平均访问深度即用户平均每次连续访问店铺的页面数。

（8）人均店内停留时间

人均店内停留时间指平均每个用户连续访问店铺的时间。

（9）成交转化率

成交转化率指店铺成交人数占总访客数的比率。成交转化率=成交人数/总访客数。

（10）客单价

客单价指每一个买家平均购买店铺商品的金额，即平均交易金额。客单价=某段时间内的销售额/客户数（客户去重)。

（11）老客户占比

老客户占比指成交用户中老客户所占的比例。老客户一般定义为两年内在店铺内有过购买行为的客户。老客户占比=成交用户中老客户数/成交用户数。

6.1.4　各平台数据分析要点

1．速卖通数据分析要点

速卖通卖家后台提供了“数据纵横”分析工具，通过该工具卖家不仅可以分析自己店铺的数据情况，还可以了解整个行业的数据情况。

打开速卖通卖家后台的“数据纵横”工具，如图 6-1 所示，可以看到左侧有实时风暴、流量分析、经营分析、能力诊断和商机发现 5 个模块。其中商机发现和经营分析后面会详细讲解，这里先介绍一下其他 3 个模块。

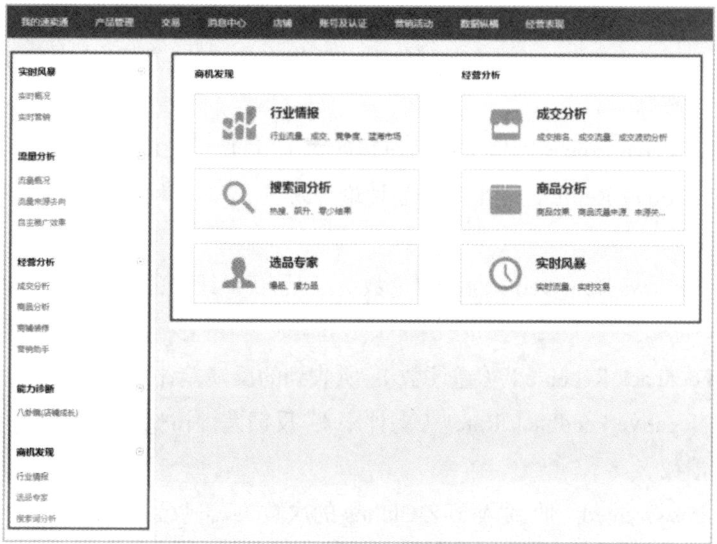

图 6-1

- 实时风暴——可以看到店铺的实时流量情况，在店铺做促销活动时非常有用。
- 流量分析——可以看到店铺的详细流量数据，包括：店铺流量来源、流量路径、新老访客来源、每个页面数据，以及广告投放数据监测，区分 APP 端和非 APP 端。
- 能力诊断——通过对店铺过往数据的积累与行业其他店铺横向比较，反映店铺运营的各项能力指标，包括：综合能力、转化能力、引流能力、商品能力、营销能力、服务能力、平台规则能力等。

实时风暴数据每 5 分钟更新一次，其他模块数据每天更新一次，均以美国太平洋时间为标准。

2. Amazon 数据分析要点

在 Amazon 后台数据报告中，业务报告和库存报告是卖家应该关注的重点数据。业务报告数据就是指店铺的销量。库存报告主要包含两个数据：自发货库存和 FBA。FBA 是 Fulfillment by Amazon 的英文缩写，指亚马逊提供的代发货业务。

Amazon 数据分析可以参考市场趋势报表、客户行为分析数据表、地理位置数据分析表、订单销售数据表、店铺运作数据表、客户评论数据表。报表常用名词如下。

- Page Views（页面流量）：在所选取的时间范围内销售页面被点击的总浏览流量。
- Page Views Percentage（特定页面流量比率）：在页面流量中特定浏览某项 SKU/ASIN 的流量所占的比例。
- Sessions（浏览用户数）：24 小时内曾经在销售页面浏览过的用户总数。
- Sales Rank（销售排名）：产品在亚马逊平台的销量排名及变化。
- Ordered Product Sales（订单销售总和）：订单的销售数量乘以销售价格之总和。
- Average Offer Count（平均可售商品页面）：在所选定的时间范围内计算出平均可售商品页面。
- Order Item Session Percentage（下订单用户百分比）：在浏览用户数中下订单用户所占的百分比。
- Unit Session Percentage（销售个数用户转换率）：每位用户浏览后购买产品的几率。
- Average Customer Review （平均商品评论评级）：总体平均的商品评论级数，以五星级的评级方式来显示。
- Customer Reviews Received（商品评论数）：商品获得评论的总数，无论好评还是差评一起计算。
- Negative Feedback Received （差评数）：所收到的反馈差评总数，显示只有差评的总数。
- Received Negative Feedback Rate （差评率）：反馈差评占反馈总数的比例，也就是差评数除以反馈数。
- Ato-Z Claims Granted（收到 A-to-Z Claims 的次数）：不收到是最好的。

另外，也可以使用参考平台提供的数据，例如 Best Seller（热销产品）、Hot New Releases

（类目热销产品）、Movers and Shakers（新品热榜）、Most Wished（一天销量上升榜）、Gift Ideas（礼物类当日热销排行）。

3. eBay 数据分析要点

eBay 店铺流量报告有 10 项数据，包括店铺访问人数、买家停留时间等店铺相关页面的流量数据信息统计，也包括买家前往店铺或商品页的路径。

- 所有店铺页面，包括自订页面、自订类别页面，以及搜索结果页面。
- 各种形式的物品刊登，包括拍卖、一口价和店铺长期刊登物品。
- 其他与卖家相关的 eBay 页面，包括其他物品页面、"信用评价档案"和"我的档案"。

eBay 平台有些数据变化会影响商品销量，卖家需要留意以下几类数据。

- 最近销售记录（针对"定价类物品"）：是衡量卖家一条 listing 中，有多少 item 被不同的买家所购买。物品的最近销售记录越多，越能取得曝光度。第一次被重新刊登的物品同样保留有最近销售记录。
- 卖家评级（DSR）：包括物品描述、沟通、货运时间、运费各项。优秀评级卖家（Top Rated Seller）的商品一般排名较为靠前。
- 买家满意度：包含 3 个考量标准，即中差评的数量、DSR 1 分和 2 分的数量、INR/SNAD 投诉的数量。
- 物品"标题"相关度：买家输入的搜索关键词与最终成交商品的标题、关键词之间的匹配程度。

收集 eBay 平台数据后，可以从以下几点展开市场分析。

（1）市场容量分析

通过同类商品的月度总成交金额，可以估算自己所占的市场份额。

（2）拍卖成交比例

卖家可以比较自己的拍卖成交比例在同类商品中是否高于平均值，如果低于平均水平，就需要查找原因。

（3）最优拍卖方式

分析哪一种拍卖方式更好，以及是否要设底价，还是采用一口价。

（4）可选特色功能促销效果分析

促销是有成本的，分析何种促销方式能为自己带来最大的收益，以及是否提高了成交比例、成交价格。

（5）最优拍卖起始日期

分析星期六起拍是否比星期一起拍更容易成交，以及成交价是否更高。

（6）最优拍卖结束时段

分析什么时段结束拍卖可以取得最高的成交比例，或者最高的成交价。

（7）商品上传天数

商品上传天数有1、3、5、7、10天，最常用的是7天，但是7天是不是最好呢？其实不同的商品有不同的性质。对于一些流行商品，1天已经足够了；而对于一些古董之类的商品，10天比较好。

（8）哪个目录最好卖

一个商品可以放在多个目录下，查看哪个目录的成交率高一些。你可以将商品放在成交率高的目录下，如果两个目录的成交率都不错，那么可以使用双目录功能。

（9）市场竞争情况

分析现有多少卖家在销售同类商品，以及前10位大卖家占有多少市场份额。

4. Wish数据分析要点

Wish后台的"您的统计数据"是指针对卖家店铺，每7天统计一次产品的浏览数等信息，对有流量的产品数据统计。可以理解为被Wish官方认可的产品数据统计，没被认可的产品没有流量，不会纳入这里的统计数据中。针对没有浏览量的产品可尝试进行以下数据调整。

- 产品销售价每天降价0.01美元（有些产品需要升价）。
- 物流费用每天降价0.01美元。
- 库存数量每天增加1个。
- 商品从不同的颜色/尺码增加一个子SKU。

以上调整只需要四选一，不需要同时操作。

Wish平台的标签搜索权重很高，10个Tag要全部写满。以裙子为例，标签的命名方式为：一级分类、二级分类、产品、风格、特征、花型、颜色等。

Wish平台要注意收集店铺销量TOP10、飙升产品榜、刊登新品、累计销售额，刊登时间、Wish标签等详细数据和信息。

Wish平台第三方数据分析工具可以参考：卖家网Wish数据、米库、超级店长跨境版。例如通过超级店长跨境版erp的Wish分析工具可以查看如下数据。

- 全行业数据：显示全行业的店铺数量、产品数量、平均售价、7天日均销售量、7天日均销售额、7天日均动销率。
- 子行业数据：显示子行业的店铺数量、产品数量、平均售价、7天日均销售量、7天日均销售额、7天日均动销率。
- 店铺数据：可以根据7天日均销售量、7天日均订单量、行业来筛选热卖店铺。

- 产品数据：通过价格、上架时间、7 天日均销售量、7 天日均收藏数、累计评论数、行业这 6 个维度来筛选产品。

5．Lazada 数据分析要点

（1）查看产品价格有没有竞争力

当 Lazada 卖家中心管理产品选项栏出现“Uncompetitively Priced”时，就说明该 SKU 产品价格没有竞争力，需要降低价格。在“Product Overview”中使用“All”筛选器，能够查看产品的定价是否具有竞争力，如图 6-2 所示。

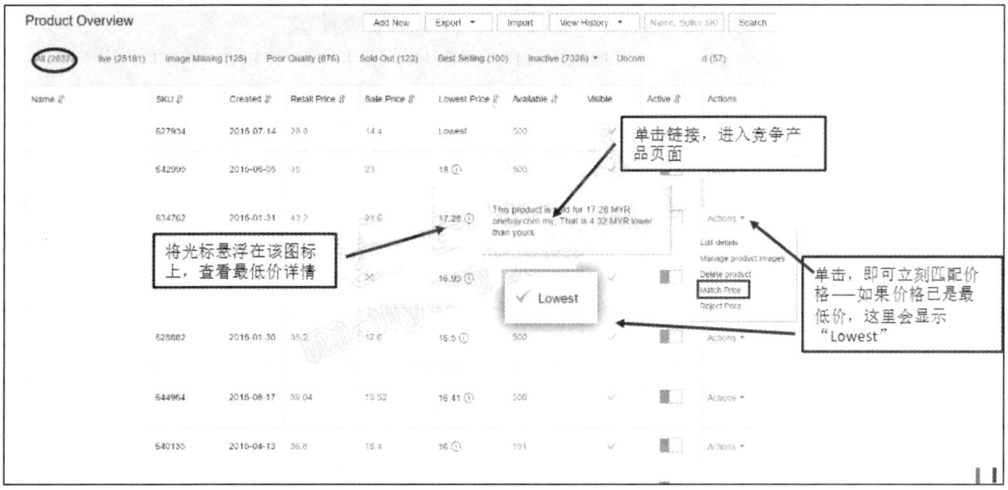

图 6-2

使用“Uncompetitively Priced”筛选器，可以集中查看定价不具有竞争力的所有产品，如图 6-3 所示。卖家可以定期在卖家中心监控价格，对没有竞争力产品的价格做出调整。

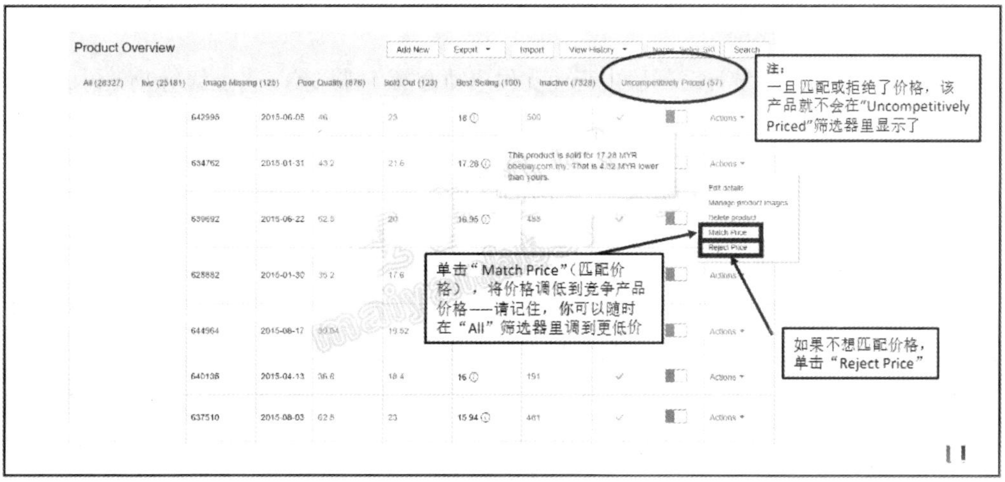

图 6-3

（2）如何从数据角度提升销量

SKU 的数量直接关系到卖家店铺的曝光率和流量，SKU 的数量越多，越能满足顾客的购物需求，更好地达到引流效果（热销品类上传多个 SKU 效果更好)。通过搜索关键词排名靠前类目下的 SKU 总数，可以看出平台整个类目的占比。

对于热卖产品，建议卖家预留库存，需要实时查看、更新库存的实际数量。

（3）从数据角度评级

对于 Lazada 的绩效评级，卖家店铺评级不再以评价为标准，而是以准时发货率、分拣中心准时到达率、取消订单率、退货率这几个 KPI 指标来计算绩效评级。

6.2 行业数据分析

卖家常常需要针对自身经营的行业进行数据分析。速卖通卖家可以通过行业情报、选品专家、关键词分析等工具提供数据支持，帮助了解行业情况，判断行业趋势，为其经营决策提供依据。

6.2.1 行业情报

1. 行业情报指标

行业情报指标说明如下。

- **访客数占比**：指在统计时间段内行业访客数占上级行业访客数的比例。一级行业占比为该行业占全网的比例。
- **浏览量占比**：指在统计时间段内行业浏览量占上级行业浏览量的比例。一级行业占比为该行业占全网的比例。
- **成交额占比**：指在统计时间段内行业支付成功金额（排风控）占上级行业支付成功金额（排风控）的比例。一级行业占比为该行业占全网的比例。
- **成交订单数占比**：指在统计时间段内行业支付成功订单数（排风控）占上级行业支付成功订单数（排风控）的比例。一级行业占比为该行业占全网的比例。
- **在售商品数**：指在统计时间段内行业下在售商品总数的均值。
- **商品指数**：指在统计时间段内行业下商品数量经过数据处理后得到的对应指数。商品指数不等于商品在售数量，商品指数越大，在售商品数量越多。
- **流量指数**：指在统计时间段内行业下流量经过数据处理后得到的对应指数。流量指数不等于行业总 PV，流量指数越大，PV 越大。
- **供需指数**：指在统计时间段内行业下商品指数/流量指数。供需指数越小，竞争越小。

2．行业对比案例

行业对比指跟相关行业进行数据趋势对比，可以分别从访客数占比、成交额占比、在售商品数占比、浏览量占比、成交订单数占比和供需指数等方面进行对比分析。从中可以看出，随着季节的变化，平台发展品类在发生变化，从而可以加强对某个行业的投入或避开一些竞争过于激烈的红海市场。

以服装>服饰配饰、珠宝钟表>流行饰品、箱包>手提包 3 个行业为例，如图 6-4 所示为在同一时间段内的访客数占比数据对比情况。

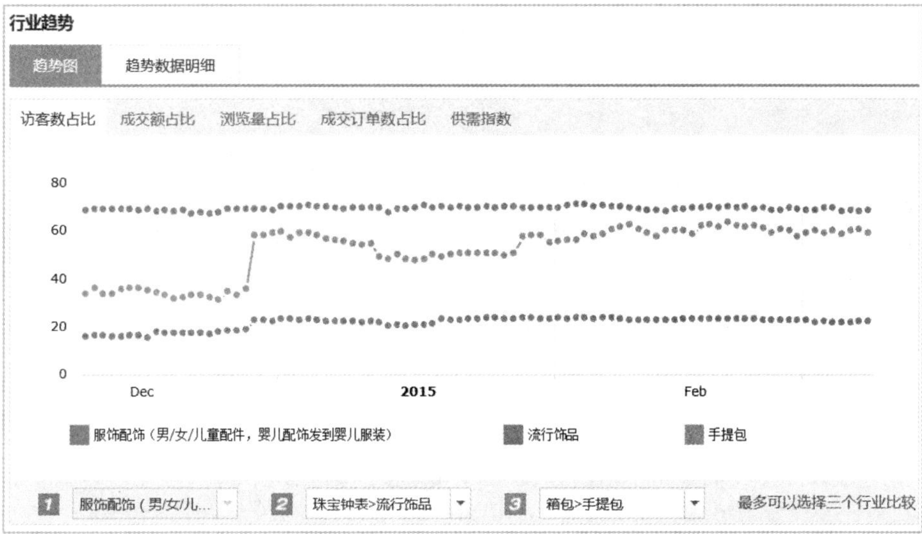

图 6-4

如图 6-5 所示为在同一时间段内的成交额占比数据对比情况。

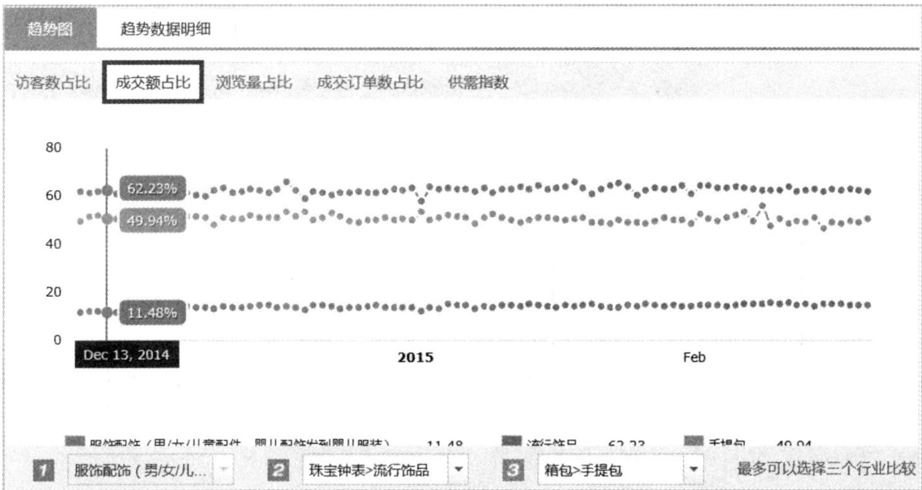

图 6-5

如图 6-6 所示为在同一时间段内的供需指数对比情况。

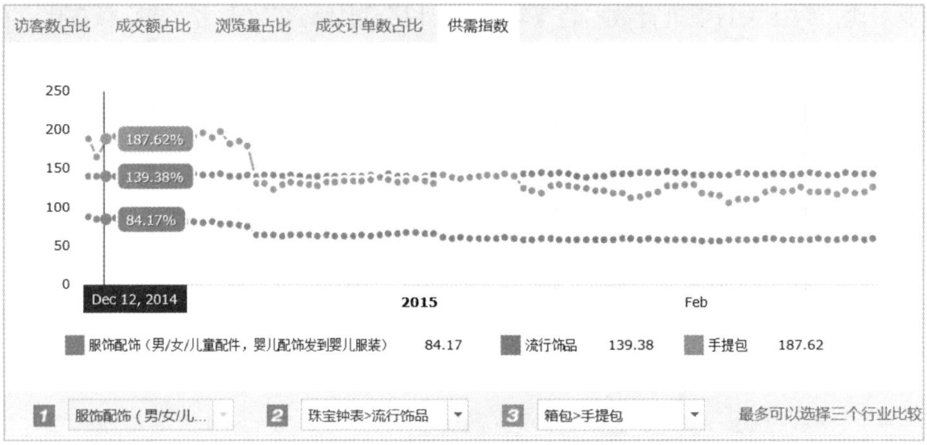

图 6-6

服装行业竞争度不断下降是速卖通平台不断调整淘代销产品规模形成的结果。在整体行业流量不断上升的前提下，减少了“僵尸产品”的数量，行业整体的供需指数下降了。

行业供需指数是衡量当前行业竞争是否激烈的主要标准，但也需要考虑货源稳定因素。下面举例说明。如图 6-7 所示为电子元器件>电子器件/有源元件行业概况，图中显示其供需指数高达 181.39%。由于电子元器件是长尾产品线，海量的 SKU 是此行业的基本情况，各卖家之间并不是竞争谁的价格低，而是竞争谁的 SKU 更丰富，谁的货源更稳定，质量更可靠就更有优势。

	流量分析		成交转化分析		市场规模分析
	访客数占比	浏览量占比	成交额占比	成交订单数占比	供需指数
最近90天均值	53.93%	45.82%	34.41%	39.39%	181.39%
环比周涨幅	↑ 0.62%	↑ 0.46%	↑ 0.2%	↑ 0.1%	↓ -0.81%

图 6-7

3．寻找行业蓝海

蓝海指未知却有待开拓的市场空间。蓝海行业指那些竞争不激烈，但又充满买家需求和利润诱惑的行业。进入蓝海市场，很容易发现新的商机和机会。蓝海行业意味着能够给卖家争取更多的时间和空间发展自己。

寻找蓝海行业是每个平台卖家在行业定位前关键的市场策略。如图 6-8 所示，平台推荐了 10 个一级蓝海行业，可以选择行业的子蓝海行业进行查看。

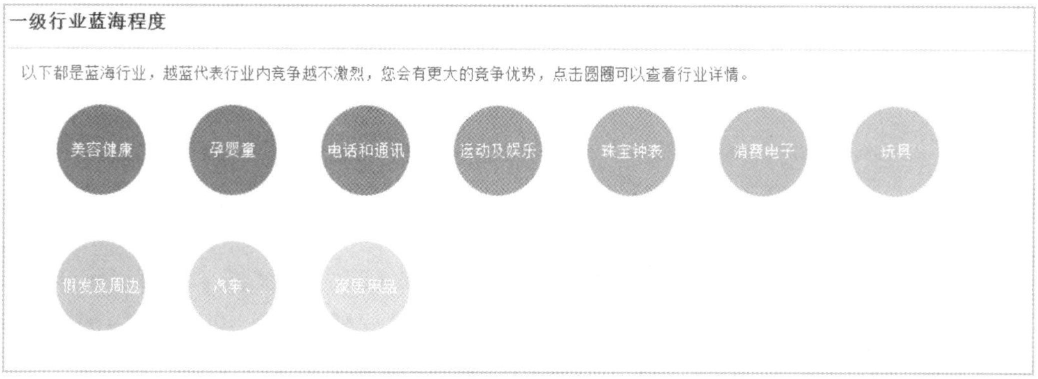

图 6-8

蓝海行业和红海行业只是相对而言的，随着时间的推移，新进入的竞争者多了，流量爆发期过后也会出现价格搏杀的局面，所以需要不断观察数据的趋势，学会迎接挑战，拥抱变化才是出路。如图 6-9 所示，虽然珠宝钟表整个行业的在线产品非常多，但部分子分类仍然没有足够的在售产品。

珠宝钟表>流行饰品　　您可以通过筛选，查找特定行业下的蓝海行业

叶子行业名称	供需指数	操作
流行饰品 > 耳饰 > 耳夹	29.66%	查看行业详情
流行饰品 > 耳饰 > 耳圈	38.4%	查看行业详情
流行饰品 > 耳饰 > 耳饰花托	29.94%	查看行业详情
流行饰品 > 耳饰 > 耳钉	110.97%	查看行业详情

图 6-9

4．行业趋势分析

要进行行业趋势分析，首先要选择行业，查看该行业最近 7 天、30 天或 90 天的流量，以及成交转化和市场规模数据，了解市场行情变化情况。如图 6-10 所示为服饰/服饰配饰>女装>连衣裙行业在最近 90 天环比上周数据变化情况。

你现在选择的行业是 连衣裙　　请选择时间 最近90天

行业数据

	流量分析		成交转化分析		市场规模分析
	访客数占比	浏览量占比	成交额占比	成交订单数占比	供需指数
最近90天均值	50.62%	34.31%	27.52%	26.33%	113.2%
环比周涨幅	↓ -2.16%	↓ -0.17%	↑ 1.7%	↑ 0.92%	↑ 3.34%

图 6-10

如图 6-11 所示为服装/服饰配饰>女装>连衣裙行业在最近 7 天趋势数据明细，此分类 UV 服装/服饰配饰>女装>连衣裙行业占比不断降低，GMV 占比也随之下降，供需指数一直在上升。简单理解就是连衣裙买家的增速没有卖家的增速快，导致竞争越来越激烈。

趋势图　趋势数据明细　　下载最近30天原始数据

	流量分析		成交转化分析		市场规模分析
	访客数占比	浏览量占比	成交额占比	成交订单占比	供需指数
2015-02-28	43.78%	33.49%	30.31%	26.78%	140.3%
2015-03-01	44.07%	33.43%	28.34%	26.47%	137.69%
2015-03-02	44.77%	33.94%	31.09%	27.15%	131.19%
2015-03-03	44.91%	34.07%	29.85%	27.2%	130.54%
2015-03-04	44.3%	34.23%	29.45%	26.8%	130.61%
2015-03-05	44.24%	34.04%	30.25%	27.81%	131.79%
2015-03-06	45.08%	34.28%	29.84%	26.76%	131.03%
2015-03-07	44.11%	33.66%	31.11%	26.6%	136.77%
2015-03-08	41.89%	33.56%	30.81%	27.57%	143.08%

图 6-11

6.2.2 选品专家

1．选品专家指标

选品专家指标说明如下。

- **成交指数**：指在所选行业、所选时间范围内，累计成交订单数经过数据处理后得到的对应指数。成交指数不等于成交量，成交指数越大，成交量越大。
- **购买率排名**：指在所选行业、所选时间范围内购买率的排名。
- **竞争指数**：指在所选行业、所选时间范围内，产品词对应的竞争指数。竞争指数越大，竞争越激烈。

2．爆款选品要素

（1）挑选的产品要有热度

若产品全部是过季的或长尾产品，就很难保证店铺销量的稳定持续增长。冬天卖泳衣明显热度不够，虽然有南半球的客户会购买，但想成为店铺的爆款则有难度。

（2）产品具有差异化

简单地抄袭爆款不会成功，同样的产品，别的卖家的销量已经很高了，你无法保证用一个新的产品就能超越竞争对手。通过数据分析，精炼出热卖产品的关键点，做出差异化的产品才是成功的必由之路。

（3）产品购买转化率高

高点击率、低转化率的产品不能给店铺带来实际的成交量。想要产品转化率高，就不能做“大路货”，到处都能看到的产品不能带来高的转化率。

（4）产品关联性强。

例如，一家主营连衣裙的女装店铺，打造雪纺衫为爆款作为引流产品是正确的关联。

3．爆款开发案例

如图 6-12 所示，从“TOP 热销产品词”页面中可以查看行业下全球最近一天热销的品类，其中圆圈越大，表示产品的销量越高。

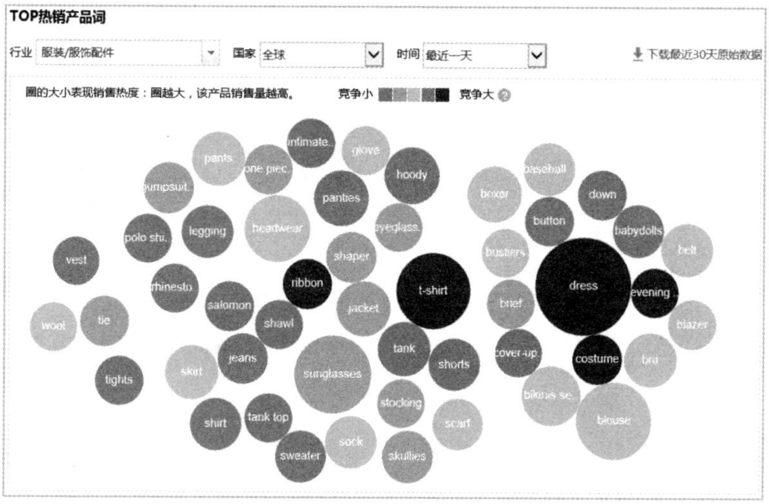

图 6-12

光看图不容易发现心仪、理想的产品，单击右上角的“下载最近 30 天原始数据”按钮，可以获得“Hot_Sale”热销词表，如图 6-13 所示。

商品关键词	成交指数	购买率排名	竞争指数
dress	124364	3	4.47
blouse	74287	1	2.02
t-shirt	38350	5	3.32
bikinis set	30954	2	1.85
panties	19425	8	1.9
bra	17416	4	1.56
skirt	16997	6	1.55
tank	16690	9	0.97
hoody	15245	11	1.96
legging	13475	10	3.03
jacket	12172	19	1.05
pants	9668	17	1.69
jumpsuits	9400	7	1.48
sweater	9011	16	3.81
shaper	7754	12	1.24
shorts	6047	15	0.7
one piece	5613	21	1.42
tights	5131	20	0.9
sock	4641	23	1.55
ntimate accessor	4519	18	0.41

图 6-13

以下是关于图 6-13 所示热销词的分析。

- dress：成交热度最高，购买率排名也很靠前，但是竞争度偏高。
- blouse：符合 3 大要素。
- t-shirt：购买率偏低，竞争度偏高。
- bikinis set：基本符合 3 大要素。
- skirt 以下产品：成交热度不高。

如图 6-14 所示为买家同时浏览、点击、购买的商品。连线越粗，表示产品与产品之间的关联越强，即买家同时浏览、点击、购买的人数越多；圆圈越大，表示产品的销量越高。

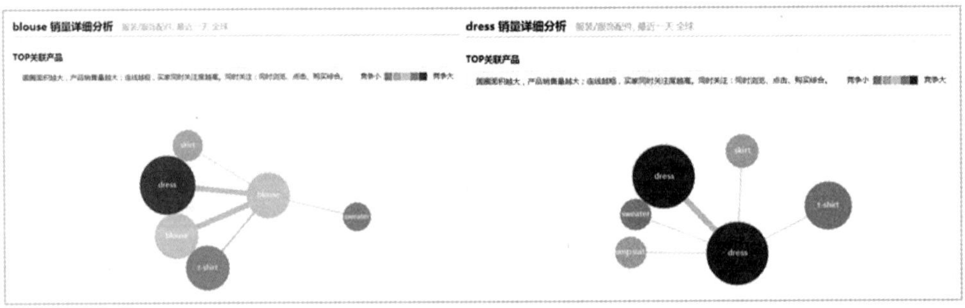

图 6-14

最后一个要素是关联性，通过 TOP 关联产品分析，可以看出 blouse 与 dress、t-shirt 的关联销售比 sweater 强。

做好选品分析后，基本就选定了 blouse 品类。精确寻找 blouse 的热点属性，就需要用到 TOP 热销属性功能，如图 6-15 所示。

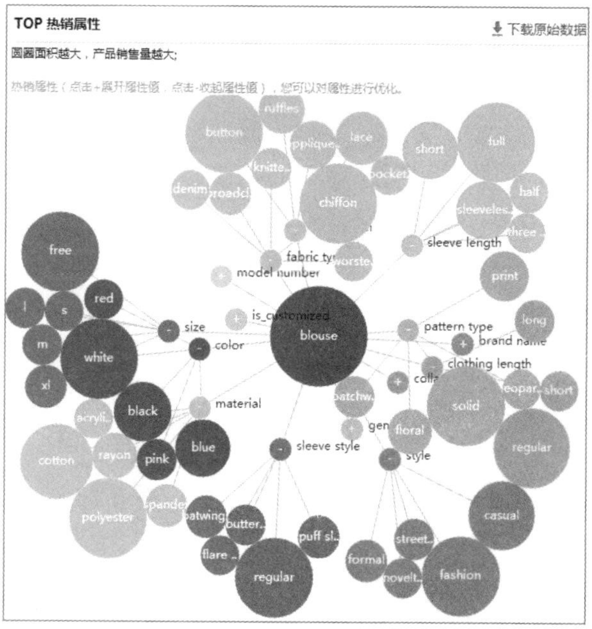

图 6-15

可以下载原始数据，获得热销属性一览表。这里我们总结出热销 blouse 具备的基本属性。

- 面料：chiffon，雪纺。
- 领型：o-neck，圆领。
- 修饰：button，纽扣；lace，蕾丝；appliques，亮片；ruffles，荷叶边褶皱。
- 图案：solid，纯色。

把这些有效素材排列组合起来，根据“属性组合”功能，就能最终获得产品，如图 6-16 所示。

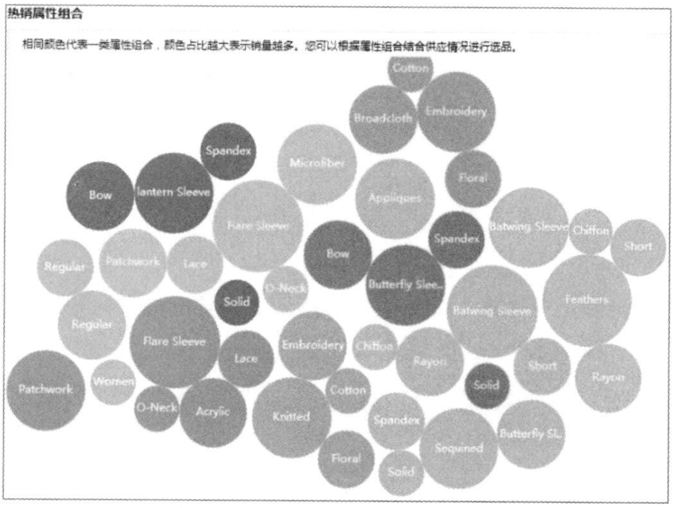

图 6-16

可以点击圆圈，查看属性组合详情。例如，点击“Batwing Sleeve”圆圈，弹出如图 6-17 所示的热销属性组合详情框。选择重要的商品特征：亮片和雪纺，可以直接搜索出有相应属性的在售产品。

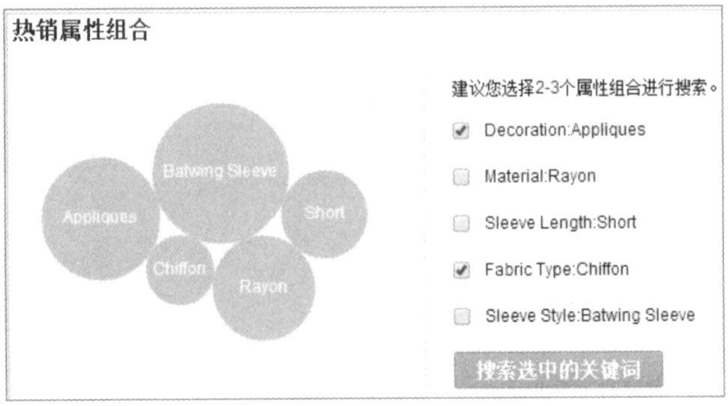

图 6-17

4．长尾产品开发

长尾产品是相对于爆款而言的具有品类深度的产品，一家成熟的店铺不能只靠两三个爆款，关联产品的销售能带来更高的利润。传统的“二八法则”认为，20%的品种带来 80%的销量。但是还要关注蓝色的“长尾巴”，这部分可以积少成多，80%的产品能创造超过一半的利润。

长尾产品的开发可放宽条条框框，也需要供应商配合。

SKU 数量庞大的产品备货多了会产生巨大的库存并占用现金流，而且往往单个 SKU 的库存量还很低，补货及发货的及时性得不到保障，供应商配合是服务好用户的必要条件。

所以，要开发长尾产品可以选择优质供应商的商品，按供应商现货情况备库。不能按照打造爆款的思路为其添加飙升词和热搜词，想把长尾产品打造成爆款是不现实的。如图 6-18 所示为 dress 产品的热搜词界面。

5．潮流趋势

潮流趋势是平台利用站内外大数据挖掘并整合、分析出服装、服饰、鞋包、珠宝钟表等类目的流行趋势，希望推动有一定供应能力和市场敏锐度的卖家，开发系列新款商品快速成长，带动潜力增长。

因此，具有相关流行元素、特征、描述、关键词、图片的商品，将有机会在 AliExpress 各个分站的流行趋势频道中予以曝光，包括：英文站 Fashion Trending、俄文站 Fashion Trending、葡文站 Fashion Trending。目前开放的类目有：服装、服饰、鞋包、童装以及珠宝钟表类目，如图 6-19 所示。

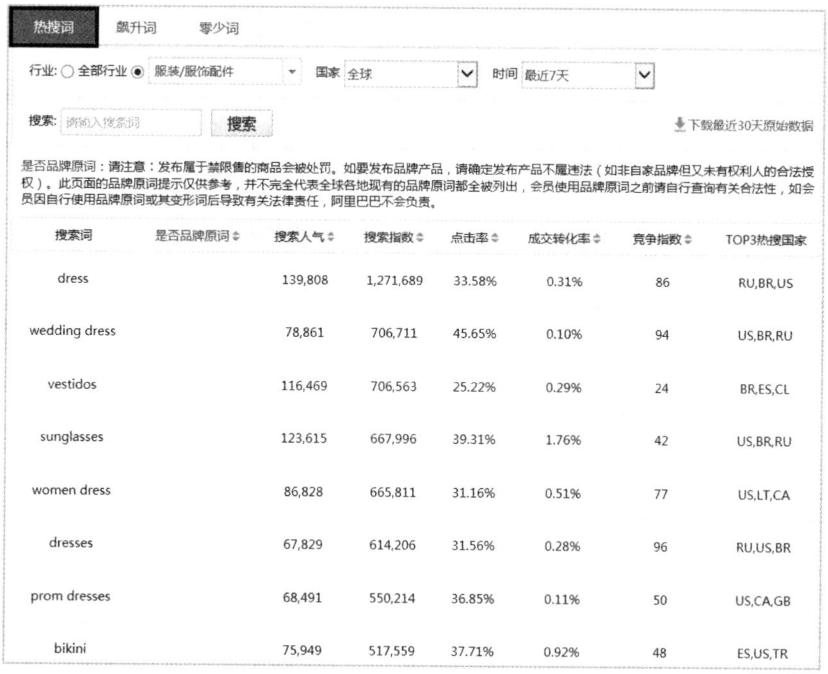

热搜词　飙升词　零少词

行业: ○ 全部行业 ◉ 服装/服饰配件　国家 全球　时间 最近7天

搜索: 请输入搜索词　搜索　下载最近30天原始数据

是否品牌原词：请注意：发布属于禁限售的商品会被处罚。如要发布品牌产品，请确定发布产品不属违法（如非自家品牌但又未有权利人的合法授权）。此页面的品牌原词提示仅供参考，并不完全代表全球各地现有的品牌原词都全被列出，会员使用品牌原词之前请自行查询有关合法性，如会员因自行使用品牌原词或其变形词后导致有关法律责任，阿里巴巴不会负责。

搜索词	是否品牌原词	搜索人气	搜索指数	点击率	成交转化率	竞争指数	TOP3热搜国家
dress		139,808	1,271,689	33.58%	0.31%	86	RU,BR,US
wedding dress		78,861	706,711	45.65%	0.10%	94	US,BR,RU
vestidos		116,469	706,563	25.22%	0.29%	24	BR,ES,CL
sunglasses		123,615	667,996	39.31%	1.76%	42	US,BR,RU
women dress		86,828	665,811	31.16%	0.51%	77	US,LT,CA
dresses		67,829	614,206	31.56%	0.28%	96	RU,US,BR
prom dresses		68,491	550,214	36.85%	0.11%	50	US,CA,GB
bikini		75,949	517,559	37.71%	0.92%	48	ES,US,TR

图 6-18

图 6-19

图 6-19 中几个指标说明如下。

- “站内有”：说明提取的潮流特征速卖通上有类似产品。
- “站内无”：说明速卖通上没有类似产品。
- Hottest：代表站外目前热门的潮流特征。
- Newest：代表站外最新的潮流。
- 上新度和热度：只是最新和最热两个维度的排名，意思一样。

- 更新时间：每周一。

这些类目的产品，具有符合该类目流行趋势的特征、描述、关键词、类似图片的款式，将有机会在各站点的流行趋势频道中予已曝光。平台筛选进入这些频道的产品的原则如下。

- 图片处理：高质量的产品图片，产品图片为外国模特或者原始产品单图，无边框、无牛皮癣、产品主体突出、背景干净。产品图片与潮流趋势图片类似。严禁盗用数据纵横-潮流趋势中的图片发布产品，一经发现将按侵权网规处理。
- 产品标题要求：标题中含有数据纵横-潮流趋势中提炼出来的关键词。
- 严禁关键词滥用。
- 服务等级要求：服务等级为及格或者及格以上。

6.2.3 关键词分析

速卖通平台的完整热搜词数据库是制作产品标题的利器。标题是系统在排序时与关键词进行匹配的重要内容，专业的标题能提升卖家的可信度。

一个优质的标题具有这样的格式：风格词+产品分类词+特征属性词+颜色+尺码。特征属性词和产品分类词是基本确定的，无法做出更多的选择，需要卖家对产品熟悉并收集汇总自己的词库。而风格词往往不具有唯一性，一件衣服是复古风格还是韩版风格很难确定，每个人的理解也有很大偏差，卖家应该充分利用 120 字符的长度，尽量填写搜索指数高的风格词。

如图 6-20 所示为 blouse 热搜词表，建议下载原始数据在 Excel 中进行分析。

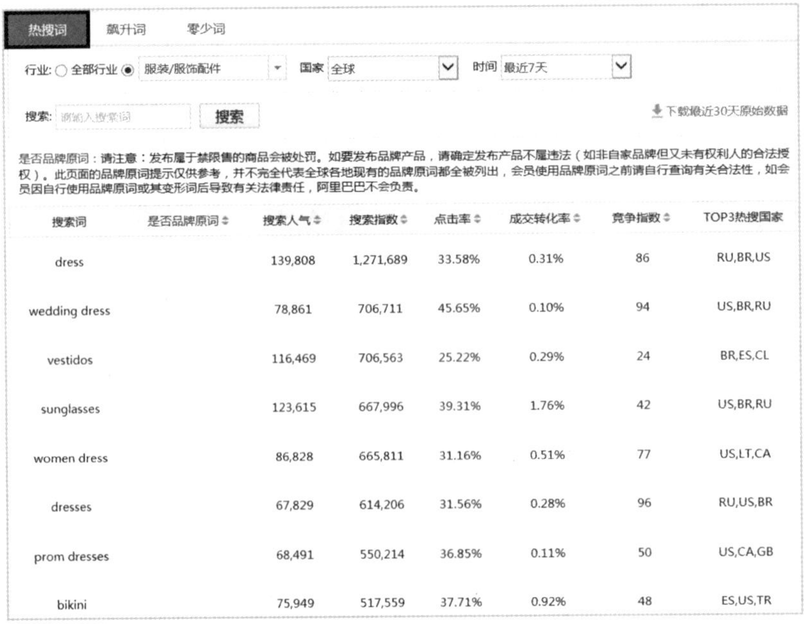

搜索词	是否品牌原词	搜索人气	搜索指数	点击率	成交转化率	竞争指数	TOP3热搜国家
dress		139,808	1,271,689	33.58%	0.31%	86	RU,BR,US
wedding dress		78,861	706,711	45.65%	0.10%	94	US,BR,RU
vestidos		116,469	706,563	25.22%	0.29%	24	BR,ES,CL
sunglasses		123,615	667,996	39.31%	1.76%	42	US,BR,RU
women dress		86,828	665,811	31.16%	0.51%	77	US,LT,CA
dresses		67,829	614,206	31.56%	0.28%	96	RU,US,BR
prom dresses		68,491	550,214	36.85%	0.11%	50	US,CA,GB
bikini		75,949	517,559	37.71%	0.92%	48	ES,US,TR

图 6-20

需要注意：在速卖通系统搜索词库中不是所有的词都可以用，这是买家在速卖通平台上搜索结果的汇总，不是卖家推荐词。例如“zara2015”，某卖家欢天喜地地用上这个词后，因侵权被平台扣分就无可避免了。

关键词分析指标说明如下。

- 是否品牌原词：如果是禁限售商品，那么销售此类商品将会被处罚。对于品牌商品，如果拿到授权则可以进行销售。
- 搜索指数：搜索该关键词的次数经过数据处理后得到的对应指数。
- 搜索人气：搜索该关键词的人数经过数据处理后得到的对应指数。
- 点击率：搜索该关键词后并点击进入商品页面的次数。
- 成交转化率：关键词带来的成交转化率。
- 竞争指数：供需比经过指数化处理的结果。
- TOP3 热搜国家：在所选时间段内搜索量最高的 TOP3 的国家。
- 搜索指数飙升幅度：在所选时间段内累计搜索指数同比上一个时间段内累计搜索指数的增长幅度。
- 曝光商品数增长幅度：在所选时间段内每天平均曝光商品数同比上一个时间段内每天平均曝光商品数的增长幅度。

在销售过程中，系统热搜词在卖家的产品中也有“水土不服”的现象，这是由于关键词严重同质化造成的。所有卖家都想用最热的关键词，例如“NEW 2015”，但是关键词竞争度过高，被搜索到的概率反而小了。

这时候我们应该更多地运用飙升词库提供的数据来优化标题。如图 6-21 所示，在飙升词库中应该关注搜索指数飙升幅度、曝光商品数增长幅度和曝光卖家数增幅。

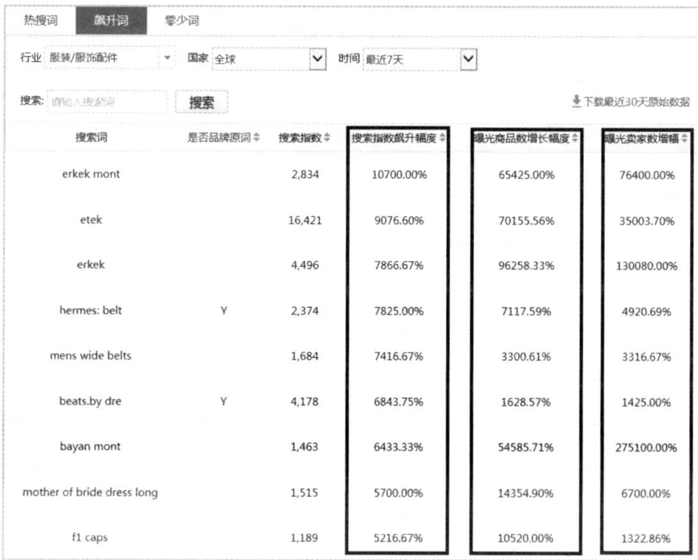
热搜词　飙升词　零少词

行业 服装/服饰配件　国家 全球　时间 最近7天

搜索：　搜索　下载最近30天原始数据

搜索词	是否品牌原词	搜索指数	搜索指数飙升幅度	曝光商品数增长幅度	曝光卖家数增幅
erkek mont		2,834	10700.00%	65425.00%	76400.00%
etek		16,421	9076.60%	70155.56%	35003.70%
erkek		4,496	7866.67%	96258.33%	130080.00%
hermes: belt	Y	2,374	7825.00%	7117.59%	4920.69%
mens wide belts		1,684	7416.67%	3300.61%	3316.67%
beats.by dre	Y	4,178	6843.75%	1628.57%	1425.00%
bayan mont		1,463	6433.33%	54585.71%	275100.00%
mother of bride dress long		1,515	5700.00%	14354.90%	6700.00%
f1 caps		1,189	5216.67%	10520.00%	1322.86%

图 6-21

6.3 店铺数据分析

经营分析功能是针对店铺数据进行分析，可以帮助卖家回顾、了解店铺经营情况，发现问题并加以改进。

6.3.1 全球消费时间

速卖通作为全球性平台，使用的是太平洋时间（GMT-8），我们需要了解一下流量分布时间。

- 速卖通时间（GMT-8） AM 11:00 = BeiJing（GMT+8） AM 3:00。
- 速卖通时间（GMT-8） AM 11:00 = Moscow（GMT+4） PM 11:00。
- 速卖通时间（GMT-8） AM 11:00 = Rio de Janeiro（GMT-3） AM 6:00。

如图 6-22 所示为 2015 年 3 月 25 日实时风暴数据，俄罗斯买家在黄金时间段的流量最集中，这家店铺来自俄罗斯买家的流量占比超过 30%。

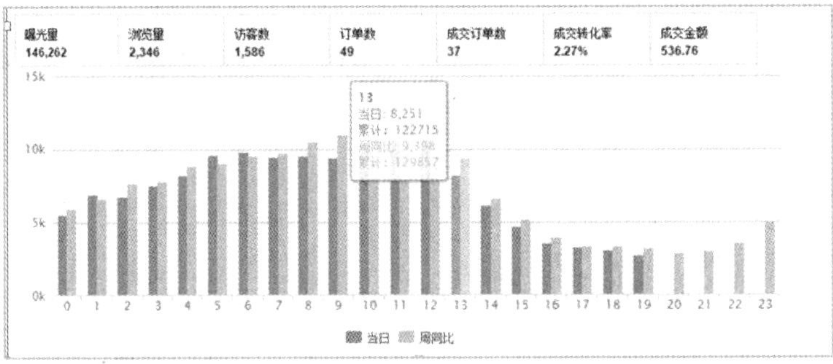

图 6-22

在每次大促中，北京时间凌晨 3:00 到上午 8:00 是值班人员的休息时间，此时俄罗斯买家已睡，巴西买家还没起床。全球消费时间可以参考时区网站：http://24timezones.com/。

6.3.2 店铺概况分析

1. 流量及转化概况

通过数据查询和分析了解店铺运营状况是卖家运用的主要方法，特别是了解流量和转化数据，能够帮助卖家及时应对市场的变化。如图 6-23 所示为某店铺每日实时数据。此店铺在实时交易额上打败了 79%的同行业卖家，成交转化率为 2.27%。

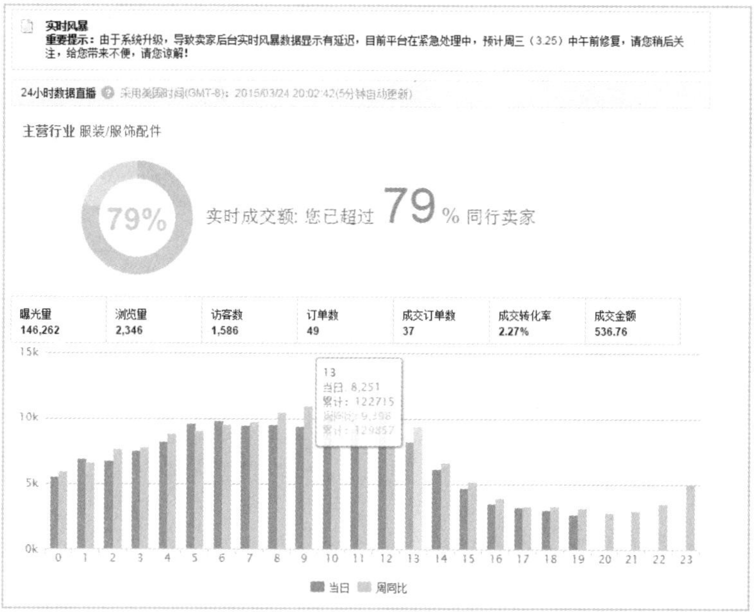

图 6-23

如图 6-24 所示为此店铺曝光量和浏览量在最近 90 天的曲线图。随着平台竞争越来越激烈，产品排名的争夺更趋紧张，店铺的曝光量一直在下跌，关闭了联盟营销以后，店铺整体流量一直在下滑。

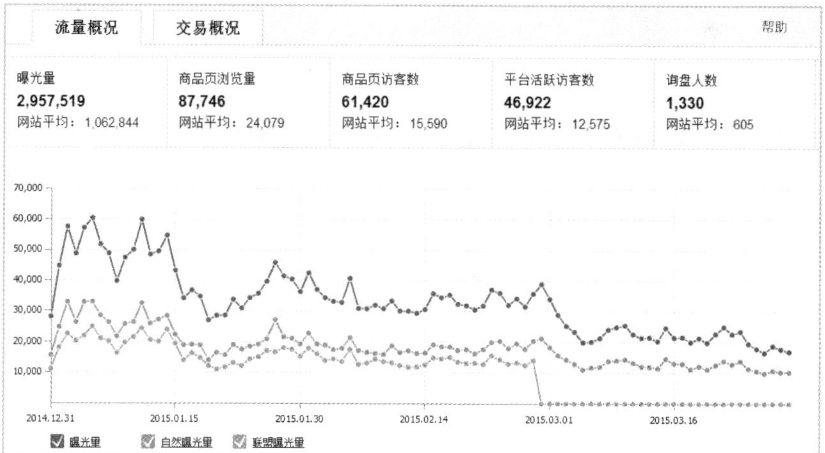

图 6-24

如图 6-25 所示，此店铺访客来源与速卖通平台一致，俄罗斯、巴西客户占据 40%以上的份额。

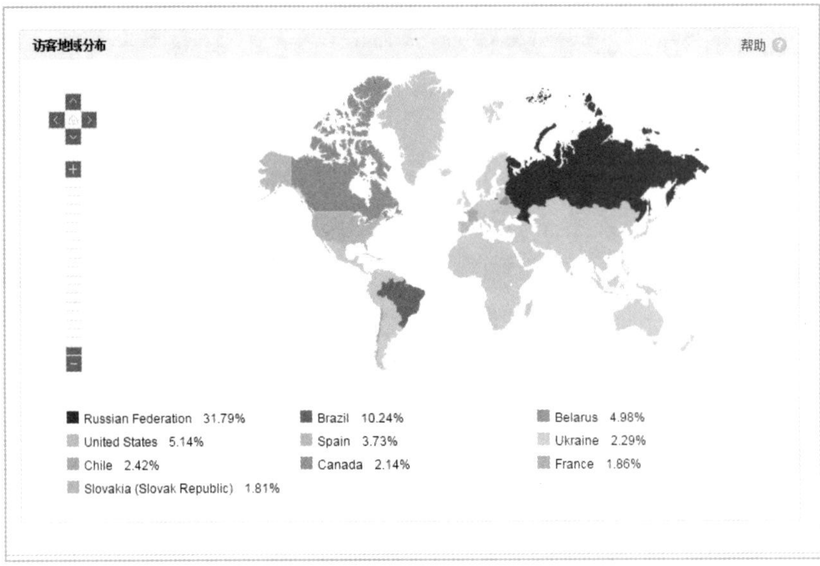

图 6-25

2. 店铺交易概况

在店铺交易概况中最应该关注的数据是支付成功订单数。如图 6-26 所示，此店铺近期支付成功的订单比例在下降，卖家需要思考如何提升订单量。

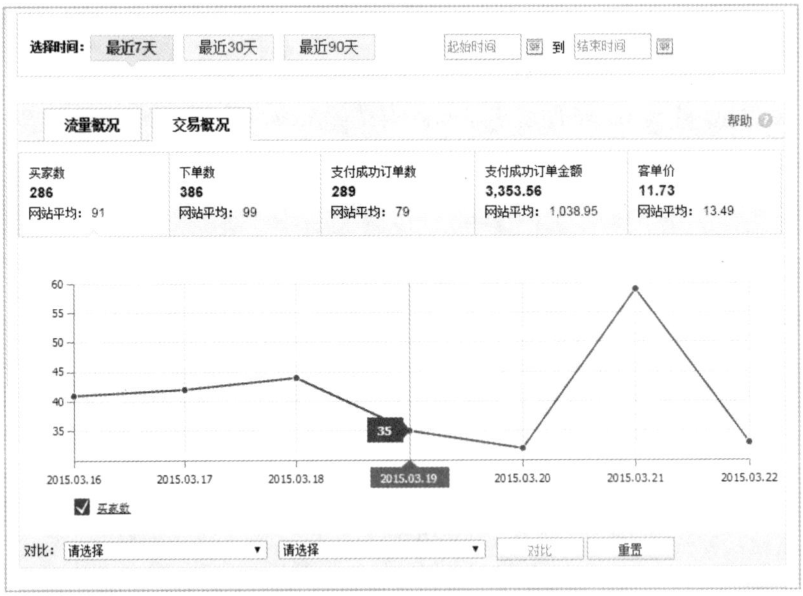

图 6-26

3. 商铺经营看板详情

如图 6-27 所示为“卖家责任裁决率”服务数据，可点击指标查看处罚范围及本店铺具体数据。在电脑上看，可以查到店铺中“卖家责任裁决率”全部指标，以及每一个被判定为卖家责任的订单。

图 6-27

6.3.3　店铺流量来源分析

要进行店铺流量来源分析，可以查看店铺内流量构成，分析不同渠道的流量占比和走势，从而帮助卖家了解及优化店铺流量来源，提升店铺流量，如表 6-1 所示。

表 6-1

来源小类	渠　道	详细说明	特别说明
站内	站内搜索	通过搜索框搜索后点击本店铺产品	仅限英语主站来源
	类目浏览	浏览类目页面后点击本店铺产品	仅限英语主站来源
	活动	报名参加的平台活动，非报名的活动，Fashion 频道	详细内容见下文
	直通车	P4P 流量	付费流量
	购物车	—	—
	收藏夹	收藏的商品链接	—
	直接访问	直接输入链接	不含直接访问店铺首页
	站内其他	包含店铺首页、分组页、买家后台订单历史页（snapshot）	非英语主站的大多数流量来源
站外	站外合计	从非速卖通网站的链接来的流量	—

1. “站内其他”和“活动”流量来源

店铺流量来源有很多，这里主要分析“站内其他”和“活动”两大流量来源。

“站内其他”流量不能简单地理解为关联促销带来的流量，其包含了俄语站点和葡萄牙语（简称葡语）站点（二级域名）的站内搜索、类目浏览、店铺首页访问。如图 6-28 所示，前 7 个“站内其他”流量来源分别是：1 为俄语站搜索；2 为葡语站类目；3 为本店铺首页；4 为本店铺分组页；5 为葡语站关键词搜索； 6 为俄语站类目；7 为俄语站推荐关键词搜索（非自然搜索）。

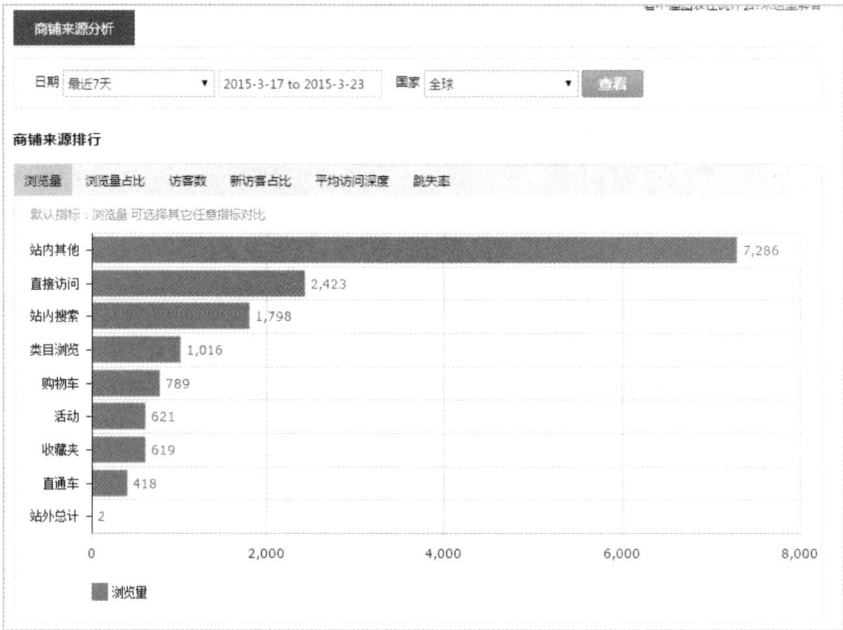

图 6-28

关联促销流量来源在“站内其他 URL”TOP10 来源排名中都没有出现，因为流量来源过于分散。活动是店铺流量来源的大户，其分为需要报名的活动和系统自动推荐的活动，还有一些各类目频道推荐的活动。

2. 各流量来源渠道对店铺的贡献

通常来讲，搜索及类目流量占店铺所有流量的 60%以上才是健康的。由于现在没有区分各小语种分站的搜索和类目流量，所以大部分卖家看到来自“站内其他”流量的比例都很高，这是正常的，除了假发行业。如图 6-29 所示，此店铺来自活动和直通车的流量偏低，需要在引流上下功夫。

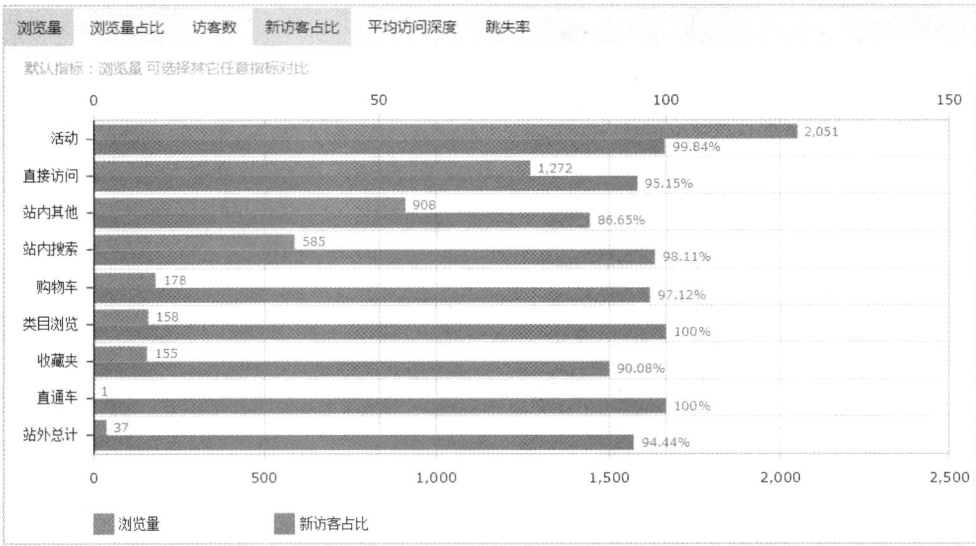

图 6-29

通常活动和直通车带来的新访客占比最高，是店铺引流的利器，如图 6-30 所示。

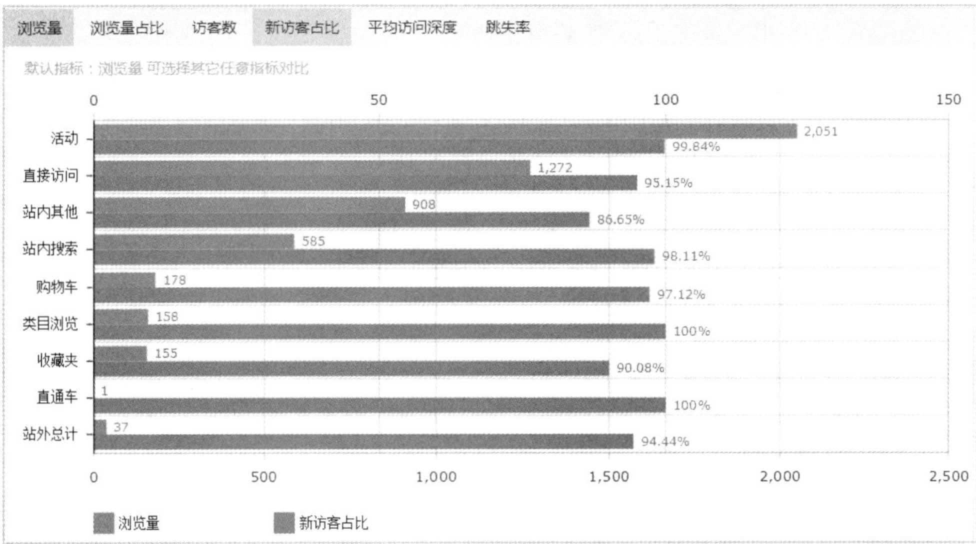

图 6-30

从访问深度和跳失率来看，自然搜索和类目浏览的访客更为优质。如图 6-31 所示为平均访问深度情况，如图 6-32 所示为跳失率情况。来自类目浏览的流量由于访客购买目的性不强而造成了访问深度略显不够，跳失率也偏高，总体来说，还是优于来自活动和直通车的流量的。

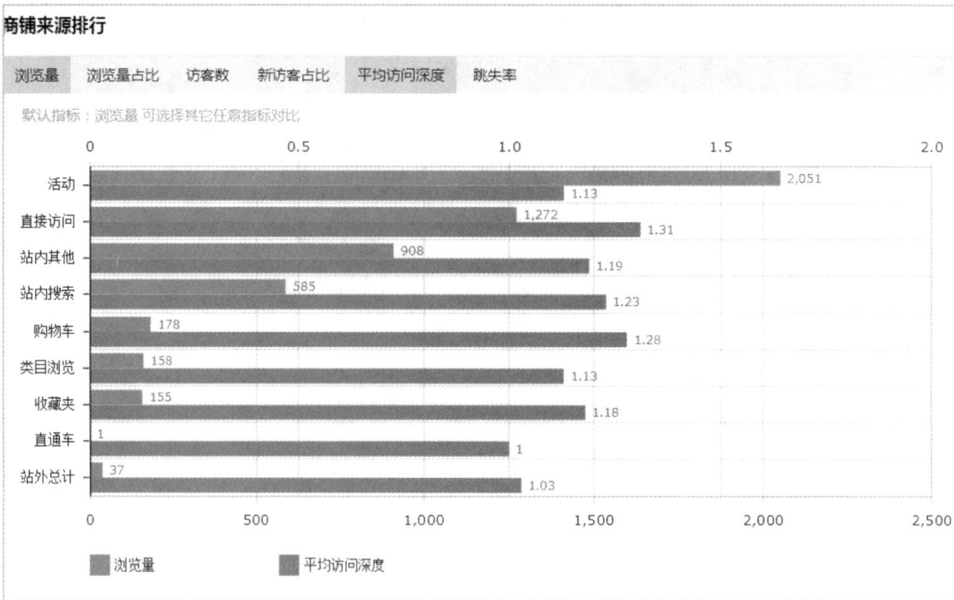

图 6-31

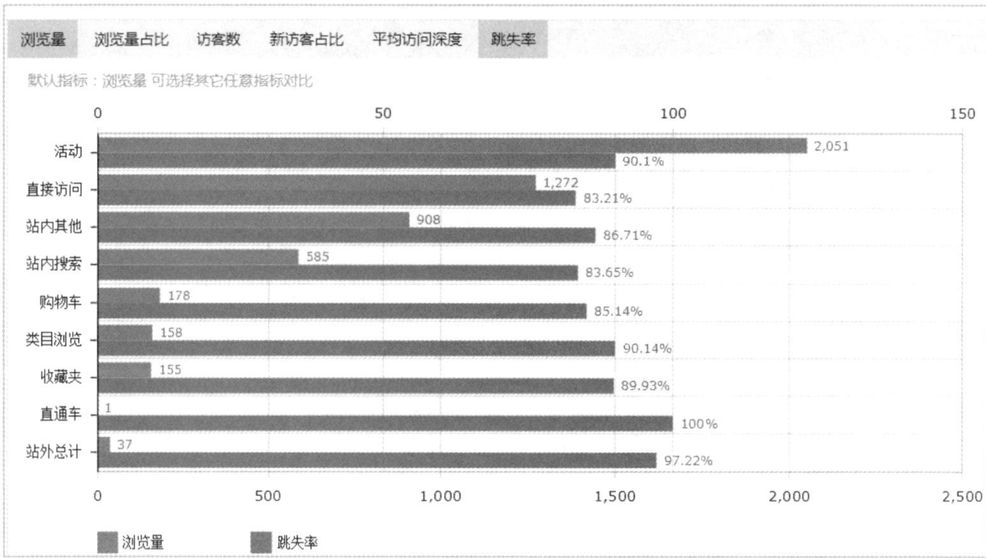

图 6-32

6.3.4 装修效果分析

要想进行装修效果分析，可以查看在最近 30 天内，哪些天做过店铺装修，以及装修后店铺的流量、访问深度、访问时长及跳失率的变化，以此来衡量店铺装修效果。装修效果分析指标说明如下。

- 平均访问深度：该来源带来的访客每次入店后在店铺内的平均访问页面数，即人均访问页面数。一段时间访问深度=每天访问深度日均值，即每天访问深度平均值。
- 平均访问时间：访问时间为用户在一次访问内访问店铺页面的时长，平均访问时间即所有用户每次访问时访问时长的平均值。
- 跳失率：只访问了该店铺的一个页面就离开的次数占总入店次数的比例。一段时间跳失率=每天跳失率日均值，即每天跳失率平均值。
- 购买率：在访问该页面的访客中当天下单的访客/访问该页面的总访客数。
- 是否装修。

如图 6-33 所示是装修效果趋势图。

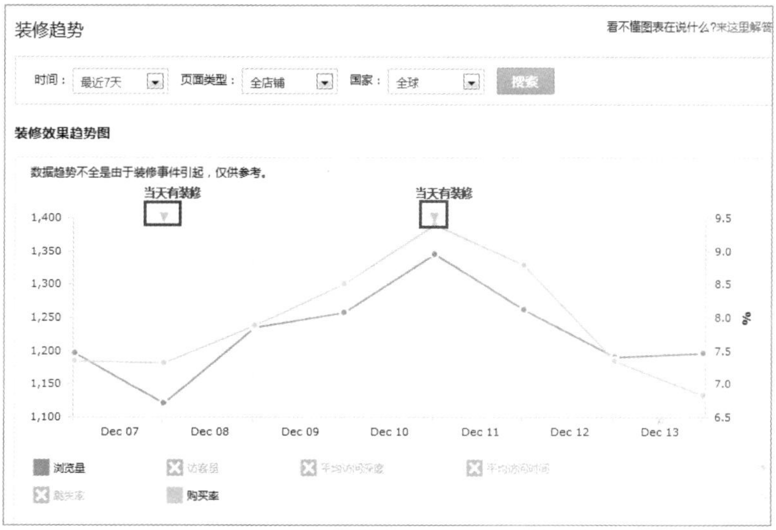

图 6-33

6.3.5　自有商品分析

自有商品分析指标说明如下。

- 曝光量：指搜索曝光量，即商品在搜索或者类目浏览下的曝光次数。
- 浏览量：指该商品被买家浏览的次数。
- 搜索点击率：指商品在搜索或者类目曝光后被点击的比例，即等于浏览量 ÷ 曝光量。
- 访客数：指访问该商品的买家总数。
- 成交订单数：指该商品在选定时间范围内支付成功的订单数与因风控关闭的订单数的差值。
- 成交买家数：指在选定时间范围内成功购买该商品的买家数。
- 成交金额：指该商品在选定时间范围内产生的交易额。

- 询盘次数：指买家通过该商品点击旺旺与站内信的次数。
- 成交转化率：指成功购买该商品买家数占访问买家总数的比值，等于成交买家数/访客数。
- 平均停留时长：指买家访问该产品所有详情页面的平均停留时间。
- 添加购物车次数：指该商品被买家添加到购物车的次数。
- 添加收藏次数：指该商品被买家收藏的次数。
- No-Pay 比率：指该商品在选定时间范围内未成功支付的订单数与创建成功的订单数的比值。

1．商品分析要点

商品分析是根据各项指标，找出店铺商品的缺陷，给出解决方案。如表 6-2 所示是商品分析的整个过程。

表 6-2

关键指标	因　素	解决方案
曝光量	Listing 排名（搜索，类目）	优化标题，优化结构化描述（属性）
点击率	主图	优化主图
转化率	价格	优化供应链
停留时长	宝贝详情页	丰富详情页，主要是图片

自有店铺商品分析主要分为两个方面：爆款分析和长尾分析。爆款分析是指以打造爆款为目的的全方位细致分析商品的方法；长尾分析是指运用 Excel 功能分析除爆款以外的所有商品的方法。

2．潜力爆款分析案例

打造爆款是卖家的必修课，卖家需要不断优化影响销售的各项基本因素来吸引消费者购买。

打造爆款至少需要提升产品的价格优势，拍摄优质、清晰的产品图片，优化标题描述。

（1）爆款效果数据分析

如图 6-34 所示，这款军装多袋裤的曝光量远远高于行业平均值，但与行业 TOP10 还有差距。点击率为 3.36%，在此类目中超过行业平均值和行业 TOP10 还算不错，但是成交转化率只有 1.27%，低于行业前 10 名和行业平均值。从这些数据分析来看：优化供应链、降低产品价格或牺牲利润率可以拉高转化率。

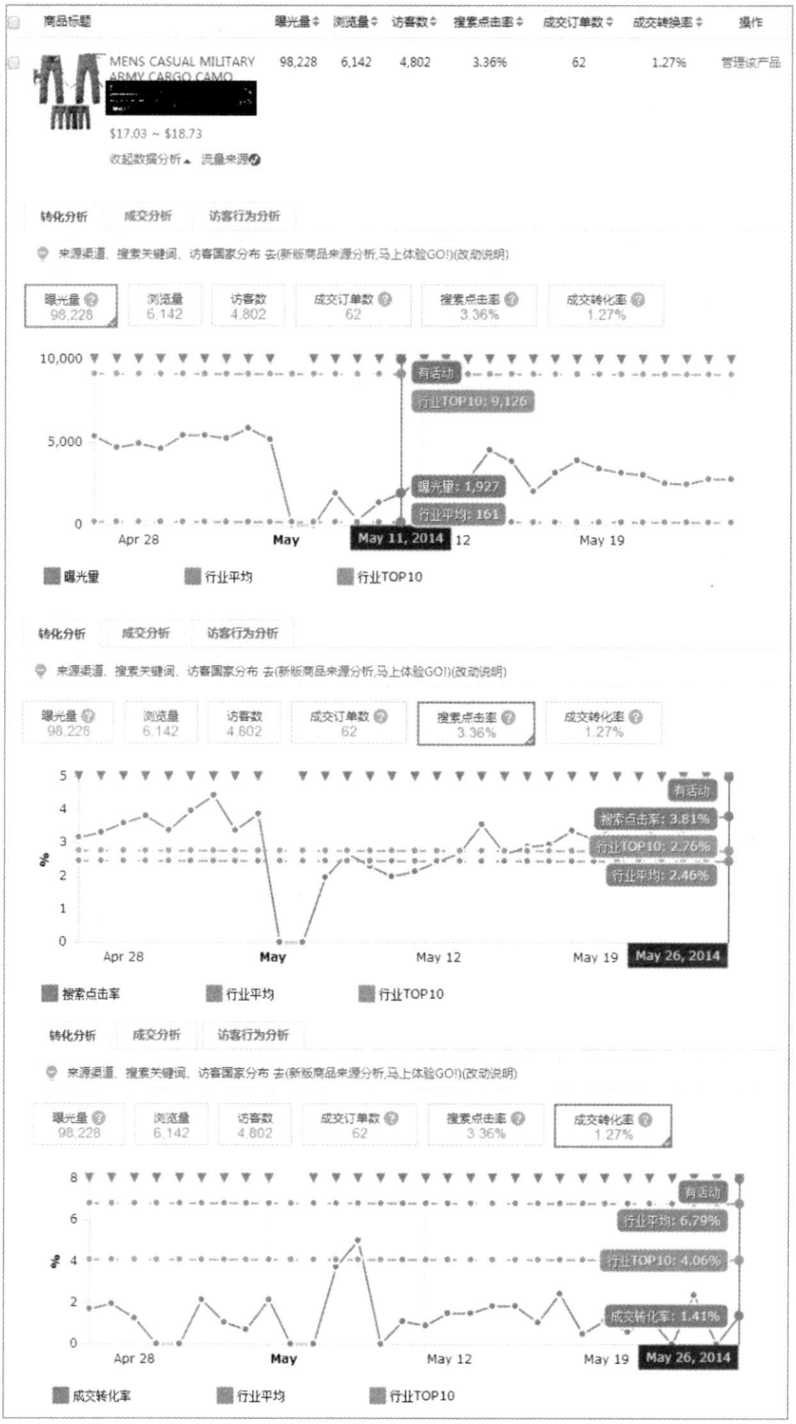

图 6-34

如图 6-35 所示，从商品成交分析页面中可以看到此商品的 No-Pay 比率达到 31.76%， 从侧面反映出客户对此商品有购买欲望，但对产品价格的接受度不高。

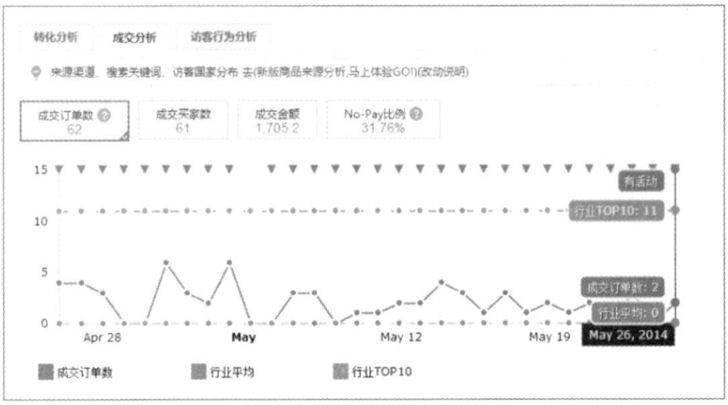

图 6-35

如图 6-36 所示，此商品平均停留时长与行业 TOP10 基本一致，说明详情页的描述还不错，图片基本符合要求。看到添加购物车次数和添加收藏次数与行业 TOP10 有差距，这是由于访客数的落差造成的，当此商品 UV 不断提高后，这两项指标就能达标。

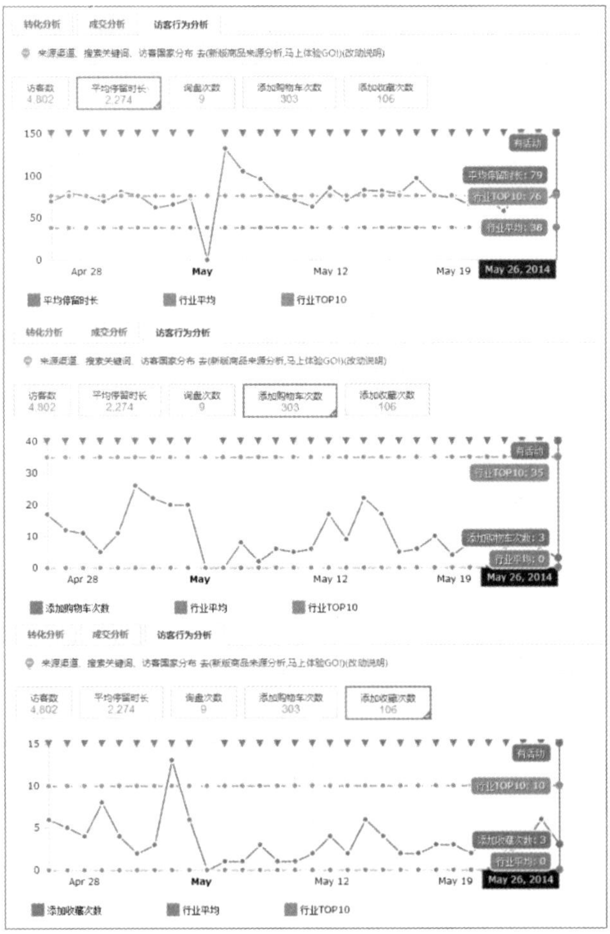

图 6-36

（2）爆款流量来源分析

对潜在爆款来说，更多的曝光、更多的 PV 是最大的需求，此时需要分析单品流量来源，增加各渠道流量。如图 6-37 所示为此款军装多袋裤在最近 30 天的流量来源，依次为类目浏览（35.16%）、站内其他（30.69%）、站内搜索（13.64%）、直接访问（9.85%）、收藏夹（4.18%）、购物车（3.08%）、活动（2.19%）、站外总计（1.20%）。

这里唯独缺少了付费流量 P4P 直通车，这是运营的一个失误，卖家需要去调整。当爆款打造流量不足时，直通车流量占比应该达到 30%左右，给店铺带来新客户。站内搜索提供了很好的关键词来源 TOP10，可以把这些关键词加入直通车列表中，这样也可以弥补此商品搜索流量来源不足的缺陷。

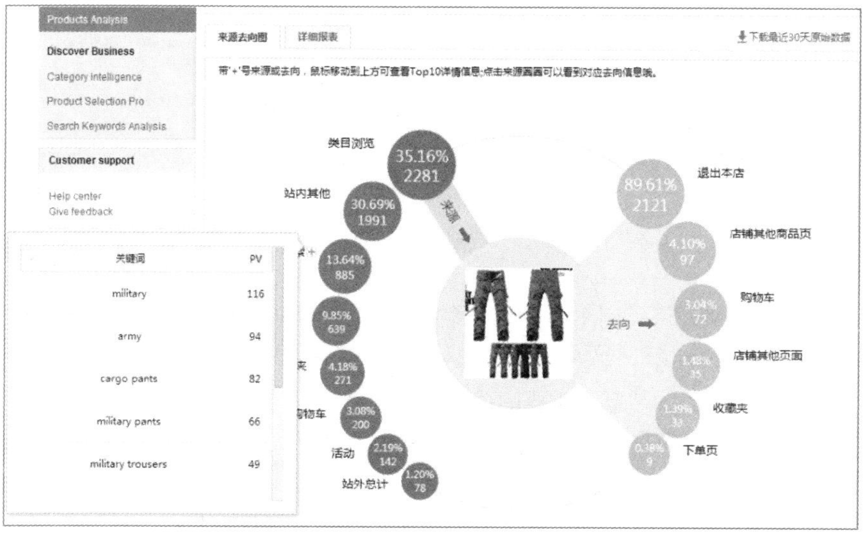

图 6-37

参加活动也是打造爆款的有力手段，但要因产品而异，因时间而异。商品在初期参加一次俄罗斯团购或巴西团购是很好的选择，能一次性增加上百个订单，让客户产生足够的信任感，也能博得一个相对不错的搜索排名。

但在商品成长阶段，不要为参加团购而参加团购，商品会有很长的锁定期和很低的上线几率，会减少商品优化的时间，甚至引起各项指标降低。在商品成长阶段，提供商品上升趋势的数据，找行业小二做频道推荐是比较好的方式。

（3）是否要分析流量的去向

事实上，各种来源的流量去向基本成固定比例，即自然流量跳出率相对较低，去往购物车、其他页面、收藏夹、下单页的比例较高。

通过前面的店铺流量来源分析可知，“站内其他”流量来源是很值得关注的，俄罗斯、巴西两大分站的流量都隐藏在这里。如果“站内其他”板块中未出现“+”按钮，则可选择时间为最近 1 天。如图 6-38 所示，来自俄罗斯的搜索带来 21 次点击，来自俄罗斯的类目搜索带来 16 次点击，说明商品的俄语标题要注意优化。

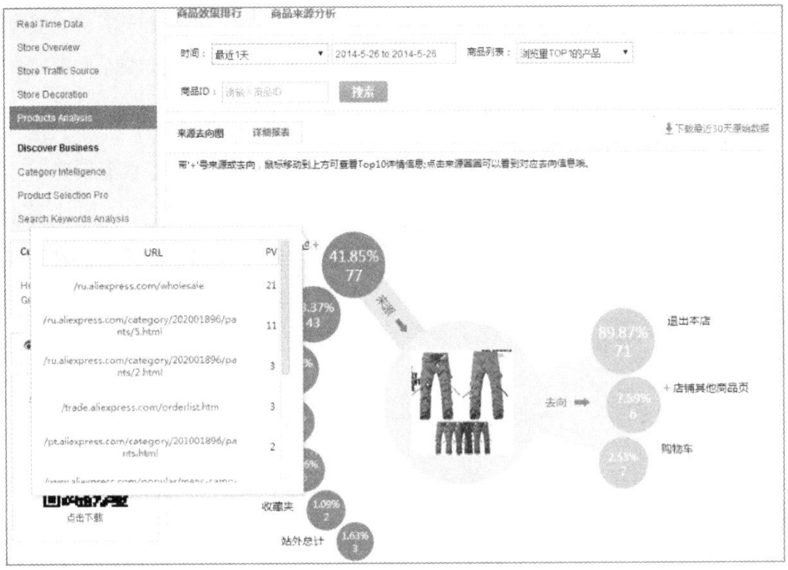

图 6-38

如果一个爆款不是为特定国家人群开发的，那么单品的访客国家来源与店铺的访客国家来源理应一致。如图 6-39 所示，此单品的巴西客户来源过低，只有 6.46%，与店铺中的数据相差很多，这不正常，也许是此单品有重要的葡语关键词未填写，葡语标题描述需要仔细修改。

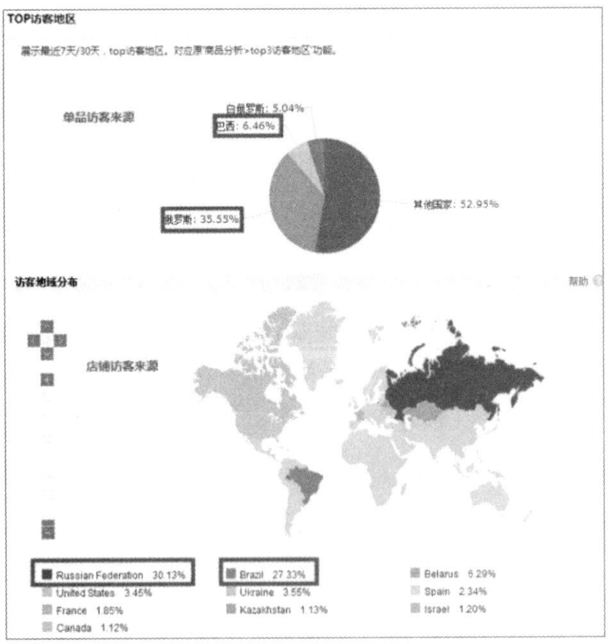

图 6-39

（4）商品长尾分析

所谓长尾是相对于爆款而言的，一家店铺中商品，除引流产品、爆款商品以外都可以称为长尾商品。

长尾商品可以通过批量导出所有商品数据进行分析，各个关键指标项不能参照行业 TOP10，因为没有可比性，需要选取长尾商品的 TOP10 平均值作为参照指标。如图 6-40 所示，这里对 10 个商品做了问题点评和操作建议。

序号	售价	搜索曝光量	浏览量	访客数	订单数	成交金额	点击率	转化率	存在问题	操作建议
1	$11.47-$11.79	53,478	3,235	2,458	133	$1,850.26	4.60%	5.41%	流量偏低	优化标题属性
2	$9.03-$9.93	69,228	2,786	2,221	130	$1,231.21	3.21%	5.85%	点击偏少	优化图片
3	$8.71-$8.71	56,952	3,656	2,910	108	$1,005.43	5.11%	3.71%	流量偏低，转化低	优化标题属性，打折促销
4	$7.44-$7.44	29,214	1,955	1,494	99	$915.80	5.11%	6.63%	曝光不够	潜力产品，平台活动
5	$7.76-$8.43	104,980	3,229	2,583	81	$660.40	2.46%	3.14%	点击偏少，转化低	优化图片
6	$10.41-$11.39	90,445	3,838	3,246	70	$657.50	3.59%	2.16%	点击偏少，转化低	优化图片
7	$7.59-$8.27	29,197	1,712	1,442	69	$630.41	4.94%	4.79%	曝光不够	优化标题属性
8	$12.93-$12.93	131,533	3,040	2,399	68	$850.51	1.82%	2.83%	点击偏少，转化低	更换图片
9	$9.89-$10.8	57,539	2,006	1,670	68	$933.97	2.90%	4.07%	点击很低	优化图片
10	$14.76-$17.51	97,945	4,672	3,607	67	$1,147.36	3.68%	1.86%	转化差	打折促销
	平均值	**72,051**	**3,013**	**2,403**	**N/A**	**N/A**	**3.74%**	**4.04%**	**N/A**	**N/A**

图 6-40

6.4　第三方数据工具

（1）keepa

Amazon Price Tracker 是一个亚马逊历史价格追踪插件，也叫作 keepa 插件，可以生成价格历史图表添加到 Google Chrome 中，能看到产品价格变化。

（2）camelcamelcamel（免费）

camelcamelcamel 是一个价格追踪插件网站，也是亚马逊 FBA 卖家标配，可以追踪所有商品的历史价格。通过该网站可以进行具体的 ASIN 研究，查看价格变化等信息，从而为产品研究提供参考。

（3）FBA Calculator（免费）

FBA Calculator 是亚马逊自带的计算器工具，可能是国内外卖家最常用的工具，可以更快、更简单地计算 FBA 费用。

（4）Terapek（付费）

通过 Terapek 工具，可以看到 eBay 和亚马逊上成千上万个最热的产品和品类，帮助卖家了解 eBay 和亚马逊上最热的产品以及产品定价。

（5）Google Adwords

Google Adwords 是一种通过使用 Google 的关键词广告或者 Google 遍布全球的内容联盟网络来推广网站的付费网络推广方式，可以选择包括文字、图片及视频广告在内的多种广告形式。

第 7 章

客户服务

学习目标：

- 掌握客户服务原则
- 了解海外客户沟通习惯
- 了解速卖通信用评价体系
- 解决纠纷的方法和策略
- 运用客户回复模板

7.1 客户服务原则

7.1.1 客服工作目的

（1）解决疑问，促进销售

售前客服通常需要解答客户对产品的咨询、对售后服务和物流的咨询。售前客服应从专业角度为客户提供关于产品的信息，推荐可以满足客户需求的商品。

（2）解决售后问题，降低纠纷率

售后客服需要解决客户在下单之后发生的问题，帮助客户尽快解决问题。例如，客户下单后仓库一直没发货，客服应该催促仓库尽快发货，并将发货信息及时通知客户。

但是有些问题是客服无法解决的，比如因天气原因物流延迟了或客户收到的商品有瑕疵，客服需要安抚客户情绪，给予适当补偿，避免客户提起纠纷。

7.1.2 客服工作原则

（1）积极主动，主导沟通

客服不只是机械地应对客户提问，当客户提出一个问题时，作为客服应尝试理解客户问题背后的动机。比如，当客户提出“这件衣服除白色以外有黑色吗”问题时，客服可以尝试了解客户为什么想要黑色的衣服。客户提出这个问题背后的原因可能有：客户不喜欢白色；客户体型丰满穿黑色显瘦；客户所处地区排斥白色的衣服；客户因要参加某活动需要黑色衣服等。

如果客服机械地回答客户没有黑色，这个客户很可能就流失了；但是如果客服了解了客户问题背后的动机，则完全可以针对客户需求推荐其他商品供客户选择。

客服应尽量做到以下几点。

- 提供解决方案，让买家可以选择。无论是售前推荐商品，还是售后解决问题，客服都应主动为客户提供解决方案，并且尽可能提供一套以上的解决方案供客户选择。
- 话语柔和，善解人意。语气柔和亲切，让客户感觉到在与人沟通，而不是在与机器沟通。网络沟通因没有语气、语调和面部表情，信息传达会部分损失，客服可以用笑脸表情和英文流行网络用语来弥补，拉近和客户的距离。
- 多做一些，让客户安心。如果物流延迟了，客服可以主动告知客户物流运输情况，客服主动提供必要的信息可以让客户在购物和等待的过程中更有安全感，降低了纠纷率，提高了好评率。

（2）实事求是，控制期望值

客服不能为了达到销售目的做出过度营销，不能为了暂时敷衍客户的提问做出过度承诺。客服话术应以实事求是为原则，客户会对客服做出的承诺产生不同程度的期望值，客服应控制客户的期望值在可兑现的范围内。

（3）承担责任，安抚情绪

客户发起售后咨询通常是因为某些原因造成这次交易不愉快，客服在接待售后咨询时应以安抚客户情绪为第一要素。

客户提出的理由可能是卖家的责任，也可能是物流的责任，甚至可能是客户自己的责任，客服面对客户的提问应第一时间安抚情绪，再分辨责任。如果是卖家的责任，客服应第一时间承担责任，补偿客户损失；如果不是卖家的责任，客服可以表示对客户困扰的理解，并且积极主动帮助客户解决问题。

7.2　了解海外客户的沟通习惯

7.2.1　沟通中常见问题

（1）无法完成下单

例如，买家来到如图 7-1 所示的页面，但是无法完成单击“Buy Now”和“Add to Cart”按钮操作。

图 7-1

部分买家用手机客户端登录选购产品，所以有些提示看不见，这个时候就应该想到是否因为这个原因导致无法完成下单，如图 7-2 所示。

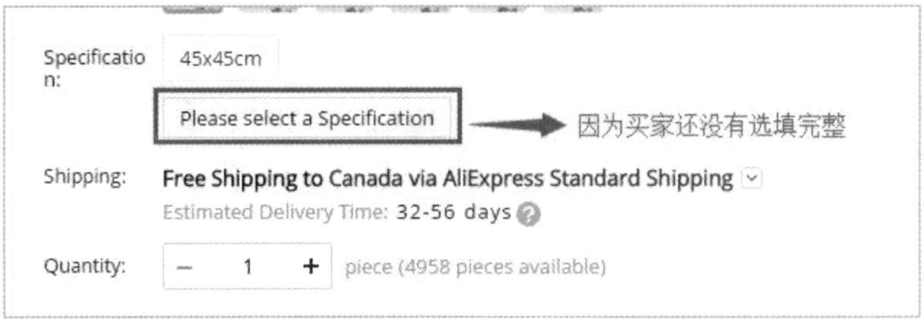

图 7-2

（2）没有所需要的尺寸或颜色，如何下单

有的买家会问这样的问题：“I want light color, but there is no option there, what should I do ?”对于客户提出的一些特殊需求，例如更改尺寸、颜色等，可以建议买家使用“Message box to seller”功能。如图 7-3 所示，这是买家选择完产品之后的页面，请买家注明特殊需求。

图 7-3

买家在“Message box to seller”留言后，在卖家界面会看到如图 7-4 所示的信息。

图 7-4

对于买家的这种需求，我们通常会回复：“Friend, you can go ahead to place your order and leave the message in the box like: I want one more of…, then I will adjust the price for you , after I change the price , you can make payment then.”

大部分人会认为买家应该已经明白如何操作了，事实上有的买家还会说：“sorry，I am confused , what should I do it ?”

这时就需要进一步解释说明：“Place the order but stop at the payment page, after I told you pay it and after you see the price changed to the price I told, then put your bank information on the payment page.”

这样说明之后，买家就知道如何操作了，也不会对修改价格有任何疑问。卖家要注意，在修改价格之前，一定要和买家沟通好；否则，如果买家不理解卖家的行为后期去投诉，卖家就会有提价销售的嫌疑。

（3）关于付款问题

目前速卖通平台支持买家通过信用卡（分人民币通道和美元通道）、WebMoney（简称 WM）、T/T 汇款、西联汇款、Qiwi Wallet、巴西 Boleto 这几种方式付款。当买家不能付款时，卖家要先询问原因，常见情况如下。

- 买家用 Business Card 支付。商务卡目前在速卖通平台是无法支付成功的，所以可以建议买家换卡。
- 买家信用卡未开通 3D 密码。建议买家联系发卡行开通 3D 密码即可。偶尔碰到发卡行不支持这种 3D 密码服务或者没听说过 3D 密码的，建议客户更换支付方式（Visa Card 的 3D 密码叫 Verified by Visa（VBV），MasterCard 的 3D 密码叫 MasterCard Secure Code）。如图 7-5 和图 7-6 所示为买家信用卡支付页面。

图 7-5

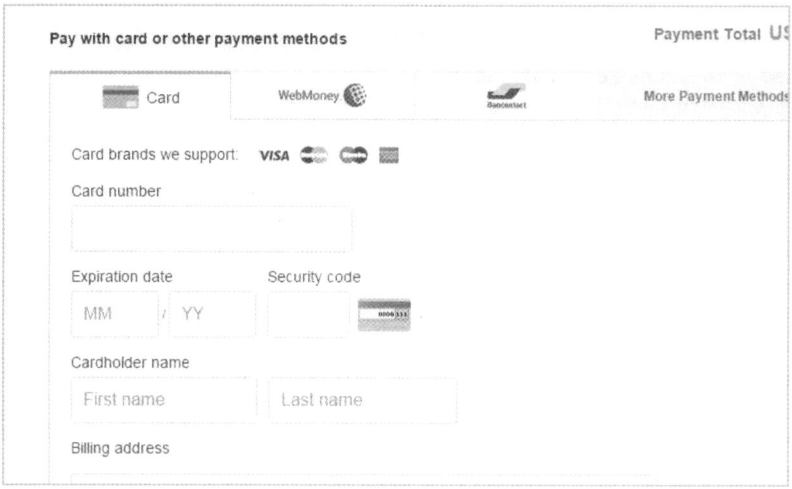

图 7-6

如图 7-7 所示为买家使用西联支付的页面。

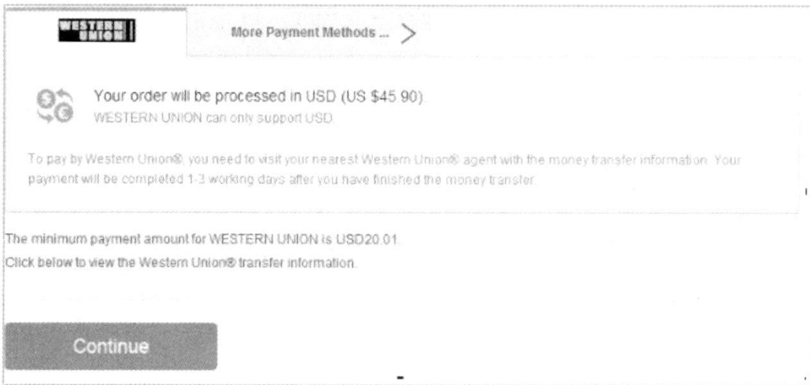

图 7-7

更加具体的付款方式说明可以参照以下链接：

http://help.aliexpress.com/payment_method.html

在上述问题解决之后，如果还是不能成功付款，有些买家可能会要求线下交易，面对这样的需求，卖家需要谨慎处理。

（4）为什么订单会被关闭

为了保证交易的安全性，保障卖家的利益，降低后期因为盗卡等原因引起的买家拒付风险，平台会在 24 小时内对每一笔买家支付的订单（信用卡支付的）进行风险审核。如果监测到买家的资金来源有风险（如存在盗卡支付等风险），支付信息将无法通过审核，订单会被关闭。

若订单资金审核不通过，不会影响卖家的账户。订单被关闭后，无法重新开启。平台会通知买家申诉，如果买家提供的证明审核通过了，则可以让买家重新下单付款。

（5）关于无法完成付款的原因解答（英文模板）

Why did my payment fail?

If your payment for an order has failed, please check it is not due to the following situations:

- Card security code failed.

Please note that an incorrect card security code could cause payment failure. Card security code is the short numeric code on the back of your credit card. Please verify that you have entered the correct card security code and try again.

- Insufficient fund.

If you meet the insufficient fund error log when you make payment by credit card, please make sure that you have sufficient funds in your account and that payment for your order does not exceed your credit limit.

Please also make sure you have used a Visa or MasterCard personal credit card to finish payment, because at present debit card or business card is unable to be supported.

The credit card type that we accept:

When you choose Visa and MasterCard as payment methods, please make sure your Visa or MasterCard is a personal credit card. The following types of credit cards are currently unable to be accepted: charge cards, business/commercial cards, Visa and MasterCard debit card.

- Exceed limit.

Please make sure the order amount does not exceed your credit card limit. Or the payment is unable to go through smoothly.

- The 3-D security code failed.

Please make sure that:

Your credit card should be authorized by your credit card issuer to make an online payment by activating 3-D Security Code.

Your credit card has activated 3-D security code. If you have not activated 3-D Security Code, please contact your card issuer with this issue.

The 3-D Security Code for Visa is called Verified by Visa (VBV) and for MasterCard is called MasterCard Secure Code.

7.2.2 了解客户体验，提升服务能力

我们以速卖通为例看看买家的账户页面都有哪些内容，如图 7-8 所示。

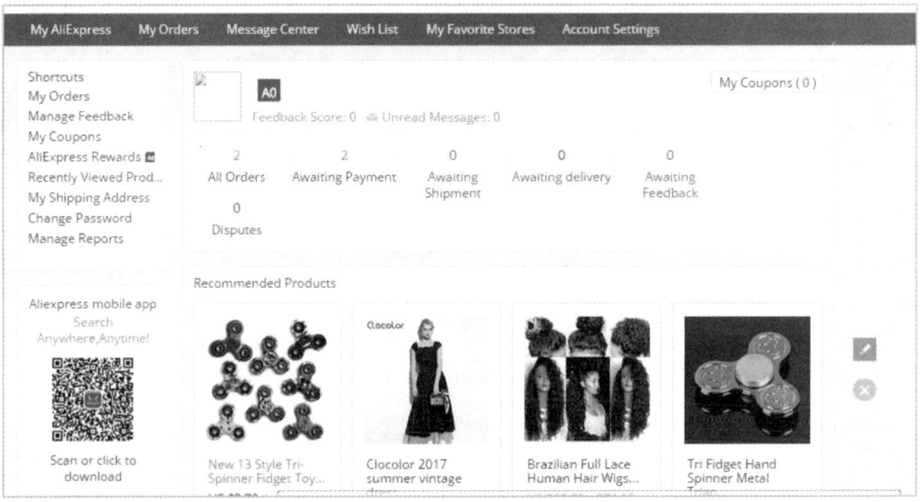

图 7-8

通过了解客户的账户操作，我们应该有两点认识。

- 应该在客服培训时，让所有售前、售后人员全面了解速卖通海外客户端的后台操作。
- 要注意语言的准确性和指引性，在第一时间给客户留下好印象。下面看一个买家和卖家之间的对话，如图 7-9 所示。

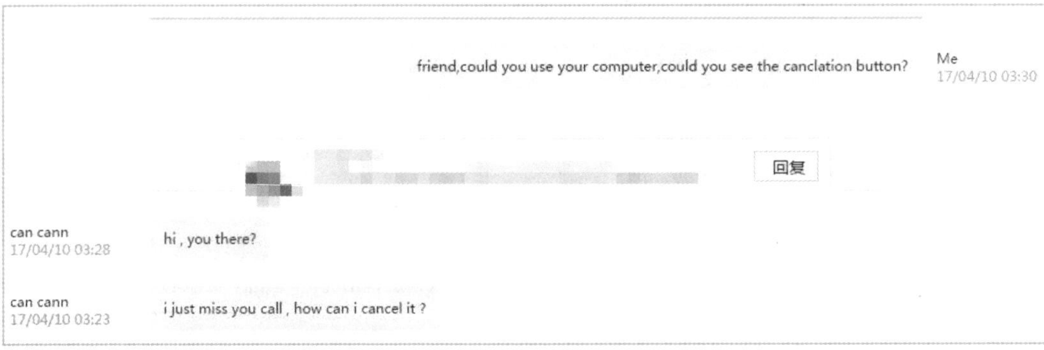

图 7-9

按照时间顺序从下往上看，客户提了一个问题：How can I cancel it ?这个客户下了重复的订单，必须取消一个，但是她又不知道该如何取消。

卖家在邮件里详细解释了如何取消订单，并且打电话确认是否操作成功。经过努力之后，客户反馈给卖家五星好评，并且回复了留言，如图 7-10 所示。

图 7-10

在这里我们会发现：顺畅的沟通、贴心的服务能够避免很多纠纷和差评。原来很多客户并不熟悉平台操作，用英文向客户解释如何解决这些问题就显得非常重要了。

7.3　提升客户满意度

7.3.1　速卖通信用评价体系

在电子商务平台上建立信任是很重要的，大多数跨境电商的信用评价体系都很严格、完善。客户回头给予好的评价越多，卖家店铺转化率才能越高。在这里以速卖通为例展开详细讲解。

1. 速卖通信用评价规则

速卖通评价分为信用评价和卖家分项评分两类，如图 7-11 所示。

信用评价是指交易双方在订单交易结束后对对方信用状况的评价。信用评价包括 5 分制评分和评论两部分。卖家分项评分是指买家在订单交易结束后以匿名的方式对卖家在交易中提供的商品描述的准确性（Item as Described）、沟通质量及回应速度（Communication）、物品运送时间合理性（Shipping Speed）三方面服务做出的评价，是买家对卖家的单向评分。

所有卖家全部发货的订单，在交易结束 30 天内买卖双方均可评价。

如果双方都未给出评价，则该订单不会有任何评价记录；如果一方在评价期间做出评价，另一方在评价期间未评的，则系统不会给评价方默认评价（卖家分项评分也无默认评价）。

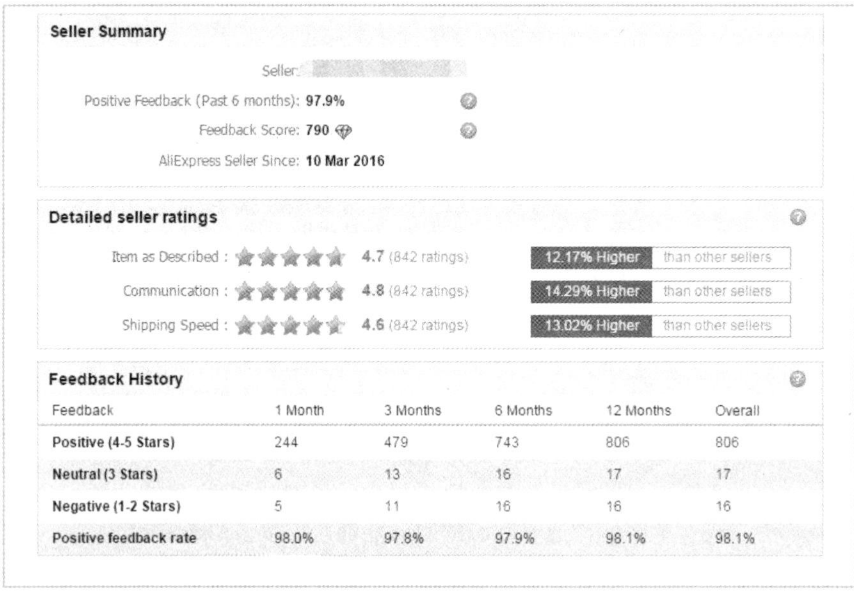

图 7-11

商品/商家好评率（Positive Feedback Ratings）和商家信用积分（Feedback Score）的计算如下：

- 相同买家在同一个自然旬（自然旬即为每月 1~10 日、11~20 日 21~31 日）内对同一个卖家只做出一个评价的，该买家订单的评价星级则为当笔评价的星级（自然旬统计的是美国时间）。
- 相同买家在同一个自然旬（自然旬即为每月 1~10 日、11~20 日、21~31 日）内对同一个卖家做出多个评价的，按照评价类型（好评、中评、差评）分别汇总计算，即好、中、差评数都只各计一次（包括一个订单里有多个产品的情况）。
- 在卖家分项评分中，同一个买家在一个自然旬（自然旬即为每月 1~10 日、11~20 日、21~31 日）内对同一个卖家的商品描述的准确性、沟通质量及回应速度、物品运送时间合理性 3 项中某一项的多次评分只算一个，该买家在该自然旬日对某一项的评分计算方法是：平均评分=买家对该分项评分总和/评价次数（四舍五入）。

以下 3 种情况无论买家留差评还是好评，均仅展示留评内容，不计算好评率及评价积分。

- 成交金额低于 5 美元的订单（成交金额明确为买家支付金额减去售中的退款金额，不包括售后退款情况）。
- 买家提起未收到货纠纷，或纠纷中包含退货情况，且买家在纠纷上升到仲裁前未主动取消的情况。
- 运费补差价、赠品、定金、结账专用链、预售品等特殊商品（简称“黑五类”）的评价。

除以上情况之外的评价，都会正常计算商品/商家好评率和商家信用积分，不论订单金额多少，都统一为：好评+1，中评 0，差评-1。卖家所得到的信用评价积分决定了卖家店铺的信用等级标志。

以上所有关于速卖通的评价积分规则都和店铺经营指标密切相关。

卖家进入后台会看到“等待我评价”“等待买家评价”和“生效的评价”。单击“生效的评价”按钮之后，会看到最近所有订单的评价。卖家收到客户评价的邮件之后，要先对客户进行评价，然后才能看到客户给予卖家的反馈。

如果一直没收到客户评价，则可以使用平台的“催评价功能”，单击“催评”按钮后进入该订单的留言板，如图 7-12 所示。

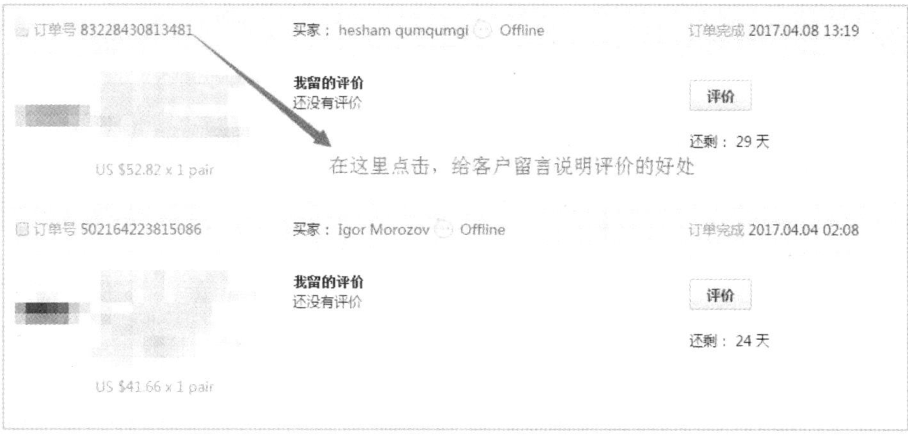

图 7-12

卖家可以在留言板写下这样一段话：

Dear friend, thank you very much for your order! We are looking forward to do more business with you. If you have any question, please feel free to contact with us directly, our telephone number is..., we will give you the best service. We will be appreciated if you can leave positive feedback as we will do same for you. Have a great day!

为什么要催买家给予评价呢？因为所有的评价订单都会有评价积分。卖家所得到的信用评价积分决定了卖家店铺的权重并影响曝光，具体标志及对应的积分如图 7-13 所示。

评价的订单越多，可以累积的信用积分就越高，如果一个月有 100 个订单，只要能有 60% 的客户回头给予评价，我们就能收获更多的信用积分，升级店铺的信誉等级，赢得更多的曝光和更高的转化率。

Level	Seller	Buyer	Score
L1.1			3~9
L1.2			10~29
L1.3			30~99
L1.4			100~199
L1.5			200~499
L2.1			500~999
L2.2			1000~1999
L2.3			2000~4999
L2.4			5000~9999
L2.5			10000~19999
L3.2			20000~49999
L3.1			50000~99999
L3.3			100000~199999
L3.4			200000~399999
L3.5			400000 分以上

图 7-13

2．可能导致中、差评的因素

（1）商品图片与实物存在差异

有时候为了使自己的产品看起来比较吸引眼球，会在图片处理上或多或少添加一些产品本身没有的效果。这样会给客户一个美好的心里预期，提高客户对商品的期望值。然而，一旦客户收到的实物与图片差别很大，买家就会非常失望，买家通常会在第一时间询问，为什么在颜色或形状上有那么大的差别。

对于这类投诉要积极主动向买家解释，并提供原有的图片。如果只是因为小部分修图处理造成的色差，合理的解释还是能赢得客户的信任的。在处理过程中要表现出自己对买家的重视，适当地给予下次订单的优惠和折扣。用真诚的态度解决客户的问题，然后向买家争取好评。

为了避免这类投诉和差评，卖家在上传产品图片时，可以展示多角度的细节图，也可以用没有处理过的图片，尽量让买家对商品有真实、全面的视觉印象。

（2）标题写了 Free shipping，为什么收到货物之后还要收费

很多卖家为了吸引买家下单，都会写上“Free shipping”，同时也做到了免邮。但是有的卖家忽略了部分国家的进口政策，比如：美国对于大于 200 美元申报价值的货物，就要收取进口关税；加拿大和澳大利亚则是高于 20 美元的货物要收取关税；英国、德国等欧洲国家货物的申报价值必须是 20~25 美元，一旦超出将会有更多的关税产生。

一旦有关税产生，买家必须支付关税后才能拿到货物，因此卖家会遇到这样的问题：

“Why I should pay 25pounds for the package, you told me that was free to ship, how could you lie to me? I am very disappointed.”

还有一些客户会因为支付额外的费用拒绝签收。这些都是潜在的差评和纠纷。因此卖家在发商业快递时，要注意填写的申报价值，对于货值很高的件要提前和客户沟通好。

（3）信用卡账户有额外的扣款显示：Aliexpress Charge

速卖通平台针对买家的支付不收取费用，但买家需了解支付的银行是否需要手续费。例如，买家通过 T/T 转账，通过银行支付时，银行会收取一定的手续费。

3．完善服务，留下美好的初印象

为了提升买家的购物体验，卖家必须做好各方面的客户服务细节，以下是一些优秀卖家的客服回复模板，可供参考。

（1）买家光顾你的店铺，询问产品信息

跟买家初次打招呼时要亲切、自然，并表达出你的热情。尽量在初步沟通时把产品情况介绍清楚。

Hello, my dear friend. Thank you for your visiting to my store, you can find the products you need from my store. If there is not what you need, you can tell us, and we can help you to find the source, please feel free to buy anything! Thanks again.

（2）鼓励买家提高订单金额和订单数量，提醒买家尽快确认订单

Thank you for your patronage, if you confirm the order as soon as possible, I will send some gifts. A good news: Recently there are a lot of activities in our store. If the value of goods you buy count to a certain amount, we will give you a satisfied discount.

（3）发货之后提醒买家已经发货

模板 1：Dear friend, your package has been send out, the tracking NO. is 0000000000 via DHL, please keep an eye on it, hope you love our hair and wish to do more business with you in the future. Good luck!

模板2：Dear customer, we have sent the goods out today, and we can receive the tracking number after 12 hours later, we'll send you message when we receive it.

模板3：The goods you need had been sent to you. It's on the way now. Please pay attention to the delivery and sign as soon as possible. If you have any questions, please feel free to contact me.

（4）当完成交易时，你表示感谢，并希望他下次能够再次回头

Thank you for your purchase, I have prepared you some gifts, which will be sent to you along with the goods. Sincerely hope you like it. I'll give you a discount, if you like to purchase other products.

（5）在推广新产品、采购季期间，根据自己的经验可给买家推荐热销的产品

Hi friend,

Christmas is coming, and Christmas gifts have a large potential market. Many buyers bought them for resale in their own store, it's high profit margin product, here is our Christmas gift link, Please click to check them , if you want to buy more than 10pieces, we also can help you get a wholesale price. Thanks.

Regards

（6）对于已经下单却还未支付的订单

模板1：Dear, thank you for your support! We will send out the package as soon as possible after your payment.

模板2：Friend, Best wishes to you! Besides, we have two shipping method here: DHL and UPS both can be delivered within 3-5days, if you only accept DHL, just note it under the order. if you prefer UPS, note at your order as well dear. Thank you.

（7）订单被AliExpress关闭时

Dear, your order has been closed because your credit card has not been approved by the Aliexpress, if you want the hair now, we have prepared for you and you can put a new order, Besides, you can pay through western union, t/t payment or money bookers payment too. Also, please contact with the Ali initiatively! Good luck!

（8）大量订购询问价格

若是赶上采购季一定要抓住机会，回复一定要要详尽，内容一般包括样品的价格、样式、采购量和相应的价格。这个报价建议是包括运费的，而且价格要相对有优势，给买家感觉给了他优惠。

Hi friends. Thank you for your inquiry, we very much hope to complete the order with you for me, here is the products link you need, if you buy 100 pieces, we can give you a wholesale price, $25/piece. If you have any idea, Please let us know, and we will try our best to help you. Looking forward your reply.

Regards

（9）海关问题

由于某些国家海关的严格检查造成货物延误，建议及时通知买家。及时的沟通让买家感觉你是一直在跟踪货物的状态，并且是一位负责的卖家，避免造成误会。

Dear friends

We received notice of logistics company, now your customs for large parcel periodically inspected strictly, in order to make the goods sent to you safety, we suggest that the delay in shipment, wish you a consent to agree. Please let us know as soon as possible Thanks

（10）退换货问题

Dear friend, I'm sorry for the inconvenience. If you are not satisfied with the products, you can return the goods back to us.

When we receive the goods, we will give you a replacement or give you a full refund. We hope to do business with you f or a long time.

We will give you a big discount in your next order.

Best regards

4. 了解差评原因，改善不足之处

（1）由于质量问题产生的差评

单纯由于质量问题产生的差评是比较好解决的。首先，收到差评之后及时和买家联系，询问不满意的具体原因。在此基础上，让买家提供相应的照片。此外，卖家要到自己的出货记录中查找相同时间范围内其他产品的反馈，分析库存中的货物质量。如果确实存在买家反映的问题，应及时积极解决。

（2）由于买家个人使用不当产生的差评

如果在沟通调查当中发现是由于买家个人使用不当产生的差评，应该和买家及时沟通告知正确的使用方法，可以请买家在差评下方做出补充评价，卖家也可以在买家评价下方做出说明。除此之外，卖家应为以后避免买家再次因使用不当产生差评而做出改进措施，比如可以在产品说明里强调错误使用示例。

（3）买家在下单前的细节要求没有得到满足产生的差评

比如，有很多买家下单时在订单里留言说“这是为我的婚礼准备的，请你不要让我失望”等信息。 遇到这样的订单时，首先应该交代出货的人员特别注意该订单的质量和包装；其次，如果这个客户买了一个非常便宜的产品，但是从询盘的态度上又可以看出他对产品的期望值很高，在这种情况下为了避免差评，可以考虑多花一点成本去满足这个客户的心理预期。在发货之前尽量揣摩一下客户的心理需求，可以避免一些不必要的差评。

7.3.2 速卖通纠纷规则

关于纠纷，速卖通对卖家的考核指标共有 3 个，分别是纠纷率、裁决提起率和卖家责任裁决率。设立这 3 个考核指标的初衷就是为了区分卖家的服务能力，也让买家能够找到服务能力相对较好的卖家，如图 7-14 所示是速卖通纠纷规则指引图。

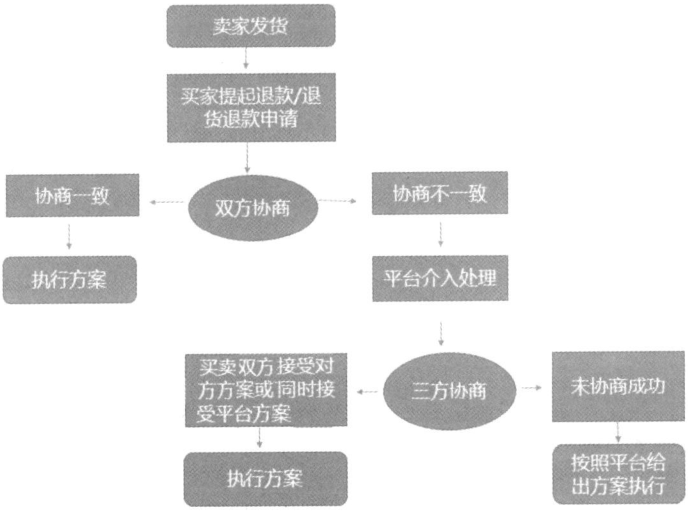

图 7-14

卖家发货并填写发货通知后，买家如果没有收到货物或者对收到的货物不满意，可以在卖家全部发货 10 天后申请退款（若卖家设置的限时达时间小于 5 天，则买家可以在卖家全部发货后立即申请退款），买家提交退款申请时纠纷即生成。

当买家提交或修改纠纷后，卖家必须在 5 天内“接受”或“拒绝”买家的退款申请；否则，订单将根据买家提出的退款金额执行。

如果买卖双方协商达成一致，则按照双方达成的退款协议进行操作；如果无法达成一致，则提交至速卖通进行裁决。

- 买家提交纠纷后，双方有 7 天协商期，纠纷小二会在 7 天内（包含第 7 天）介入处理。
- 若买家提起的退款申请原因是“未收到货-货物在途”，则系统会在限时达时间到达后自动提交到速卖通进行裁决。

对于纠纷，速卖通鼓励卖家积极与买家协商。若速卖通纠纷小二介入，则会根据双方提供的证据进行一次性裁决，卖家必须同意接受速卖通的裁决。

那么如何解决纠纷呢?

纠纷类型如图 7-15 所示。

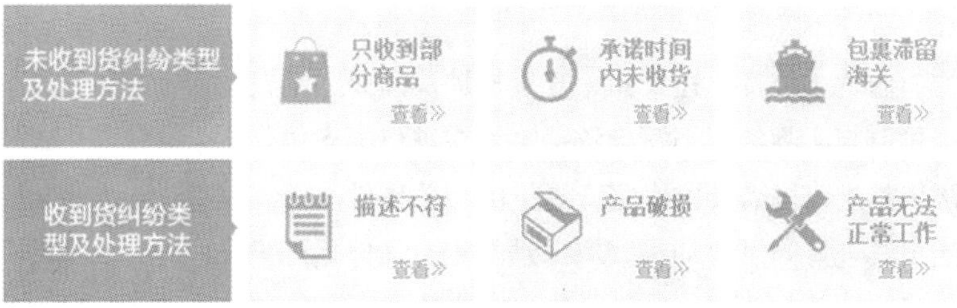

图 7-15

1. 买家未收到货物类纠纷

（1）物流状态显示货物还在途中暂未到达

可以和买家沟通先关闭纠纷，并且帮他延长收货时间。因为很大一部分客户是害怕自己的利益不能得到保障而提起纠纷的，只要客户的货物还未确认收货，客户都有时间耐心等待收货并且确保资金的安全。

（2）对货物短装的纠纷

提起纠纷的原因通常是订单包含多件商品，卖家通过两个包裹发货，其中一个包裹已妥投，另一个包裹仍在途中。因此买家以未收到货为由提起纠纷，并要求部分退款。遇到这类纠纷时，卖家可以拒绝纠纷，并向买家强调另一个包裹仍在运送途中，提供在途包裹的运单号给买家，并帮助买家延长收货时间等待在途包裹的到达。对于此类纠纷，当平台介入后会通过邮件告知双方情况。

- （买家）部分包裹在途建议等待，如果包裹妥投请确认收货。

The tracking number shows the goods are in transit, we'll ask seller to contact shipping company to confirm the status of package within 3 calendar days. If you have received the goods in good condition, please cancel this claim and confirm order received.

- （卖家）货物运输时间已经超过承诺运达时间，建议积极与买家沟通。如果相应期限到期后，包裹仍未妥投，卖家应该同意部分退款，并告知买家。

I have agreed to refund you. Firstly I refused your dispute is that because this parcel

RB59****564CN is in shipping. and I hope it can be shipped and we extended delivery time for you. I do not ignored you I am very sorry for my late.

（3）海关扣关

交易订单的货物由于海关要求所涉及的原因被进口国海关扣留，造成买家未收到货物。海关要求所涉及的原因包括但不限于：

- 进口国限制订单货物的进口。
- 关税过高，买家不愿清关。
- 订单货物属假货、仿货、违禁品，直接被进口国海关销毁。
- 货物申报价值与实际价值不符导致买家须在进口国支付处罚金。
- 卖家无法出具进口国需要的卖家应提供的相关文件。
- 买家无法出具进口国需要的买家应提供的相关文件。
- 货物被进口国海关扣留时，常见的物流状态为：
- handed over to customs（EMS）
- clearance delay（DHL）
- Dougne（法国，会显示妥投，但是签收人是 Dougne）

速卖通在接到此类纠纷裁决之日起 2 个工作日内，会提醒卖家在 7 天内提供海关扣关原因信息和证据，根据信息和证据确定责任进行裁决。建议卖家在货物发出之后应及时关注物流情况，出现异常时与买家和物流公司保持沟通，及时了解扣关原因并尽可能提供相关信息及证据。

（4）包裹原件被退回

交易订单的货物因为买家收货地址有误或不完整无法妥投，或者因买家原因无法清关，导致包裹被直接退回给卖家。自速卖通通知卖家举证开始 3 天内，卖家须提供因买家原因导致包裹不能正常妥投的证明，证明的形式可以是物流公司的查单、物流公司内部发出的邮件证明、与买家的聊天记录等。

（5）包裹被寄往或妥投在非买家地址

由于卖家填写错了买家的收货地址，或者邮局误将包裹寄往了非买家地址，导致买家无法正常地签收包裹。自速卖通通知卖家举证开始 3 天内，提供发货底单及买家要求修改收货地址的沟通记录。若底单上的地址与买家收货地址不一致，且卖家无法提供证据证明买家要求修改收货地址，即可判定卖家发错地址。

若最终判定为卖家发错地址，建议卖家先尝试与物流联系，更改买家收货地址，若更改后买家收到货物，则全额放款；若无法更改或更改后买家还是未收到货物，建议卖家联系物流取回包裹。

（6）物流信息显示货物已经妥投

物流信息显示货物已经妥投，但是买家以未收到货为由提起了退款申请，并且未与卖家达成一致意见，提交到速卖通进行裁决。自速卖通通知卖家举证开始 3 天内，卖家须提供货物妥投的证明（物流公司的物流信息截图、妥投证明等）。

（7）买家拒签

买家拒签包括有理由拒签和无理由拒签。

有理由拒签，即当货物递送至买家（包括买家代表）时，买家发现货物存在肉眼可见的货物损坏或与订单不符的情况，如货物破损、短装、严重货不对版等，买家可以当场拒绝签收。

无理由拒签，即货物递送到买家（包括买家代表）时，买家无任何理由拒绝签收。卖家可提供相应的聊天记录和发货物流底单。

（8）因货物途中丢失

卖家需要跟买家解释，纠纷对于你的重要性，此外肯定货物丢失的情况下重新发货，及时给到客户新的运单。

2．买家收到货物与约定不符类纠纷

- 质量问题。及时查找真正的原因，如果是质量问题，可以让客户选择是退货退款还是保存货物部分退款。由于没有纠纷率的顾虑，只要买家接受方案，就可以解决纠纷。
- 与描述不符。买家收到的货物与卖家在网站产品详情页面的描述，存在颜色、尺寸、产品包装、品牌、款式/型号等方面的差距。产品描述以卖家在全球速卖通平台上展示的产品描述为准。卖家需要保证产品的描述信息（包括产品标题、产品详细描述页面等）前后一致，如出现信息矛盾或误导倾向，平台保留最终的纠纷裁决权。如果在买家下订单之前，卖家已经明确提示买家产品可能存在颜色的偏差，或产品可能存在一定的误差，并明确了误差大小，自速卖通发出通知起 3 天内卖家需提供有关提示的沟通记录作为证明。

3．在处理纠纷过程中该如何提交证据（MediaFire）

MediaFire 是美国开发的网络存储性网站，注册会员可以使用该网站进行上传/下载文档、视频以及可读性文件。上传/下载文档都必须先在网站上进行注册，用 E-mail 地址即可进行注册。目前，在纠纷阶段遇到容量较大的图片及视频证据时，买卖双方可以将证据上传至 MediaFire，以方便下载查看。MediaFire 网址：http://www.mediafire.com/。

图 7-16

如图 7-16 所示，单击“ Sign Up” 按钮进行注册，可以注册的会员类型有 3 种，其中两种为付费性质，一种为免费性质，免费会员可以使用的最大存储空间为 10GB，如图 7-17 所示。

图 7-17

选择自己想要的会员类型，单击“Get Started”按钮，在信息填写页面填写完整的相应信息后单击 “Create Account&Continue”按钮，即可完成注册。注册完成后页面显示如图 7-18 所示。

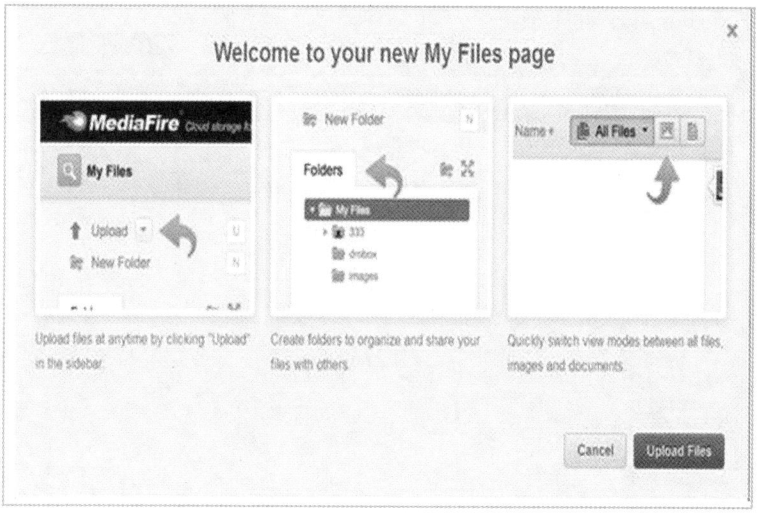

图 7-18

上传所有需要保存的文件。选择文件后，单击“Upload Files”按钮后，网站进行上传操作，显示如图 7-19 所示。

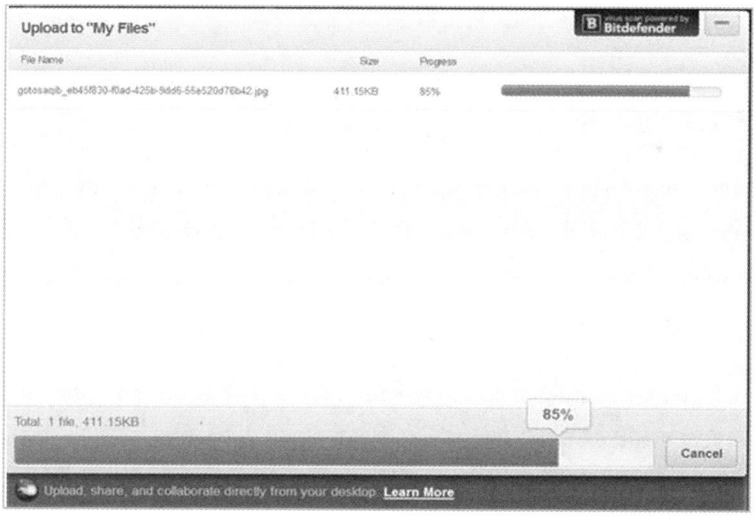

图 7-19

完成以上步骤后，复制证据链接，粘贴到速卖通平台上，如图 7-20 所示。

图 7-20

7.4 客服回复的经典模板

客服大部分时间是在解答客户的各种问题，以下是跨境电商行业客服工作中常用的回复模板，可供卖家参考。

（1）催促下单，库存不多

Dear X, Thank you for your inquiry. Yes, we have this item in stock. How many do you want? Right now, we only have X lots of the X color left. Since they are very popular, the product has a high risk of selling out soon. Please place your order as soon as possible. Thank you! Best regards, (name)

（2）回应买家砍价

Dear X, Thank you for your interests in my item. I am sorry but we can’t offer you that low price you asked for. We feel that the price listed is reasonable and has been carefully calculated and leaves me limited profit already. However, we’d like to offer you some discounts on bulk purchases. If your order is more than X pieces, we will give you a discount of xx% off. Please let me know for any further questions. Thanks. Sincerely, (name)

（3）断货 （out of stock）

Dear X, We are sorry to inform you that this item is out of stock at the moment. We will contact the factory to see when they will be available again. Also, we would like to recommend to you some other items which are of the same style. We hope you like them as well. You can click on the following link to check them out. <http://www.ali>express… Please let me know for any further questions. Thanks. Best Regards, (Your name)

（4）周末导致回复不够及时,先表示歉意，因为错过了最佳 24 小时回复时间，所以可通过主动打折的方式赢取客户

Dear X, I am sorry for the delayed response due to the weekend. Yes, we have this item in stock. And to show our apology for our delayed response, we will offer you 10% off. Please place your order before Friday to enjoy this discount. Thank you! Please let me know if you have any further questions. Thanks. Best Regards, (Your name)

（5）选择 Escrow，提醒折扣快结束了

Hello X, Thank you for the message. Please note that there are only 3 days left to get 10% off by making payments with Escrow (credit card, Visa, MasterCard, money bookers or Western Union). Please make the payment as soon as possible. I will also send you an additional gift to show our appreciation. Please let me know for any further questions. Thanks. Best regards, (Your name)

（6）合并支付及修改价格的操作

Dear X, If you would like to place one order for many items, please first click “add to cart”, then “buy now”, and check your address and order details carefully before clicking “submit”. After that, please inform me, and I will cut down the price to US$XX. You can refresh the page to continue your payment. Thank you. If you have any further questions, please feel free to contact me. Best Regards, (Your name)

（7）提醒买家尽快付款

模板 1：Dear X, We appreciated your purchase from us. However, we noticed you that haven’t made the payment yet. This is a friendly reminder to you to complete the payment transaction as soon as possible. Instant payments are very important; the earlier you pay, the sooner you will get the item. If you have any problems making the payment, or if you don’t want to go through with the order, please let us know. We can help you to resolve the payment problems or cancel the order. Thanks again! Looking forward to hearing from you soon. Best Regards, (Your name)

模板 2：Dear X, We appreciate your order from us. You have chosen one of the bestselling products in our store. It’s very popular for its good quality and competitive price. Right now, we only have X lots of the X colors left. We would like to inform you that this product has a high risk of selling out soon. We noticed that you hadn’t finished the payment process for the order. We’d like to offer you a 10% discount on your order, if you purchase now, to ensure that the product doesn’t sell out. We will ship your order within 24 hours once your payment is confirmed. If you need any help or have any questions, please let us know. Best Regards, (your name) PS: We are one of the biggest suppliers on AliExpress. With more than 3 years’ experience in world trade, we are able to provide the best prices, the highest quality and the superior service. We inspect our products before shipping them out and provide a 1 year warranty for all products. We promise to give you a full refund if the products are not as described. If you have any questions, please contact us; we are happy to help you.

（8）订单超重导致无法使用小包免邮的回复

Dear X, Unfortunately, free shipping for this item is unavailable; I am sorry for the confusion. Free Shipping is only for packages weighing less than 2kg, which can be shipped via China Post Air Mail. However, the item you would like to purchase weighs more than 2kg. You can either choose another express carrier, such as UPS or DHL (which will include shipping fees, but which are also much faster). You can place the orders separately, making sure each order weighs less than 2kg, to take advantage of free shipping. If you have any further questions, please feel free to contact me. Best Regards, (Your name)

（9）海关税 （customs tax）

Dear X, Thank you for your inquiry and I am happy to contact you. I understand that you are worried about any possible extra cost for this item. Based on past experience, import taxes falls into two situations. First, in most countries, it did not involve any extra expense on the buyer side for similar small or low-cost items. Second, in some individual cases, buyers might need to pay some import taxes or customs charges even when their purchase is small. As to specific rates, please consult your local customs office. I appreciate for your understanding! Sincerely, (Your name)

（10）因为物流风险，卖家无法向买家国家发货时给出的回复

Dear X, Thank you for your inquiry. I am sorry to inform you that our store is not able to provide shipping service to your country. However, if you plan to ship your orders to other countries, please let me know; hopefully we can accommodate future orders. I appreciate for your understanding! Sincerely, (Your name)

（11）已发货并告知买家

Dear X, Thank you for shopping with us. We have shipped out your order (order ID: xxx) on Feb. 10th by EMS. The tracking number is xxx. It will take 5-10 workdays to reach your destination, but please check the tracking information for updated information. Thank you for your patience! If you have any further questions, please feel free to contact me. Best Regards, (Your name)

（12）物流遇到问题

Dear X, Thank you for your inquiry; I am happy to contact you. We would like to confirm that we sent the package on 16 Jan, 2012. However, we were informed package did not arrive due to shipping problems with the delivery company. We have re-sent your order by EMS; the new tracking number is: XXX. It usually takes 7 days to arrive to your destination. We are very sorry for the inconvenience. Thank you for your patience. If you have any further questions, please feel free to contact me. Best Regards, (Your name)

（13）如果买家希望提供样品，而贵公司不支持样品时的回复

Dear X, Thank you for your inquiry; I am happy to contact you. Regarding your request, I am very sorry to inform you that we are not able to offer free samples. To check out our products we recommend ordering just one unit of the product (the price may be a little bit higher than ordering by lot). Otherwise, you can order the full quantity. We can assure the quality because every piece of our product is carefully examined by our working staff. We believe trustworthiness is the key to a successful business. If you have any further questions, please feel free to contact me. Best Regards, (Your name)

第 8 章

跨境物流

学习目标：

- 列举国际物流的主要渠道
- 明确海关的清关要求
- 掌握速卖通物流模板的设置
- 了解海外仓及如何申请 VAT 税号

8.1　国际物流分类

8.1.1　邮政

国际上邮政行业有一个组织叫“万国邮政联盟”（Universal Postal Union，UPU），简称“万国邮联”或“邮联”，是商定国际邮政事务的政府间国际组织，保障各国间的通信权利。

邮政物流包括各国邮政局的邮政航空大包、小包，以及中国邮政速递物流分公司的 EMS、ePacket 等。

1. 中国邮政大、小包

（1）中国邮政大包（ China Post Air Parcel）

China Post Air Parcel 即中国邮政航空大包，俗称“航空大包”或“中邮大包”。中国邮政大包除航空大包外，还包括水陆运输、空运水陆路运输的大包，本书所提及的“中邮大包”仅指航空大包。中邮大包可寄达全球 200 多个国家，价格低廉，清关能力强，对时效性要求不高而重量稍重的货物，可选择使用此方式发货。

信息查询：收寄件、收费等信息请查询 http://intmail.183.com.cn/。

中邮大包拥有中国邮政的大部分优点，主要包括：

- 成本低。中邮大包以首重 1 千克、续重 1 千克的计费方式结算，价格比 EMS 低，较商业快递有绝对的价格优势。
- 通达国多。中邮大包可通达全球大部分国家和地区，且清关能力非常强。
- 运单操作简单。中邮大包的运单简单、快捷、单一，操作方便。

中邮大包的缺点主要包括如下几个方面。

- 部分国家限重 10 千克，最重也只能寄 30 千克。
- 妥投速度慢。
- 查询信息更新慢。

（2）中国邮政小包

中国邮政国际小包，俗称“中邮小包”　“空邮小包”“航空小包”，以及其他以收寄地市局命名的小包（如“北京小包”），是指重量在 2 千克以内（阿富汗为 1 千克以内），外包装长、宽、高之和小于 90 厘米，且最长边小于 60 厘米，通过邮政空邮服务寄往国外的小邮包，可以称为国际小包。

国际小包可以分为中国邮政平常小包（China Post Ordinary Small Packet Plus）和挂号小包（China Post Registered Air Mail）两种，主要区别在于挂号小包提供的物流跟踪条码能实时跟踪邮包在大部分目的国家的实时状态；平邮小包不受理查询，但能通过面单条码以电话方式查询到邮包在国内的状态。

- 中邮小包的参考时效。由于中国邮政并未对中邮小包的寄递时效进行承诺，因此卖家可通过查询社会公司的网站统计对寄递时效进行了解，比如查询 17track 网站上的统计，网址是 http://www.17track.net/cn/report-post.shtml。
- 中邮小包的跟踪查询。中国邮政平常小包不受理查询；挂号小包在大部分国家可全程跟踪，部分国家只能查询到签收信息，不提供信息跟踪服务。
- 挂号小包的查询网站。中国邮政官方网站：http://intmail.183.com.cn。中国邮政的协议客户可向收寄邮政局申请大客户号，通过邮政内网进行查询，网址为 http://211.156.194.150/pydkh。卖家也可登录一些社会公司的网站进行查询，如一起跟踪网，http://17track.net；赛兔网，http://www.91track.com。如果网站上出现未展示的信息，比如境外邮政的接收、投递信息等，卖家也可以尝试登录不同国家邮政的网站进行查询。
- 中邮小包的体积和重量限制。参照 ePacket 的标准。但是卖家要注意，寄往阿富汗的国际小包限重 1 千克，而非 2 千克。

中邮小包具有以下几个明显的优点。

- 运费比较便宜，这是最大的优点；部分国家运达时间并不长，因此其属于性价比较高的物流方式。
- 中国邮政的包裹在海关操作方面比快递简单得多，享用“绿色通道”，因此小包的清关能力很强；而且中国邮政是“万国邮联”的成员，因此其派送网络世界各地都有，覆盖面非常广。
- 中邮小包本质上属于民用包裹，并不属于商业快递，因此该方式能邮寄的物品比较多。

但是中邮小包也存在一些固有的缺点，包括：

- 限制重量 2 千克，阿富汗甚至限重 1 千克，这就导致如果包裹重量超出 2 千克，就要分成多个包裹寄递，甚至卖家只能选择其他物流方式。
- 运送的时间总体比较长，像俄罗斯、巴西等国家超过 40 天才显示买家签收信息都是正常现象。
- 有很多国家不支持全程跟踪，而且邮政官方的 183 网站也只能跟踪国内部分，国外部分不能实现全程跟踪，因此卖家需要借助社会公司的网站或登录寄达国的查询网站进行跟踪，查询显得不方便。

总体来看，中邮小包属于性价比较高的物流方式，适合寄递重量较轻、量大、价格要求实惠，而且对时效性和查询要求不高的物品。

中邮小包通关的注意事项如下。

- 由于中邮小包只是一种民用包裹，并不属于商业快递，海关对个人邮递物品的验放原则是“自用合理数量”，其原则是以亲友之间相互馈赠自用的正常需要量为限，因此，为了顺利通关，并不适于寄递太多数量的物品。

- 限值规定：海关规定，对寄自或寄往中国港澳地区和国外的个人物品，每次允许进出境的限值分别为人民币 800 元和 1000 元；对超出限值的部分，属于单一不可分割且确属个人正常需要的，可从宽验放。

2．EMS

EMS，即 Express Mail Service，特快专递邮件业务，是中国邮政速递物流与各国及地区邮政合作开办的中国大陆与其他国家、中国港澳台间寄递特快专递（EMS）邮件的一项服务。由于是跟其他国家及地区的邮政合办的，所以 EMS 在各国及地区邮政、海关、航空等部门均享有优先处理权。这是 EMS 区别于很多商业快递的最根本的地方。

（1）EMS 的参考时效

EMS 国际快递的投递时间通常为 3~8 个工作日，不包括清关的时间。

由于各个国家及地区的邮政、海关处理的时间长短不一，有些国家的包裹投递时间可能会长一些，卡哈拉国家的承诺妥投时间以 EMS 官网公布的为准。

（2）EMS 信息查询

关于收寄、跟踪等信息请查询 EMS 快递网站：http://www.ems.com.cn/。

（3）禁限寄物品

跨境电商出口禁限寄物品因卖家选择的物流方式不同而存在差异，具体的以各物流官网公布的为准。禁限寄物品主要是指国际航空条款规定的不能邮寄或限制邮寄的货物，如粉末、液体、易燃易爆物品等危险品，以及烟酒、现金及有价证券、侵权产品等均不适宜寄递，具体包括：

- 国家法律法规禁止流通或者寄递的物品。
- 爆炸性、易燃性、腐蚀性、放射性和毒害性等危险物品。
- 反动报刊、书籍、宣传品或者淫秽物品。
- 各种货币。
- 妨害公共卫生的物品。
- 容易腐烂的物品。
- 活的动物（包装能确保寄递和工作人员安全的蜜蜂、蚕、水蛭除外）。
- 包装不妥，可能危害人身安全、污染或损毁其他邮件设备的物品。
- 其他不适合邮递条件的物品。

所以，卖家在选品和发货时需要注意排查。

3. ePacket

ePacket 俗称 e 邮宝，又称 EUB，是中国邮政速递物流旗下的国际电子商务业务。ePacket 目前可以发往美国、澳大利亚、英国、加拿大、法国、俄罗斯。

（1）信息查询

关于收寄、跟踪等信息请查询 http://www.ems.com.cn。

（2）参考时效

中国邮政对 ePacket 业务是没有承诺时效的。

（3）注意事项

美国、澳大利亚和加拿大 e 邮宝业务提供全程时效跟踪查询，但不提供收件人签收证明；英国 e 邮宝业务提供收寄、出口封发和进口接收信息，不提供投递确认信息。需要注意的是，e 邮宝业务不受理查单业务，不提供邮件丢失、延误赔偿。因此，e 邮宝并不适合寄递一些价值比较高的物品。

4. 其他国家或地区邮政小包

邮政小包是使用较多的一种国际物流方式，依托万国邮政联盟网点覆盖全球，其对于重量、体积、禁限寄物品要求等方面的特点均存在很多共同点，然而不同国家和地区的邮政所提供的邮政小包服务却或多或少存在一些区别，主要体现在不同优势区域会有不同的价格和时效，以及对于承运物品的限制不同。以下是航空小包的特点。

- 中国香港小包，时效中等，价格适中。特点是处理速度快，上网速度快。
- 新加坡小包，价格适中，服务质量高于邮政小包一般水平，并且是目前常见的手机、平板电脑等含锂电池商品的运输渠道。
- 瑞士邮政小包，欧洲线路的时效较快，但价格较高。欧洲通关能力强，欧洲申根国家免报关。
- 瑞典小包，欧洲线路的时效较快，俄罗斯通关及投递速度较快，且价格较低。它是俄罗斯首选的物流方式，而且在某些时段安检对带电池的产品管制还没那么严格，可用于寄递带电池的产品。

还有很多不同地区的邮政小包，其他地区的具体情况请参考官网。

8.1.2 商业快递

1. 国际快递公司介绍

国际商业快递最知名的四大公司是 UPS、DHL、TNT 和 FedEx，此外常用的还有 Toll。

（1）UPS 介绍

UPS 全称是 United Parcel Service，即联合包裹服务公司，总部位于美国佐治亚州亚特兰大市，是一家全球性的快递承运商与包裹递送公司。大部分 UPS 的货代公司提供的千种快递方式如下。

- UPS Worldwide Express Plus——全球特快加急，资费最高。
- UPS Worldwide Express——全球特快。
- UPS Worldwide Saver——全球速快，也就是所谓的红单。
- UPS Worldwide Expedited ——全球快捷，也就是所谓的蓝单，是最慢的，资费最低。

UPS 的参考时效：UPS 国际快递的参考派送时间为 2~4 个工作日。

（2）DHL 介绍

DHL 国际快递是全球快递行业的市场领导者，可寄达 220 个国家及地区。

DHL 的参考时效：

- 上网时效——参考时效从客户交货之后第二天开始计算，1~2 个工作日会有上网信息。
- 妥投时效——参考妥投时效为 3~7 个工作日（不包括清关时间，特殊情况除外）。

（3）TNT 介绍

TNT 总部设于荷兰，主要在欧洲、中国、南美、亚太和中东地区拥有航空和公路运输网络。

一般货物在发货次日即可实现网上追踪，全程时效为 3~5 天，TNT 经济型时效为 5~7 天。

（4）FedEx 介绍

FedEx 全称是 Federal Express，即联邦快递，分为：中国联邦快递优先型服务（International Priority ，IP）和中国联邦快递经济型服务（International Economy，IE）。FedEx 总部设在中国香港，同时在上海、东京、新加坡均设有区域性总部。

FedEx 的参考时效：联邦快递优先型服务派送正常时效为 2~5 个工作日，经济型服务派送正常时效为 4~6 个工作日，时效为从快件上网起至收件人收到此快件止，另需根据目的地海关通关速递决定。

（5）Toll 介绍

Toll 环球快递是 Toll Global Express 公司旗下的一个快递业务，Toll 到澳大利亚以及泰国、越南等亚洲地区的价格较有优势。Toll 的参考时效如表 8-1 所示。

表 8-1

国　家	参考时效
东南亚	3~5 个工作日

续表

国　　家	参考时效
美国/加拿大	6~10个工作日
澳大利亚	3~5个工作日
欧洲	6~10个工作日
南美	8~15个工作日
中东	8~15个工作日

2．商业快递计费标准

计费方式一：体积重（又称抛货），货物的最长（cm）×最宽（cm）×最高（cm）/6000。

计费方式二：重量，单价×千克数，一般以0.5千克为一个计重单位，第一个单位成为首重，从第二个单位开始成为续重，首重的费用通常比续重的费用高。

这两种计费方式以价格高的为准。有时还需要加上燃油附加费和包装费。总费用=(运费+燃油附加费)×折扣+包装费。

8.1.3　专线物流

部分跨境电商平台除了和中国邮政、商业快递合作，还会搭建面向不同国家的专线，这里介绍几种常用的专线。

1．Special Line-YW

Special Line-YW即航空专线-燕文，俗称燕文专线，是北京燕文物流公司旗下的一项国际物流业务，目前已开通南美专线和俄罗斯专线。

燕文专线的参考时效：在正常情况下，16~35天到达目的地；在特殊情况下35~60天到达目的地。特殊情况包括：节假日、特殊天气、政策调整、偏远地区等。

燕文专线的体积重量限制，如图8-1所示。

包裹形状	重量限制	最大体积限制	最小体积限制
方形包裹	小于2千克（不包含）	长、宽、厚长度之和<90cm；最长一边长度<60cm	至少有一面的长度>14cm；宽度>9cm
圆柱形包裹		2倍直径及长度之和<104cm；长度<90cm	2倍直径及长度之和>17cm；长度>10cm

图8-1

2．Russian Air

中俄航空专线Ruston（Russian Air）是通过国内快速集货、航空干线直飞、在俄罗斯通过俄罗斯邮政或当地落地配进行快速配送的物流专线的合称。

Ruston的资费标准、体积重量限制：资费标准为85元/千克+8元挂号费，体积重量限制参照中邮小包的资费标准。

Ruston 的参考时效：在正常情况下，15~25 天到达俄罗斯目的地；在特殊情况下，30 天到达俄罗斯目的地。

3. Aramex

Aramex 快递，即中外运安迈世，在国内也称为“中东专线”，是发往中东地区的国际快递的重要渠道。

Aramex 的参考时效：一般会在收件后两天内上网，中东地区派送时效为 3~8 个工作日。

4. 芬兰邮政

速优宝-芬兰邮政是由速卖通和芬兰邮政（Posti Finland）针对 2 千克以下的小件物品推出的香港口岸出口特快物流服务，分为挂号小包和经济型小包，运送范围为俄罗斯及白俄罗斯全境邮局可到达区域。

5. 中俄快递-SPSR

线上发货“中俄快递-SPSR”服务商 SPSR Express 是俄罗斯优秀的商业物流公司，向卖家提供经北京、香港、上海等地出境的多条快递线路，运送范围为俄罗斯全境。

中俄快递-SPSR 的资费标准：资费计算项目与中邮挂号小包一致，包括配送服务费和挂号服务费两部分。运费根据包裹重量按每 100 克计费，不满 100 克按 100 克计，每个单件包裹限重在 15 千克以内，包裹尺寸限制在 60cm×60cm×60cm 以内。

中俄快递-SPSR 的参考时效：对于中俄快递-SPSR 物流商承诺包裹入库后最短 14 天、最长 32 天内必达（不可抗力除外），因物流商原因在承诺时间内未妥投而引起的速卖通平台限时达纠纷赔款，由物流商承担。

中俄快递-SPSR 的寄送限制：重量不超过 15 千克；体积在 60cm×60cm×60cm 以内（单边长度不大于 60cm）。

8.1.4　速卖通无忧发货

无忧物流是阿里巴巴集团旗下，由全球速卖通及菜鸟网络联合推出官方物流服务——“AliExpress 无忧物流”，为速卖通卖家提供国内揽收、国际配送、物流信息跟踪、物流纠纷处理、售后赔付在内的一站式物流解决方案。

无忧物流的 5 大优势如下。

- 渠道稳定、时效快。无忧物流集合了多家物流服务商，可以根据目的国、品类、重量选择最优物流方案。
- 低于市场价。发往全球享受市场价 8~9 折，可以使用支付宝收款账户中未结汇的美元支付运费。

- 操作简单。在速卖通后台选择无忧物流即可一键完成物流模板设置；出单后重点城市免费上门揽收。
- 平台承担售后。物流纠纷无须卖家响应，平台直接判责；因物流导致的纠纷不计入卖家账号考核中。
- 平台赔付损失。因物流原因产生的纠纷退款由速卖通平台承担。

8.2 海关清关

清关指在口岸海关进行的申报、海关查验、缴税、海关放行等一系列程序的通称。清关即结关，习惯上又称通关。货物在清关期间受海关监管，不可以自由流通。跨境所有的包裹都需要经过海关，海关对每个包裹都会进行检查，违禁物品会被海关扣留，高货值物品会被征税，未正常交税的会被退回。

如果包裹在目的国海关被抽检到没有马上放行，就需要交税后才能被放行。发生海关没有放行的情况时，需要请买家配合海关进行清关。卖家支付给物流公司的费用仅是从卖家手上递送到买家手上的费用，不包含清关所产生的税费。

8.2.1 各海关清关要求

有的国家如巴西、俄罗斯、印尼、阿根廷，清关会出现不同程度的延误，这一点在客户下单之后、发货之前要跟客户说明，达成一致后再发货。

（1）俄罗斯

- 俄罗斯只有莫斯科和圣彼得堡有包裹服务，而且要求发件人和收件人都必须以公司名义，如果任何一方是私人，快件未到达目的地时就会直接安排到付退回。
- 俄罗斯不接受弃件，目的地清关失败后快件就会安排到付退回，退回的费用将由发件人承担。

（2）巴西

- 巴西不接受无费用弃件，目的地清关失败后，如果发件人选择弃件，则需要支付每票至少 50 欧元的弃件费，否则会安排到付退回。
- 所有快件都需要附上关税号或者收件人的护照或公民证复印件，否则就不能清关。
- 快件寄到巴西 100%会查验征税，如果使用邮政小包，则清关时间很长。

（3）印尼

- 超过 10 千克的货就会发生清关延误。
- 货值申报偏低的会要求交罚金。

（4）阿根廷

阿根廷针对个人网购海外商品做了严格限制，每人每年海外网购不超过 5 件商品。所以速卖通平台已经不建议卖家设置阿根廷为销售国。

没有弃件服务的渠道如下。

- FedEx：俄罗斯、美国没有弃件服务。欧洲国家要按具体货件查询当地海关才能确认。
- DHL：阿根廷、斯洛伐克、拉脱维亚、美国、乌克兰、巴西、捷克、波兰、白俄罗斯没有弃件服务。

对于没有弃件服务的情况，一旦清关失败货物就会被退回，由发件人支付退回费用。

8.2.2　应对海关扣关

1. 海关扣关原因

海关扣关的原因主要有以下几点。

- 因为被征税，买家不愿清关。
- 货物属于进口国违禁品，或者是假货、仿货。
- 进口国限制货物的进口。
- 卖家无法出具进口国需要的卖家应提供的相关文件。
- 买家无法出具进口国需要的买家应提供的相关文件。

2. 与买家协商配合清关

如果是因为被征税而买家不愿支付关税的原因，卖家可以与买家协商如下。

- 如果进口国对货物征税要求严格，卖家应事先与买家商定如出现征税情况由谁承担责任。
- 对于事先未协商一致，买家又不愿清关的情况，卖家可以做出一定的让步，比如双方各自承担一半费用，或者采取给买家优惠券的形式。
- 对于无法协商一致的情况，卖家应尽量保留买家不愿清关的证据，为应对纠纷提供信息。

综合考虑，如果清关失败，则无论货物被退回还是弃件，卖家都需要承担更高的费用，所以尽量争取能够让买家配合清关。

8.3　速卖通物流模板设置

8.3.1　认识新手运费模板

卖家在发布产品之前需要先设置好产品运费模板，如果未进行自定义模板，则只能选择新手运费模板进行发布。下面我们来了解一下新手运费模板并学习如何自定义模板。设置运费模板，请登录店铺后台，单击“产品管理”下的“运费模板”，如图 8-2 所示。

图 8-2

新手运费模板，即后台显示的“Shipping Cost Template for New Sellers”。单击模板名称可以看到“运费组合”和“运达时间组合”，如图 8-3 所示。

图 8-3

在“运费组合”下平台默认的新手模板只包含了“China Post Registered Air Mail”“Russian Air”“EMS”和“ePacket”，系统提供的标准运费为各大快递运输公司在中国大陆地区的公布价格，对应的减免折扣率则是根据目前平台与中国邮政洽谈的优惠折扣提供的参考。而平台显示的“其余国家”不发货包含了两重意思：一是部分国家不通邮或邮路不够理想；二是部分国家有更优的物流方式可选，如收件人在中邮小包不发货的国家，卖家可通过 EMS 发货。从“运达时间组合”上看，“承诺运达时间”为平台判断包裹寄达收件人所需的时间。

8.3.2　新建运费模板

对于大部分卖家而言，新手模板并不能满足需求，在这种情况下就需要进行运费模板的自定义设置，设置入口有两个：一是直接单击“新增运费模板”按钮；二是单击“编辑”按钮新增运费模板，如图 8-4 所示。

图 8-4

采用这两种方式单击进去显示的界面包含：一是选择发货地区；二是选择物流方式；三是设置优惠折扣；四是个性化选择寄达国家；五是个性化设置承诺的运达时间，如图 8-5 和图 8-6 所示。

图 8-5

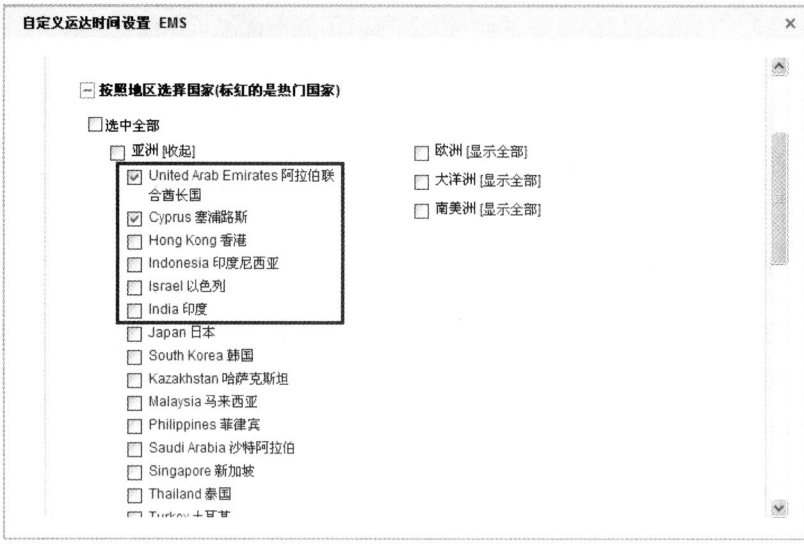

图 8-6

下面以 China Post Registered Air Mail，即中国邮政挂号小包的设置为例进行操作说明。

首先勾选该物流方式，如图 8-7 所示。

图 8-7

设置标准运费意味着对所有的国家均执行此优惠标准，如图 8-8 所示 。

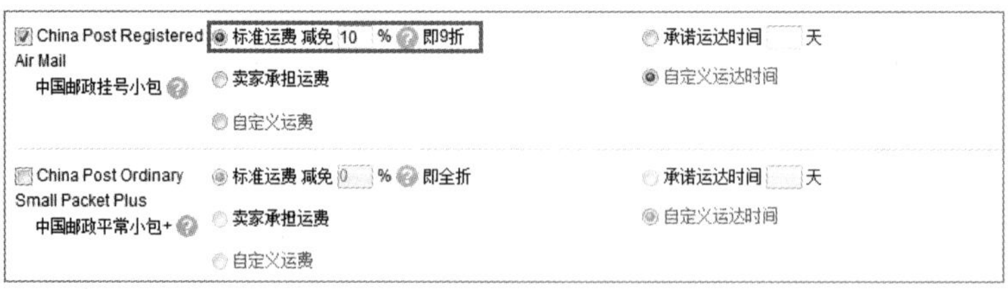

图 8-8

如果需要对所有的国家均采取卖家承担邮费，即包邮处理，则选择“卖家承担运费”，如图 8-9 所示。

图 8-9

如果卖家希望对所有的买家均承诺同样的运达时间，则需要选择“承诺运达时间”，并填写天数，如图 8-10 所示。

图 8-10

事实上，大部分卖家都希望进行更细致的设置，则可以通过自定义运费和自定义运达时间来实现。卖家只需选择“自定义运费”即可对运费进行个性化设置。设置的第一步是选择国家/地区，此处有两种选择方法：一是按照地区选择国家；二是按照区域选择国家，如图 8-11 所示。

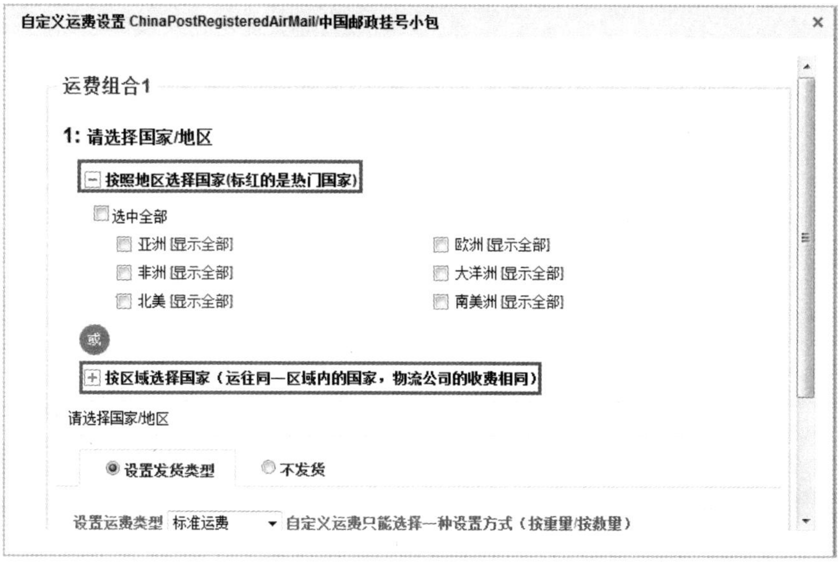

图 8-11

为便于说明，下面以对“黑山”和“阿根廷”两个国家采取不发货为例进行说明。进入自定义运费设置界面后，操作步骤如下。

（1）选择国家，有两种方法。方法一是按照地区选择国家，展开欧洲选项，如图 8-12 所示。

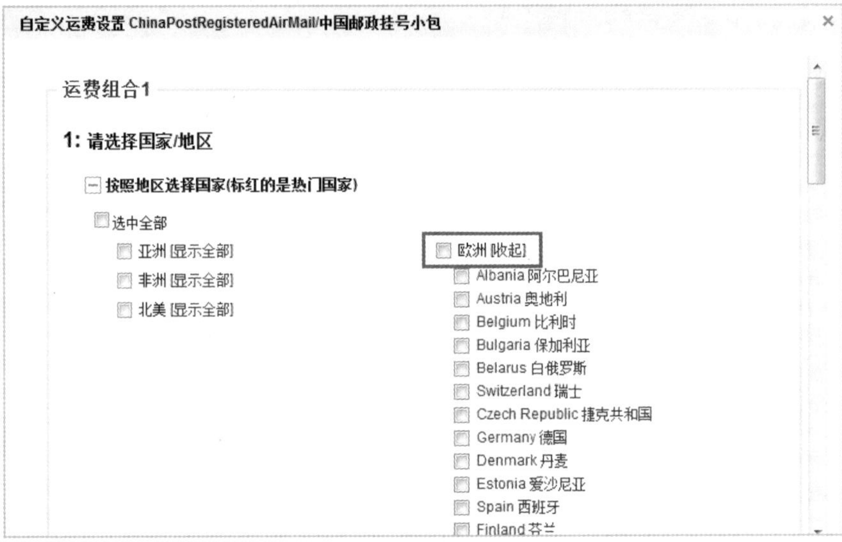

图 8-12

找到黑山，并勾选，如图 8-13 所示。

图 8-13

展开南美洲选项，勾选“阿根廷”，如图 8-14 所示。

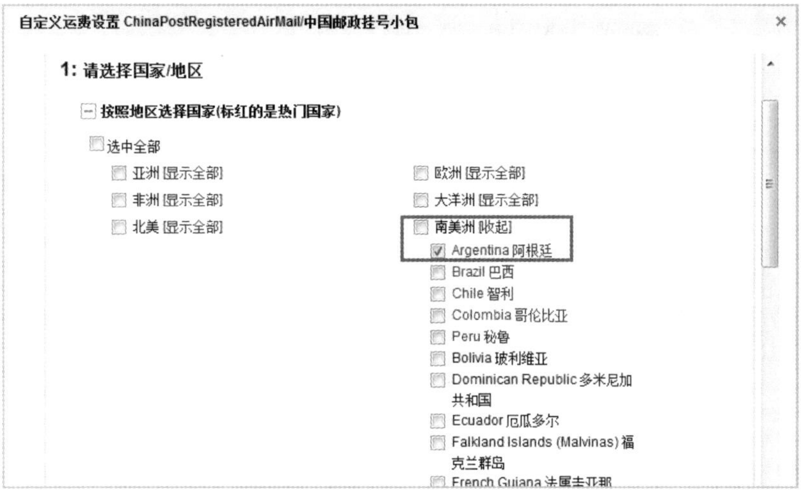

图 8-14

方法二是按照区域选择国家，仍然以“黑山”和“阿根廷”为例，则可在第 3 区找到黑山，第 4 区找到阿根廷，如图 8-15 和图 8-16 所示。

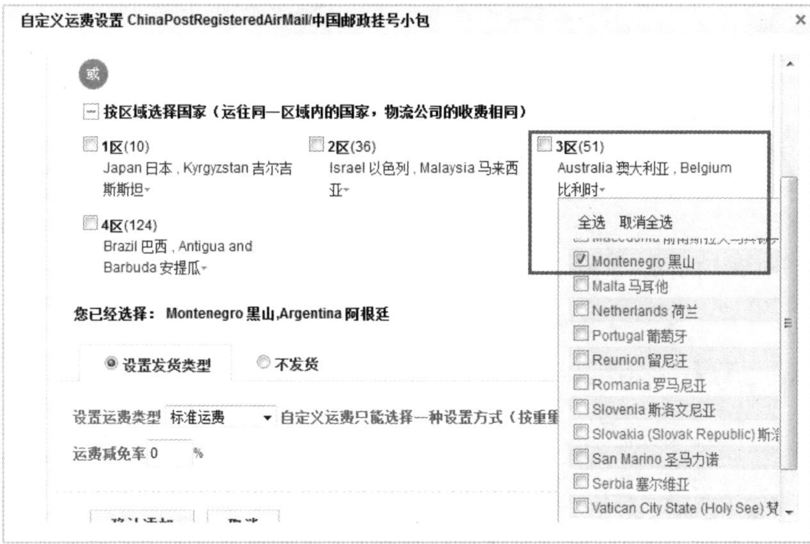

图 8-15

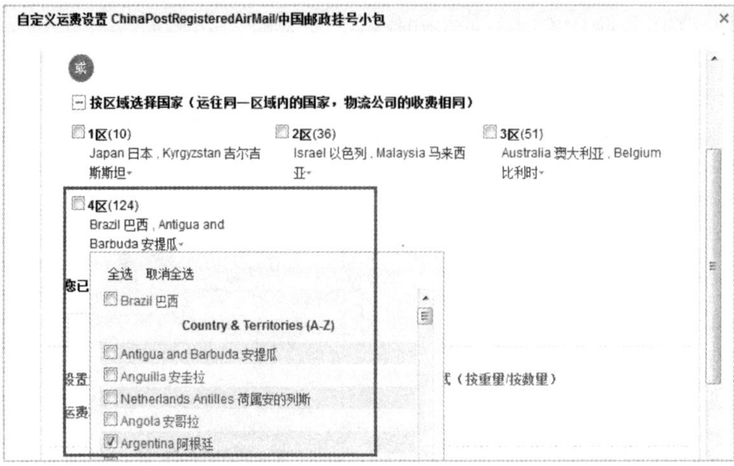

图 8-16

（2）对已选择的国家进行“不发货”操作。

（3）单击“确认添加”按钮，如图 8-17 所示。

图 8-17

（4）如需对更多的国家进行个性化设置，则单击“添加一个运费组合”链接，如图 8-18 所示。

图 8-18

然后选择相关的国家，再进行发货类型设置。发货类型除对所选择的国家采取“不发货”操作外，还可对标准运费进行一定程度的折扣减免，如图 8-19 所示。

图 8-19

也可采取“包邮”操作，如图 8-20 所示。

图 8-20

同时，还可对重量或数量进行自定义运费设置，如图 8-21 所示。

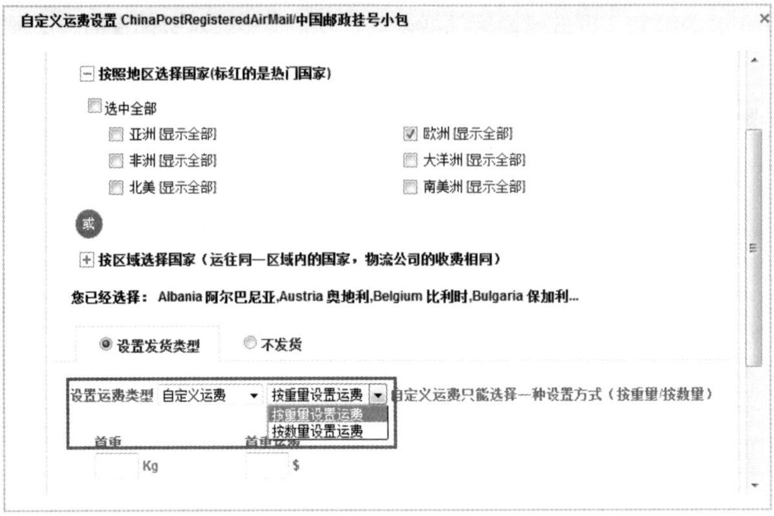

图 8-21

（5）单击“确认添加”按钮，如图 8-22 所示。

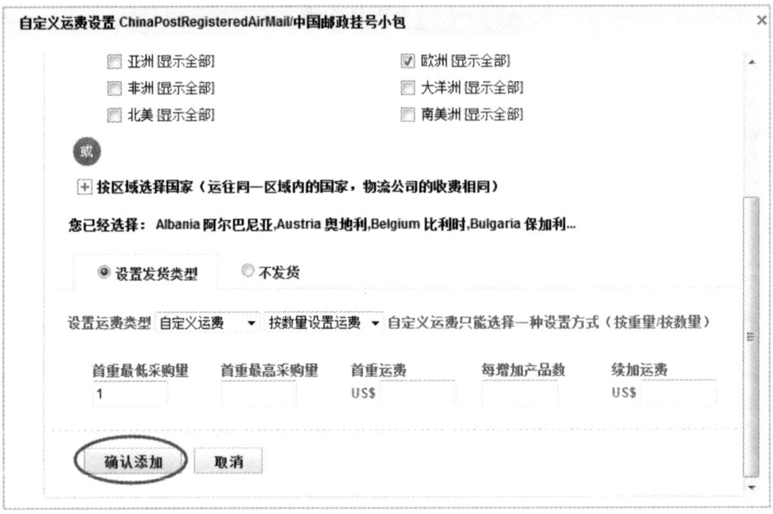

图 8-22

（6）单击“保存”按钮，如图 8-23 所示。

图 8-23

以上是自定义运费的设置。下面进行自定义运达时间的设置。

为便于理解，我们以设置中邮小包“巴西 120 天，俄罗斯 90 天， 其他国家 60 天”为例进行说明。

（1）勾选所需的物流方式后，选择“自定义运达时间”，如图 8-24 所示。

图 8-24

（2）对不同国家设置不同的承诺运达时间。选择“自定义运达时间”后，卖家可以看到平台预设的承诺时间，如图 8-25 所示。

但是卖家应该知道，承诺运达时间并非实际上包裹从发出到买家签收的时间。为了更好地保障卖家和买家双方的权益，在设置承诺运达时间之前，卖家应该考虑以下 3 个因素。

- 买家的购买感受。
- 邮路的实际情况。
- 卖家防止买家在承诺运达时间到期前因此而提出纠纷。

图 8-25

卖家需根据实际情况适当修改承诺运达时间。此案例最终设置的自定义运达时间如图 8-26 所示。

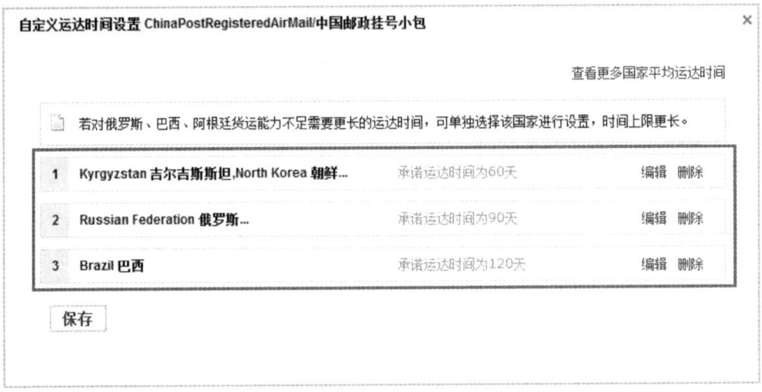

图 8-26

（3）单击“保存”按钮。

卖家必须根据自身的实际情况进行自定义运费的设置，切忌盲目模仿。因为国际物流受国家政策、物流资费调整、极端天气、政治原因、邮路状况等多种因素的影响，在不同的时期，卖家应该设置不同的运费模板。

8.4　海外仓

8.4.1　海外仓概念

买家对跨境电商购物体验的品质要求在逐渐提高，但是目前跨境物流存在几点劣势：配送慢、清关难、跟踪难、易破损、易丢包、难退换。因此，有稳定销量的卖家开始选择海外仓，以更好地解决物流问题。

海外仓是指在本国以外的其他国家和地区设置的仓库，一般由第三方服务商提供。卖家把货物批量寄往海外仓，当买家下单后由海外仓负责打包发货。卖家需要支付的海外仓费用包括：头程运费、仓储费用、包裹处理费、当地国寄给买家的运费，以及货物通过目的国海关时产生的关税。

8.4.2　关于海外仓商品涉及的增值税

1．VAT 简述

VAT 全称为 Value Added Tax，是欧盟的一种税制“售后增值税”，指货物售价的利润税。它适用于在欧盟国家境内产生的进口、商业交易以及服务行为。售后增值税和进口税是两个独立缴纳的税项，商品进口到欧盟国家的海外仓会产生商品的进口税，而商品在其境内销售时会产生售后增值税。

如果卖家使用欧盟国家本地仓储进行发货，就属于 VAT 应缴的范畴，即使卖家所选的海外仓储服务是由第三方物流公司提供的，从未在当地开设办公室或者聘用当地员工，也需要缴纳 VAT。为了能依法缴纳增值税，卖家需要向海外仓本地的税务局申请 VAT 税号。VAT 税号具有唯一性，只适用于注册当事人。

2．如何申请 VAT 税号

下面以德国和英国为例，讲解申请 VAT 税号涉及的相关事宜。

（1）申请德国 VAT 税号

按照德国联邦税务局的规定，海外商家和个人纳税者在德国本地的经营和服务活动没有免税金额，无论业务大小都需要向德国联邦税务局进行注册申报，以获取德国的 VAT 税号并履行相应税务申报和缴纳的义务。

申请德国 VAT 税号主要有两种方式：一是以公司的名义申请；二是以个人的名义申请。

① 以公司的名义申请 VAT 税号。首先要注册德国公司，其次卖家方才能以德国公司的名义申请税号。具体细节如下。

注册德国公司（第三方代理）：

- 卖家须提供如下档案和资料。
  - 拟注册德国公司的英文/德文名称 3 个（如有）。
  - 注册设立德国公司的目的/原因及经营范围。
  - 注册成立德国公司要求股东核查/验资，注册资本不低于 EUR 25 000。在公司成立之前，配额持有者必须要在德国银行存入已缴全额股本（到位资金），随同公司文件提交说明在德国银行有资本账号的证明文件（卖家需要提供证明书）。
  - 提供至少一名股东的护照影印本（必须是中英文的公证档、并载明出生日期和住所）。
  - 向代理提交登记文件及申请德国公司的资料。
  - 申请参考时间：90 天。
- 卖家注册德国公司成立所得的全套资料。
  - 德国公司注册档案。
  - 注册成立德国公司的注册地址和德国公司营业地址，并委任一名德国当地居民担任董事（非德国公司股东）。
  - 德国政府签发的德国公司注册证书（C.T.）/营业执照，在德国官方宪报上发布注册成立德国公司通告。
  - 德国公司组织大纲及组织细则（M&A），德国公司股票簿，德国公司法定之股东、董事、秘书及公司会议记要。
  - 德国公司金属钢印（Common Seal），银行支票签名原子印章。
- 卖家注册德国公司，所交费用的用处及其他事项。
  - 卖家付给代理的费用，将用于：德国公司注册、德国政府税号、德国律师及翻译、德国营业地址、委托当地代理人、档案印刷、德国官方宪报刊登等。
  - 卖家确定申请注册德国公司后，与代理签署委托书并按情况缴费。
- 注册德国公司说明。
  - 注册德国公司：申请人须委任德国居民担任董事或公司担保人。
  - 注册德国公司：申请人须出具 EUR 25000 欧元注册资本银行证明。

申请德国 VAT 税号：

- 所需的资料信息：公司名称、地址、联系方式、中国公司在其他国家（包括中国）是否有固定资产（若有子公司要提供公司名称、地址）、是否有法人代理人及其相关信息、新公司预计启用时间、中国香港或者德国银行账户信息、中国公司的性质（有限公司或无限公司)、中国公司在中国注册的申请和被批准时间、注册资金金额、股东个人信息、预估算总营业额、营业执照、中国公司的国税登记证书或者中国香港公司的注册证明（复印件）等。
- 申请步骤：填写表格→交由德国会计审核并且在网上重新填写并确认→由德国会计转发

德国税务局→将原件寄往德国税务局（地址：Finanzamt Neukölln，Thiemannstr. 1，12059 Berlin）。

② 以个人的名义申请 VAT 税号。如果卖家有德国的工作签证，即可以个人的名义申请。

卖家要提供的信息有：姓名、出生日期、家庭住址、市与邮编、联系方式、境外银行账户（如：中国香港离岸账户，用于退税）、申请人的护照或者身份证复印件、经营类别（如：贸易）等。

申请步骤：填写表格→交由德国会计审核并且在网上重新填写并确认→由德国会计转发德国税务局→将原件寄往德国税务局（地址：Finanzamt Neukölln，Thiemannstr. 1，12059 Berlin）。

（2）申请英国 VAT 税号

自 2012 年 12 月 1 日开始，按英国税务和海关总署（HMRC）新规，只要海外公司或个人在英国销售商品，无论销售金额多大，都应申请注册 VAT 税号，并上缴售后增值税，除非这些商品或服务属于免缴增值税的范畴。

① 可以以如下身份申请 VAT 税号。

- 个体户、独资经营人（sole proprietor)
- 合伙人经营（partnership)
- 公司经营（corporate body)
- 协会或俱乐部（association or club)

② 自行申请。卖家可以在网上或者通过邮寄的方式自行向英国政府申请 VAT 税号。

如果卖家在英国没有办公室或者业务机构，也没有英国居住证，则属于 NETP（Non-Established Taxable Person）。NETP 只能通过邮寄的方式申请 VAT 税号。首先，通过 http://dwz.cn//Gf7n7 下载“VAT 申请表格”和“填写 VAT 申请表格提醒事项”，如图 8-27 所示。

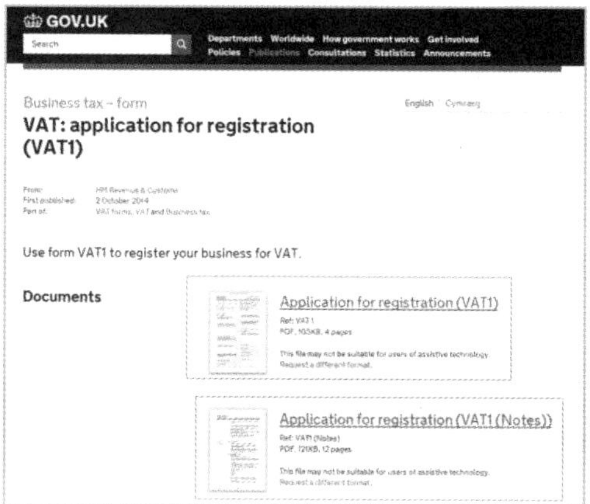

图 8-27

然后，参考“VAT1 Notes（填写 VAT 申请表格提醒事项）”并将“Application for registration(VAT1)”填写完整后打印签字，邮寄至以下地址：

Non Established Taxable Persons Unit(NETPU)

HM Revenue & Customs

Ruby House, 8 Ruby Place, Aberdeen

AB10 1ZP

United Kingdom

如果卖家有英国办公室或英国居住证，则可以直接在网上申请 VAT 税号（申请前需要先注册一个 HMRC 的账户）。打开网上申请 VAT 税号的地址：http://dwz.cn/Gf6HF，如图 8-28 所示。

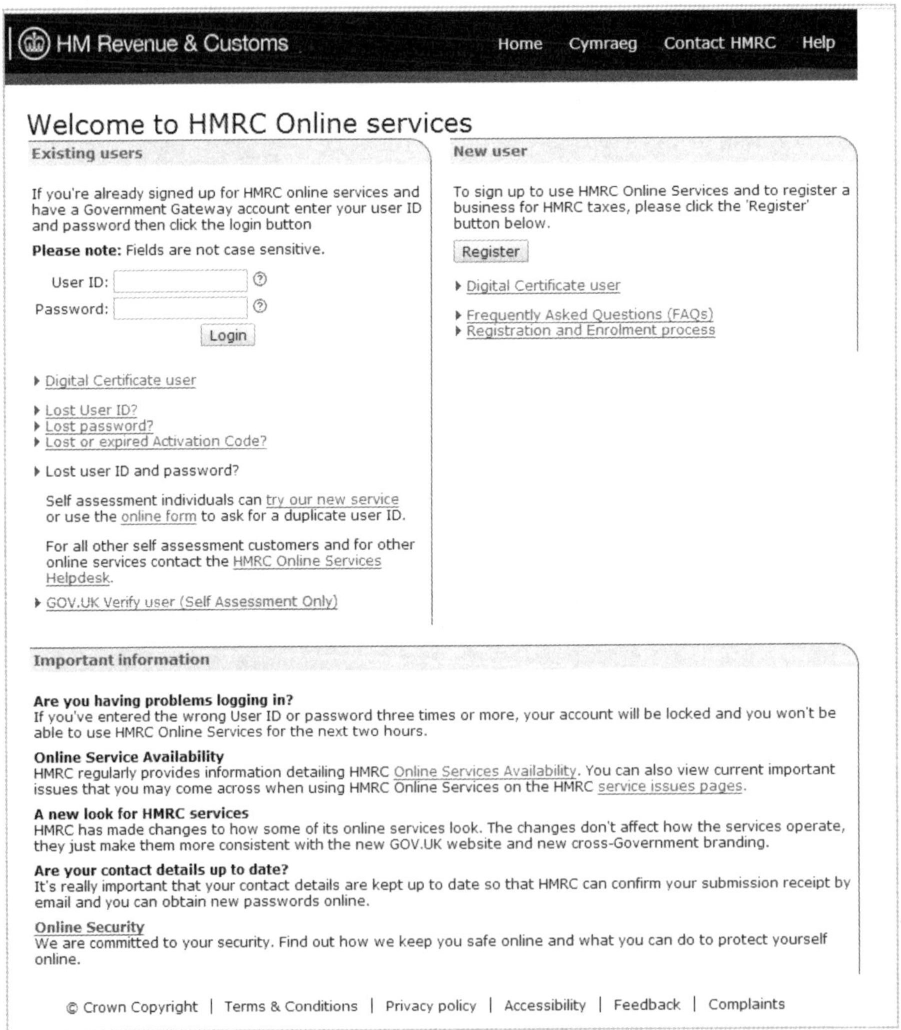

图 8-28

另外，也可以通过邮寄的方式申请，同 NETP，先在网上下载 VAT 申请表格，填写完整后打印签字，但邮寄至以下地址：

Wolverhampton Registration Unit

Deansgate, 62-70 Tettenhall Road

Wolverhampton

WV1 4TZ

United Kingdom

更多详情可以前往英国税务部门 HMRC 网站了解：https://www.gov.uk/vat-registration/how-to-register。

（3）第三方代理

卖家也可以授权给代理公司或者中介协助注册 VAT 税号。

VAT 申请流程请参考图 8-29。

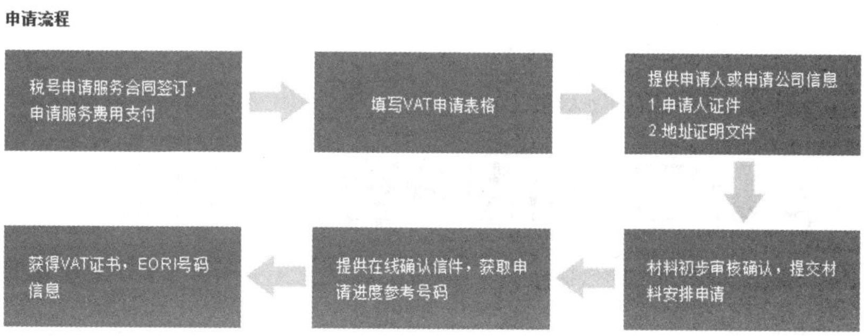

图 8-29

① 签订税务服务合同。

② 提交申请表格及证件材料。申请表格包括：VAT 申请表格、客户信息表格。证件材料包括：

- 以个人的名义申请。
  - 个人身份证和护照的复印件或扫描件。
  - 地址证明复印件或扫描件（包含近期 3 个月内的任意一个月的银行账单/水电费单/电话账单/信用卡账单)。
- 以公司的名义申请。
  - 公司营业执照扫描件（如中国香港公司需提供 BR 及 CR 扫描件）。
  - 公司法人身份证和护照的复印件或扫描件。
  - 公司地址证明复印件或扫描件(包含近期 3 个月内的任意一个月的银行账单/水电费单

/电话账单/信用卡账单)。

③ 申请参考时间：资料审核提交后 4~8 周。

④ 获得 VAT 税号证书文件及 EORI 号码信息。

收费及维护：一般代理会收取英国 VAT 税号及 EORI 海关号的申请费用，另外还有英国 VAT 季度税务申报（Quarter Return）费用及英国税务代理年费。其中，税务申报以英国税务局通知时间为准，3 个月为一个季度，即一年申报 4 次；税务代理费用包括 VAT 税号注册地址费用（一般都使用代理在英国的税务所地址）和税务师与税务局不定期的沟通及处理信件等代理费用。根据不同代理公司的情况收费也会有所不同。

VAT 申请表格填写示例，如图 8-30 所示（不同代理公司提供的表格会不完全一致）。

英国VAT增值税号申请表（个人）		
Personal information【以个人身份注册仅需填写以下6行信息】	中文填写区域	英文填写区域
Name:（姓/名）	黄小剑	Xiaojian/HUANG
Date of birth:(出生日期)	1990/2/7	1990/2/7
Tax identification number:（可不填）		
Country of origin:（国籍）	中国	Chinese
英国的纳税编号 UK Self Assessment Unique Taxpayer Reference (if applicable):（可不填）		
Home address:（个人住址,需要跟地址证明的一致，如信用卡账单，水电费单）	广州市天河区 体育东路 华颖花园C栋703	Room 703,C building, Huaying Garden, East Tiyu Road, Tianhe,Guangzhou
Business activities		
Description of business activities: （公司业务,以何种形式销售什么产品，列举2-4个品类产品）	网上销售 如服装、电子产品等	E-commerce e.g.clothing,electronic products,etc
Total value of taxable turnover of the business in the next 12 months: （未来12月营业额预计）	1000,000英镑	1000,000GBP
Does the business buy from or sell goods/services to other EU member states?（是否会与欧洲其他国家有生意往来）	会	Yes

图 8-30

以上海外仓商品的增值税申请流程仅供参考，实际的申请流程请以德国和英国官方公布的信息为准。

第 9 章

收款与支付

学习目标：

- 明确支付宝账户认证流程
- 讲述国际支付宝账户特点
- 列举国际支付宝常见问题
- 了解卖家提现方式和买家支付方式

9.1 速卖通收款账户设置

9.1.1 收款账户的类型

国际支付宝目前支持买家用美元、英镑、欧元、墨西哥比索、卢布支付（后续还会不断增加新的币种），卖家收款则有美元和人民币两种方式。

当买家以任何外币进行支付后，都按买家付款清算日当天该货币兑换美元汇率换算成美元入账，交易完成后国际支付宝将美元转入卖家的美元收款账户（提醒：只有设置了美元收款账户才能直接收取美元）。当买家以人民币进行支付后，交易完成后支付宝将收到的人民币直接转入卖家的人民币账户。

9.1.2 注册和激活支付宝

可以使用 E-mail 地址或者手机号码来注册支付宝账户。

登录支付宝网站注册，首先要进入支付宝网站 https://www.alipay.com，单击“新用户注册”按钮就可以按提示注册了。

支付宝账户分为个人和公司两种类型，请根据自己的需要慎重选择账户类型。公司类型的支付宝账户一定要有公司银行账户与之匹配。

选择使用 E-mail 注册时，第一步是填写注册信息；第二步是进入邮箱查收邮件并激活支付宝账户。

输入注册信息时，需按照页面中的要求如实填写，单击“填写全部”可以补全信息。进入邮箱查收激活邮件，激活成功后，补全支付宝账户基本信息就可以进行付款、充值等操作了。

下面介绍支付宝账户认证流程。

1．个人支付宝账户认证流程

打开 www.alipay.com，登录支付宝账户，单击“账户设置”→“基本信息”→“实名认证”→“立即认证”，如图 9-1 所示。

图 9-1

仔细阅读支付宝实名认证服务协议，并按照提示步骤来申请开通 。

2．公司支付宝账户认证流程

登录 www.alipay.com，找到认证入口，填写认证信息，确认后，进入填写信息页面。请正确填写公司名称、营业执照注册号和校验码，公司名称需与营业执照上完全一致，填写后即进入具体信息提交页面。如果申请人不是公司法定代表人，则需下载委托书。组织机构代码、企业经营范围、企业注册资金、营业执照有效期等，非必填项可以选择填写。

核对所提交的信息准确无误后，单击“下一步”按钮，进入审核页面，审核次数为两次。审核成功后，请等待客服工作人员对营业执照信息的审核。卖家信息审核成功后，平台将在 1 ~ 3 个工作日内给卖家的银行卡打款，请确认后继续操作。确认支付宝给账户付款的金额，单击“继续”按钮，填写所收到的金额，完成此次认证。

单击“继续”按钮，进入金额款额页面，查询近期对公银行账户中支付宝打入的小于 1 元的金额。确认金额成功后，即完成整个卖家认证过程。

9.1.3　国际支付宝简介

1．创建、绑定和修改支付宝收款账户的流程

如果以前没有设置过支付宝收款账户（可以通过创建或登录支付宝的方式进行绑定），具体操作流程如下。

登录全球速卖通，单击“交易”按钮，在左侧菜单中，单击 “支付宝国际账户”，如图 9-2 所示。

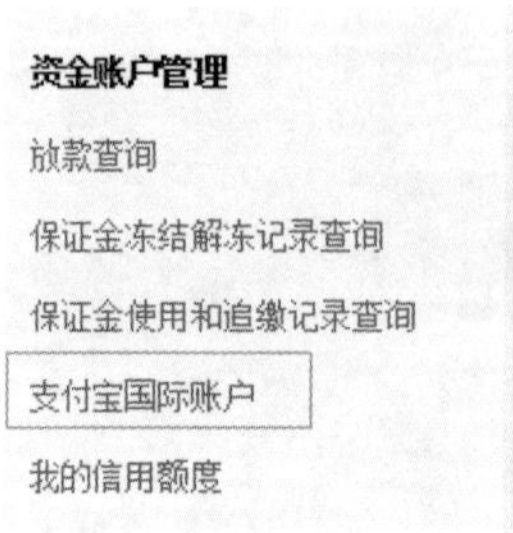

图 9-2

进入支付宝国际账户管理页面，可以通过“提现账户管理”设置、管理人民币提现账户，如图 9-3 所示。

图 9-3

支付宝账户登录界面如图 9-4 所示，依次填写“支付宝账户名”和“登录密码”等必填项，填写完毕后单击“登录”按钮。登录成功后，即完成收款账户的绑定，也可以对收款账户进行编辑。如果还没有支付宝账户，则可以单击“创建支付宝账户”，填写相应信息，完成支付宝账户的注册。输入注册信息时，请按照页面中的要求如实填写，否则会导致支付宝账户无法正常使用。单击“填写全部”可以补全信息。

建议使用实名认证的支付宝账户作为收款账户，以避免非实名认证账户提现额度的限制影响资金的提取。

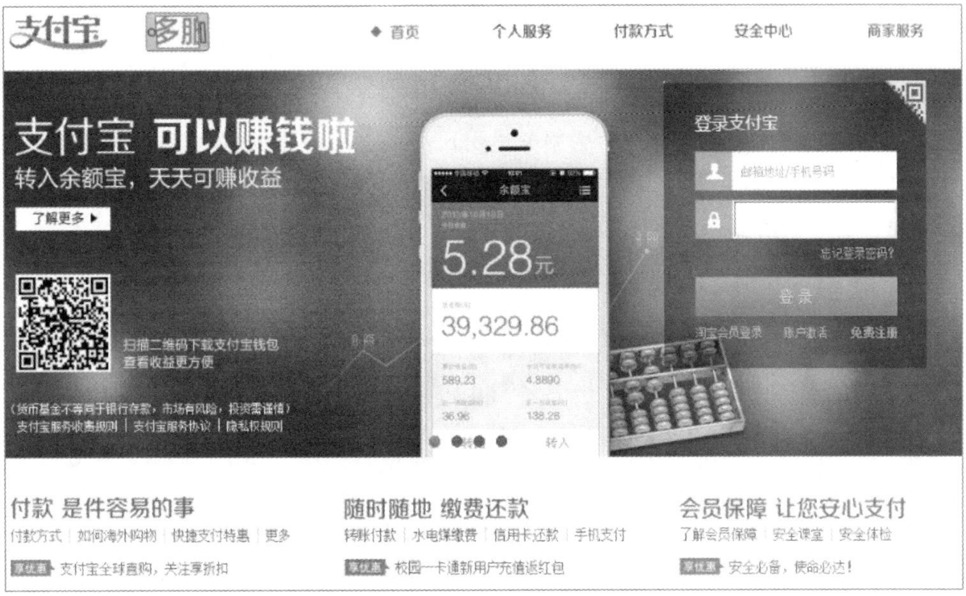

图 9-4

2. 如何申请国际支付宝账户

首先登录速卖通平台，单击“交易”按钮，在左侧菜单中，单击进入“支付宝国际账户”。

如果尚未开通支付宝国际账户，在第一次进入的时候，请仔细阅读服务条款，根据提示，签署服务协议，设置支付宝密码用于资金提取等，确认相关信息后，即成功开通了支付宝国际账户，如图 9-5 所示。

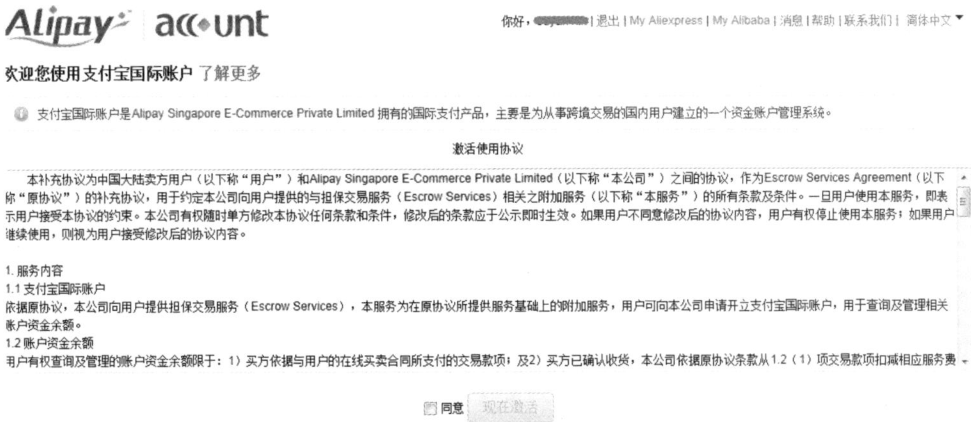

图 9-5

绑定国内支付宝账户后，你就可以通过支付宝账户收取人民币了。国际支付宝会按照买家支付当天的汇率将美元转换成人民币支付到卖家的国内支付宝或银行账户中。你还可以通过设置美元收款账户来直接收取美元。

3．国际支付宝常见问题

（1）什么是国际支付宝

国际支付宝由阿里巴巴与蚂蚁金融服务集团开发，是为了保护国际在线交易中买卖双方的交易安全所设的一种服务。如果你已经拥有国内支付宝账户，则只需绑定国内支付宝账户即可，无须再申请国际支付宝账户。

（2）使用国际支付宝的优势

- 有多种支付方式：支持信用卡、银行汇款、第三方钱包等多种支付方式。目前国际支付宝支持的支付方式有信用卡、借记卡、QIWI、Yandex.Money、WebMoney、Boleto、TEF、MercadoPago、Doku、Western Union 和 T/T 银行汇款。更多的符合买家当地的支付方式还在不断接洽中。
- 安全保障：全面保障卖家的交易安全。国际支付宝是一种第三方支付服务，而不只是一种支付工具。对于卖家而言，它的风控体系可以保护其在交易中免受信用卡盗卡的欺骗风险，同时也可以避免在交易中使用其他支付方式导致的交易欺诈。
- 方便快捷：线上支付，直接到账，足不出户即可完成交易。使用国际支付宝收款无须预存任何款项，速卖通会员只需绑定国内支付宝账户和美元银行账户就可以分别进行人民币和美元的收款。
- 品牌优势：背靠阿里巴巴和支付宝两大品牌，海外潜力巨大。

（3）国际支付宝与国内支付宝（Alipay）的区别

国际支付宝的第三方支付服务是蚂蚁金服集团支付宝国际站提供的，专为跨境出口交易定制的交易收单服务。

（4）国际支付宝支持哪些产品的交易

只要你的产品满足以下条件，即可通过国际支付宝进行交易。

- 产品可以通过速卖通平台支持的物流方式进行发货。
- 每笔订单金额小于 10000 美元（产品总价加上运费的总额）。

（5）国际支付宝支持哪些物流方式

目前国际支付宝支持速卖通的物流方式，即 UPS、DHL、 FedEx、 TNT、EMS、 顺丰、中国邮政、中国香港邮政航空包裹服务及全球速卖通日后指定的其他物流方式，暂时不支持海运。

（6）国际支付宝单笔订单的最大额度

为降低支付宝用户在交易过程中产生的交易风险，目前支付宝支持单笔订单金额在 10000 美元（产品总价加上运费的总额）以下的交易。

（7）通过国际支付宝在线交易如何报关

如果你的货物申报价值在 600 美元以下，快递公司会集中报关。如果货物申报价值超过 600 美元，你可提供全套的报关单据，委托快递公司代报关。

（8）通过国际支付宝在线交易如何核销退税

买家使用 VISA 和 MasterCard 信用卡支付时，无法核销退税。买家使用 T/T 银行汇款支付时，卖家报关后可以进行核销退税。

（9）国际支付宝卖家保护指南

为了保护全球速卖通平台买卖双方交易的合法权益，让卖家能够更加放心和顺利地在速卖通平台完成交易，避免不必要的纠纷，国际支付宝有"支付宝卖家保护指南"，当买家投诉货物没有收到或者收到的货物与描述不符时，了解"支付宝卖家保护指南"可以协助和保护卖家在最短时间内解决纠纷。

9.1.4　创建美元收款账户

1. 新增账户

如果是中国供应商会员，请登录 My Alibaba，单击"交易"→"银行账户管理"，进入"收款账户管理"页面，单击"创建美元收款账户"。

如果是速卖通会员，则登录"我的速卖通"，单击"交易"→"资金账户管理"，进入支付宝国际账户页面，在提现账户管理功能菜单中，进行美元收款银行账户的设置，如图 9-6 所示。

图 9-6

单击进入新建的美元账户之后，可以选择"公司账户"和"个人账户"两种账户类型。

（1）公司账户

在中国大陆地区开设的公司必须有进出口权才能接收美元并结汇。使用公司账户收款的订单，必须办理正式的报关手续，才能顺利结汇。

（2）个人账户

创建的个人账户必须能接收海外银行（新加坡花旗银行）对个人的美元的打款。收汇没有限制，个人账户年提款总额可以超过5万美元。注意：结汇需符合外汇管制条例，每人5万美元结汇限额。选择账户后，依次填写“开户名（中文）”“开户名（英文）”“开户行”“SWIFT Code”“银行账号”等必填项。填写完毕后，单击“保存”按钮即可。

2. 美元账户常见问题解答

（1）哪些卡可以接收美元？我没有能接收美元的外币账户，怎么办？普通银行卡可以接收外币吗？

国内的银行都有外币业务，可以接收外币，但是需要本人带上有效身份证去银行开通个人外币收款功能。如果你的卡本身就是双币卡（人民币和美元），那么就可以直接接收了。

（2）我创建的美元账户有误，想修改，可以吗？

不可以。你可以删除后重新创建一个新的美元收款账户。

（3）是否必须是中国大陆的美元账户，中国香港的美元账户可以吗？

可以。

（4）我只设置了美元收款账户，没有设置人民币收款账户，能否做交易？

不可以。

（5）我刚刚通过注册创建了一个人民币收款账户，为什么无法创建美元账户？

这很可能是因为系统同步的原因，你可以几个小时后再设置。

（6）我有一个中国银行的私人账户，既可以收人民币，也可以收美元，且已经绑定了支付宝人民币提现账户，同时又设置为个人账户的美元账户，应该都没有问题吧？

请向发卡银行确认，是否能接收国外的美元汇款。因为速卖通是从新加坡花旗银行汇款进你的账户的。

（7）我设置了美元个人收款账户，收款超过5万美元的限制怎么办？

有两种解决方案：如果一次提现已经超过5万美元，则可以分年结汇；还可以在金额未超过5万美元时提现一次，下次提现时更改个人收款账户，分开提现。

（8）我设置了美元收款账户，提现要手续费吗？

美元提现手续费按提取次数计算，每笔提款手续费固定为15美元，已包含所有中转银行手续费。建议卖家减少提款次数，当可提资金累积到一定金额时再进行提现操作。

9.1.5　查询银行的 SWIFT Code

SWIFT Code 的中文名称为银行国际代码，就是 ISO 9362，也叫 SWIFT-BIC、BIC Code、SWIFT ID，由电脑可以自动判读的 8 位或 11 位英文字母或阿拉伯数字组成，用于在 SWIFT 电文中明确区分金融交易中相关的不同金融机构，快速处理银行间电报往来。

SWIFT Code 的 11 位数字或字母可以拆分为银行代码、国家代码、地区代码和分行代码 4 部分。以中国银行上海分行为例，其 SWIFT Code 为 BKCHCNBJ300，含义为：BKCH（银行代码）、CN（国家代码）、BJ（地区代码）、300（分行代码）。

- 银行代码：由 4 位英文字母组成，每家银行只有一个银行代码，由其自己决定，通常是该行的名字或缩写，适用于其所有的分支机构。
- 国家代码：由 2 位英文字母组成，用来区分用户所在的国家和地理区域。
- 地区代码：由 0、1 以外的 2 位数字或 2 位字母组成，用来区分位于所在国家的地理位置，如时区、省、州、城市等。
- 分行代码：由 3 位字母或数字组成，用来区分一个国家中某一分行、组织或部门。如果银行的 SWIFT Code 只有 8 位而无分行代码，其初始值为“XXX”。

要了解银行的 SWIFT Code，一般拨打银行客服咨询电话，或者登录 SWIFT 国际网站查询页面来查询。

以中国银行上海分行为例，登录 SWIFT 国际网站查询页面，根据提示填入要查询的银行信息。

在“BIC or Institution name”中填入中国银行的统一代码：BKCHCNBJ；在“City”中填入要查询的银行所在城市的拼音：Shanghai；在“Country”中选择“CHINA”；最后在“Challenge response”中填入所看到的验证码。完整填写要查询的银行信息后，单击“Search”按钮，如图 9-7 所示。

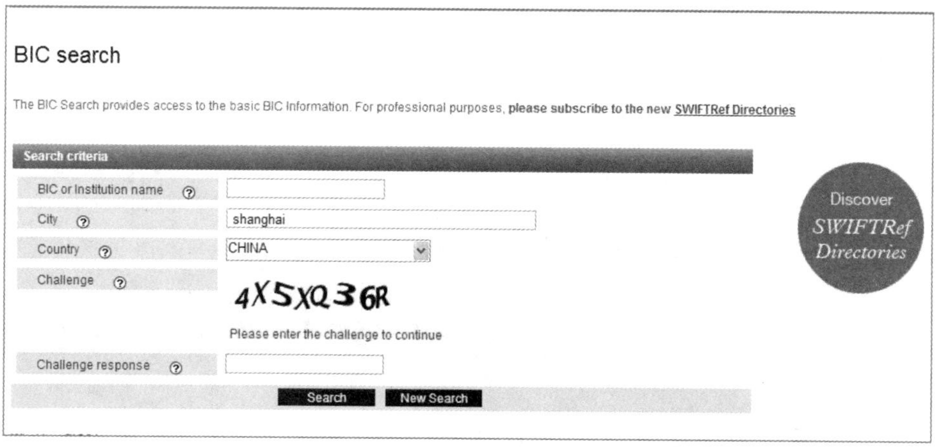

图 9-7

9.2 卖家提现

提现采用余额提现方式，分为美元提现和人民币提现。美元提现将提款到你的美元银行账户中，人民币提现将提款到你的支付宝国内账户中。

你可以先登录进入支付宝国际账户，到“我要提现”功能下的“提现银行账户设置”中确认是否已经设置了美元和人民币提现银行账户，如果没有的话则需要先设置完成才能操作提现。

具体的提现操作步骤如下。

- 查看“我的账户”信息，可以看到可提现的人民币金额和美元金额、已冻结的人民币金额和美元金额，以及人民币账户总金额和美元账户总金额。
- 单击人民币或美元账户后对应的“我要提现”按钮。
- 输入您要提现的金额，单击“下一步”按钮，到达提现信息确认页面。

美元提现，如图 9-8 所示。

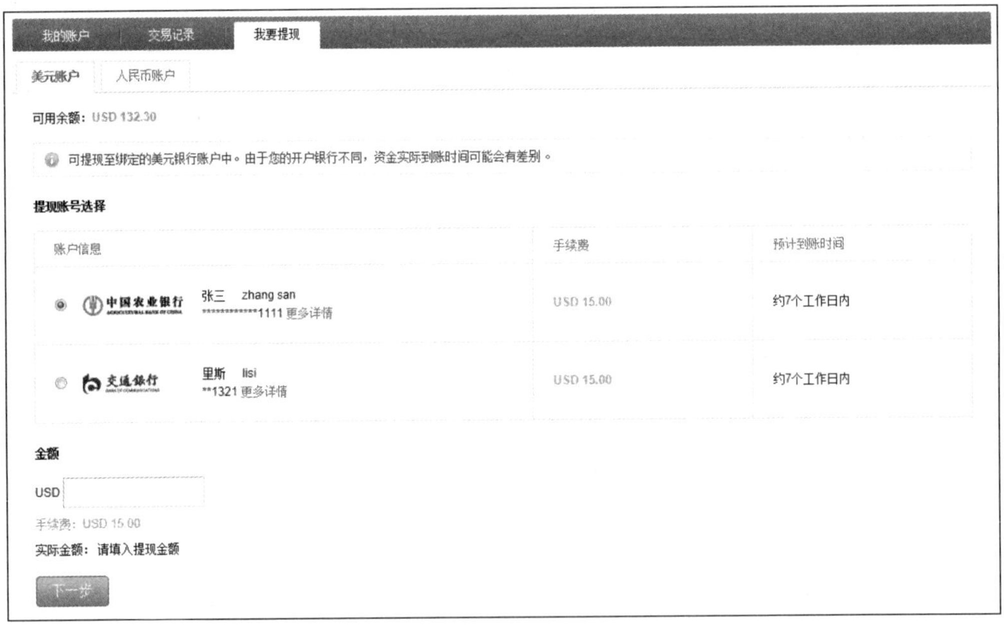

图 9-8

人民币提现，如图 9-9 所示。

图 9-9

确认提现信息后，输入支付密码，单击“确认”按钮后，系统会进行手机验证，如图 9-10 所示。输入正确的验证码后确认提交，即可提现成功（注：手机验证码的有效时间是 30 分钟）。

图 9-10

提示：美元提现金额至少为 16 美元，人民币提现金额至少为 0.01 元；人民币提现无须手续费，美元提现每次收取 15 美元的手续费。

9.3 买家支付方式

国际支付宝支持多种支付方式，包括：信用卡、借记卡、QIWI、Yandex.Money、WebMoney、Boleto、TEF、MercadoPago、DOKU、Western Union 和 T/T 银行汇款。

1．信用卡/借记卡支付

买家可以使用 VISA、MasterCard 及 Maestro 对订单进行支付。当订单完成后，国际支付宝会将订单款项按照买家付款当天的汇率结算成美元或人民币支付给卖家。

国际通行的借记卡外表与信用卡一样。它通行于所有接受信用卡的销售点。目前平台支持的 Maestro 即为借记卡。

2．Western Union、T/T 银行汇款支付

这是国际贸易的主流支付方式，方便大额交易，当订单完成后，平台会直接将美元支付给卖家。这里会产生汇款的转账手续费，银行提现也会产生一定的提现手续费。

3．Boleto 支付

除了信用卡，巴西的在线支付方式还有 Boleto。Boleto 是由多家巴西银行共同支持的一种使用 Bar Code 识别码的支付方式，客户可以到任何一家银行、ATM、指定超市或彩票网点完成支付。Boleto 的支付限额是 1~3000 美元。

目前国际支付宝通过第三方 EBANX 提供 Boleto 支付。BOLETO 的退款由 EBANX 负责，速卖通跟对方的协议中要求 EBANX 必须退款到买家端。

买家完成 Boleto 支付后，一般 5 个工作日左右到账，到账后订单状态会变为“等待卖家发货”，没有订单审核的情况。如果超过 5 个工作日未到账，请联系买家确认是否已付款。如果已付款，请买家提供付款凭证，并联系支付宝客服查看。

4．QIWI 支付

QIWI 是俄罗斯客户的主要支付方式。速卖通网站上的 QIWI 是 QIWI 金融集团旗下的电子钱包系统，其服务类似于支付宝，依托 QIWI bank。

买家付款时，其付款页面会有此支付方式的提示，买家根据自己的情况选择合适的付款方式,卖家无须进行任何设置。

如果通过 QIWI 钱包支付，通过资金审核（一般 24 小时内）即可到账；如果通过西联汇款，一般需要 2 个工作日到账；如果通过 T/T 转账，一般需要 7 个工作日左右到账。

5．WebMoney 支付

WebMoney（简称 WM），是 WebMoney Transfer Techology 公司开发的一种在线电子商务支付系统，可以在包括中国在内的全球 70 个国家使用，是俄罗斯三大主流支付机构之一。

在速卖通网站，WebMoney 这种支付方式的消费额度是 0.01~5000 美元。WebMoney 的支付限额会根据会员类型有不同的限制。

买家使用 WebMoney 支付后发生退款，退款被 WebMoney 受理后，会立即到账。

买家通过 WebMoney 支付的是美元，但买家可以在 WebMoney 的账户里自己兑换成卢布。

6. Yandex.Money 支付

Yandex.Money 是俄罗斯领先的支付电子钱包，在俄罗斯的品牌认知度高达 85%。

目前，Yandex.Money 支持钱包支付和现金支付。钱包支付是指用户可以注册钱包账户，通过账户余额或者账户绑定的银行卡进行支付。现金支付是指用户通过网上下单，留下手机号码，Yandex.Money 会生成一个 payment code，并发送至其手机上。用户可以凭借此 payment code 到最近的 Yandex.Money 的终端机或 Sberbank 的 ATM 使用现金支付，或登录 Sberbank 的网上银行，输入 payment code 进行支付。

Yandex.Money 的支付限额是 0.01~5000 美元；需要同时满足全球速卖通网站和 Yandex.Money 支付限额。

7. TEF 支付

TEF 为巴西的网银类支付方式，与 Boleto 一样也是与 EBANX 合作。买家通过 TEF 可以选择当地 5 家银行进行网银支付。

TEF 的支付限额是 1~3000 美元；需要同时满足全球速卖通网站和 TEF 支付限额。

买家使用 TEF 支付后发生退款，会由 EBANX 负责，速卖通跟对方的协议中要求 EBANX 必须退款到买家端。

8. MercadoPago 支付

MercadoPago 是拉丁美洲最大的支付平台，覆盖巴西、墨西哥、阿根廷、智利、哥伦比亚和委内瑞拉，向超过 9000 万注册用户提供本地化支付方式。但在速卖通，目前仅支持墨西哥的用户。

国际支付宝通过 MercadoPago 提供本地信用卡、借记卡、网银或线下存款、OXXO 支付方式。OXXO 是在墨西哥非常常见的便利店，类似于 7-11。这是一种线下支付方式，用户选择这种支付方式支付，需打印付款单到 OXXO 的门店支付，OXXO 必须要打印单据才能支付。

此支付方式支付宝不向用户收费。对于 OXXO，用户在其门店支付时，OXXO 会向用户收取费用。该费用退款时不退回。

买家使用 MercadoPago 支付，可以在支付时兑换为墨西哥比索，支付限额根据不同支付方式会有所不同，总体来说支付限额为 5~65000 比索。

9．DOKU 支付

DOKU 是印度尼西亚在线支付公司，包括钱包、网银、ATM 和便利店支付，目前也仅支持印尼的用户。

DOKU 总体支付限额是 1~2000 美元。

9.4 主流收款工具

1．速卖通国际支付宝

支付宝作为跨境支付工具，在支付过程中发挥“担保交易”的功能，买家下单支付后钱在支付宝进行监管，买家确认收货后卖家才能收到这笔钱。全球速卖通会在交易完成后对卖家收取订单交易额的 8%作为交易手续费，买家不需要向支付宝支付手续费。

2．PayPal

PayPal 在中国的名字是“贝宝”，是 eBay 集团旗下的全资子公司。PayPal 收款涵盖美元、加元、欧元、英镑、澳元和日元等 25 种国际主要流通货币。

PayPal 在欧美国家有很高的市场普及率，在多个跨境电商平台被用来作为收款工具。PayPal 和支付宝的担保交易功能不同，买家通过 PayPal 付款后钱直接进入卖家账户，卖家可以立即提现，但是如果买家向 PayPal 提出纠纷，PayPal 会撤回卖家的资金。虽然卖家可能已经对这笔资金进行了提现，但是因为卖家的 PayPal 绑定了多张信用卡，PayPal 仍然可以从卖家的银行账户中撤回这笔资金。PayPal 收费包含以下两部分。

（1）收款手续费

新账户收款手续费是 4.4%+0.3。当月收款大于 3000 美元，可以申请卖家优惠。

当月累计收款在 3000 美元以下，手续费为 4.4%+0.3。

当月累计收款为 3000~10000 美元，手续费为 3.9%+0.3。

当月累计收款为 10000~100000 美元，手续费为 3.7%+0.3。

当月累计收款在 100000 美元以上，手续费为 3.4%+0.3。

根据上月收款总额决定下月收款手续费。

（2）提现手续费

单次提现低于 3000 美元，手续费为 1.2%。

单次提现高于 3000 美元，按每次 35 美元收取，不限额度。

3. Payoneer

Payoneer 成立于美国纽约，是万事达卡组织授权的具有发卡资格的机构。所以开通 Payoneer 账户可以申请实体卡（称为 P 卡），实体卡可以在全球实体店刷卡消费，也可以在接受万事达卡的自动取款机取现。

Payoneer 账户同样可用于跨境电商的收付款，Amazon、Wish、Lazada 平台都支持 Payoneer。Payoneer 收费标准如下。

（1）实体卡收费

每年 29.95 美元的年费，在 ATM 取现时会收取跨境提现费用。如果不申请实体卡，则无此费用。

（2）收款/提现手续费

美国账户入账收取 1%的费用，欧洲账户入账或在 Wish 和 Lazada 平台收款无须入账手续费。提现收取 1%~2%的费用，比例可按照账户累计金额降低。

第 10 章

Amazon 平台介绍

学习目标：

- 描述 Amazon 平台的特点
- 明确 Amazon 平台收费方式
- 认识 Listing 和 Buy Box
- 讲述 Amazon 的 FBA 特点
- 了解 Amazon A-to-Z 条款

10.1　Amazon 平台特点和费用

Amazon，中文名称为亚马逊，是美国最大的一家电子商务公司，总部位于华盛顿州的西雅图。Amazon 成立于 1995 年，起初是自营在线书籍销售业务，现在已发展成为全类目、平台化的电子商务网站。目前，Amazon 平台所销售的商品一部分为自营商品，一部分由第三方卖家提供。2012 年，Amazon“全球开店”项目向中国卖家开放，大量中国卖家涌入 Amazon 平台开启了跨境电商业务；从此，中国商品在 Amazon 的北美和欧洲市场占据了重要份额。

Amazon“全球开店”项目对中国卖家开放的站点有：美国站（包括美国、加拿大、墨西哥）、欧洲站（包括英国、法国、德国、意大利、西班牙）、亚洲站（日本）。另外，印度站有待开放。如果卖家要向以上 3 个站点销售商品，则需要分别在 3 个站点注册账号。

10.1.1　Amazon 特点

相比其他跨境平台，Amazon 有 3 大特点。

- 强调商品，弱化店铺。平台的运营定位是纳入第三方卖家商品，使平台的商品库更丰富，同时必须确保 Amazon 平台统一的品牌形象。所以平台没有给卖家店铺过多自定义的选项，卖家上传商品也必须符合 Amazon 平台统一的形象要求。
- 高门槛，严要求。平台对申请入驻的卖家企业资质会严格审查，经过 Amazon 筛选的卖家才可以入驻；平台对卖家的运营和销售过程也有严格要求，所有卖家必须遵守 Amazon 对买家的服务承诺，一旦卖家无法达到就会被严厉处罚，甚至永久封号。
- 去个性化，看重价格、配送、售后服务。Amazon 不希望卖家上传的商品有太鲜明的特点，引导卖家把精力放在加强售后服务的能力上。

10.1.2　Amazon 费用

Amazon“全球开店”有两种卖家账户类型：专业卖家（Professional）和个人卖家（Individual），在计算费用时两者略有不同。平台收费项明细如下。

- **月租费**：专业卖家需要支付 39.99 美元的月租费，个人卖家不需要支付。
- **单件销售费用**：个人卖家每销售一件商品需要支付 0.99 美元，专业卖家不需要支付。
- **固定交易费**：对于媒介类商品，包括图书、DVD、音乐、软件和电脑/视频游戏、视频、视频游戏机，专业卖家和个人卖家每销售一件商品都需要支付 1.8 美元。
- **销售佣金**：所有卖家每销售一件商品都需要支付销售佣金，销售佣金=销售额×佣金比例。不同类目设置了不同的佣金比例和最低佣金数额，当销售额×佣金比例小于最低佣金数额时，按照最低佣金数额计算。

如表 10-1 所示是部分类目的佣金比例和最低佣金设置。

表 10-1

产品类目（Categories）	佣金比例（Referral Fee Percentages）	最低佣金（Applicable Minimum Referral Fee）
Am azon 设备配件	45%	\$1.00
婴幼儿产品（包括婴幼儿服饰和配件）	15%	\$1.00
图书	15%	—
相机、照片、手机设备、消费电子	8%	\$1.00
DVD 音乐	15%	—
电子配件	总销售额小于或等于\$100 的部分按 15%计算；总销售额大于\$100 的部分按 8%计算	\$1.00
家具家装、家居和园艺（包括宠物用品）、厨房用品	15%	\$1.00
大家电	总销售额小于或等于\$300 的部分按 15%计算；总销售额大于\$300 的部分按 8%计算	\$1.00
个人电脑	6%	\$1.00
珠宝	20%	\$2.00
鞋、包、太阳镜	15%	\$1.00
手表	总销售额小于或等于\$1500 的部分按 16%计算；总销售额大于\$1500 的部分按 3%计算	\$2.00

下面以销售手表为例进行说明。

- 销售一块\$2 的手表，销售佣金 = \$2×16%=\$0.32，小于最低\$2，因此佣金按照\$2 收取。
- 销售一块\$1500 的手表，销售佣金=\$1500×16%=\$240，佣金按照\$240 收取。
- 销售一块\$7000 的手表，销售佣金=\$1500×16%+\$5500×3%=\$405，佣金按照\$405 收取。

汇总以上所有收费项目，卖家销售一件商品从亚马逊账户收到的总金额计算方法如下。

（1）媒介类商品计算法

专业卖家账户收到的总金额=单件商品售价+买家支付的运费-销售佣金-固定交易费\$1.8 个人卖家账户收到的总金额=单件商品售价+买家支付的运费-销售佣金-固定交易费\$1.8-单件销售费用\$0.99

（2）非媒介类商品计算法

专业卖家账户收到的总金额=单件商品售价+买家支付的运费-销售佣金

个人卖家账户收到的总金额=单件商品售价+买家支付的运费-销售佣金-单件销售费用\$0.99

10.2　Amazon 平台运营

10.2.1　如何注册

卖家注册店铺需要提前准备好材料并了解注册步骤。

需要准备的材料如下。

- 有效的电子邮箱和电话号码。
- 支持美元支付的信用卡和账单地址。
- 公司信息、公司注册地址、公司办公室水电费账单。
- 税务登记信息。

注册的方法和步骤如下（以注册美国站点为例）。

- 登录美国 Amazon 平台，单击“Sell on Amazon”。
- 填写注册邮箱，创建密码。
- 输入公司/个人信息，勾选“接受协议”。
- 添加支持美元的信用卡账号信息。
- 填写电话号码，并保持电话畅通等待接收电话验证。至此注册完毕。

10.2.2　运营特点

Amazon 平台运营最重要的两大特点介绍如下。

1．Listing

在 Amazon 平台 Listing 专指一个商品的详情页面。

（1）Listing 跟卖政策

Amazon 独有的 Listing 机制，即跟卖政策。如果 A 卖家创建了一个产品页，其他同款卖家看见后可以在上面增加一个按钮链接到自己的产品，如图 10-1 所示。这对新卖家来说是一个好机会，可以分享到别人的流量，但容易直接引发价格战。采取跟卖策略的卖家，也要非常小心，不要触犯侵权问题，一旦被投诉侵权就会被平台处罚。如果别人在你的 Listing 上跟卖发生了侵权行为，你也可以向平台投诉。

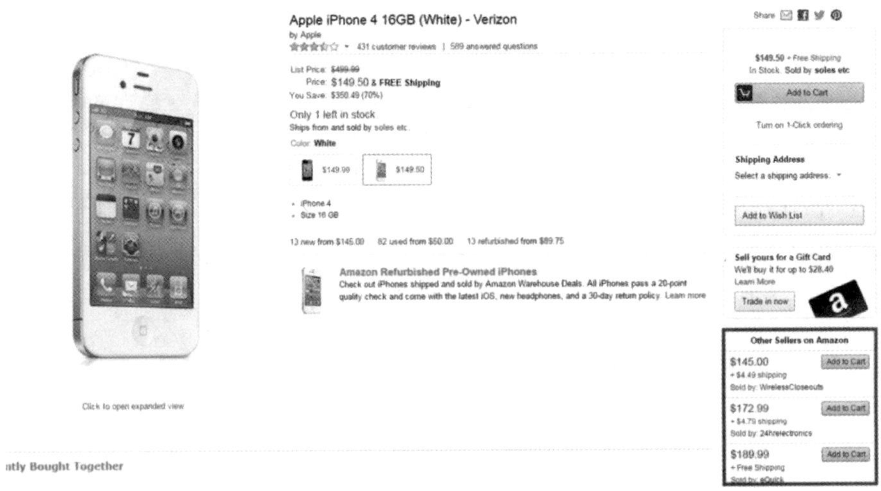

图 10-1

（2）为什么会有“跟卖”

任何卖家在 Amazon 平台上传的 Listing 归属权都归于 Amazon，不再属于上传该 Listing 的卖家，这和其他大部分电商平台的规则不同。Amazon 平台认为同一款商品，商品的介绍、图片等信息应该是相同的，没有必要出现同一款商品有很多相似页面的情况。对于同一款商品，不同卖家之间唯一的区别就在于价格，所以 Amazon 允许多个卖家使用同一个 Listing。

当多个卖家销售同一款商品时，平台会根据卖家提供服务的品质，再结合卖家的销售价格向消费者推荐更优的卖家；也会将该商品 Listing 的编辑权限开放给以往销售记录良好的卖家。

（3）怎么操作跟卖

找到你想跟卖产品的 ASIN，在卖家后台搜索该 ASIN，搜出你要跟卖的产品，并且单击页面上的“SELL YOURS HERE”，就可以进行跟卖了。

（4）Listing 跟卖的优势

- 不用自己制作页面，几秒钟就可以搞定。
- 商品的出价会立即出现在排名靠前的 Listing 中。
- 跟卖大流量的 Listing 不仅可以迅速提升跟卖产品的销量，还可以带动店铺其他产品销量。

（5）跟卖的风险

- 容易被 Listing 所有者投诉侵权，一旦投诉成功就会被封账号；
- 同质化竞争，直接引发价格战，导致低利润。

（6）跟卖的建议

- 首先要确保自己的商品和跟卖的 Listing 描述完全一致，包括商品本身、包装、卖点、功能、描述等；否则，买家收到货如发现任何与描述不一致的地方，都可以向平台投诉。你所跟卖的卖家也有可能对你的订单进行“Test Buy”，如发现和描述不一致，也可以向平台投诉。

- 跟卖时尽可能设置较低的价格，价格越低获得购物车的可能性越高。抢夺购物车的权重依次为：FBA>价格>=信誉度。
- 选择跟卖比较多的 Listing，如果一款产品销量好又没有人跟卖，则极有可能是有品牌保护的，这个时候千万不要冒着侵权的风险去跟卖。
- 了解产品是否是注册品牌，可以通过 Google 搜索或去商标网站查看。
- 如果被投诉侵权要立刻取消跟卖，并且积极和对方沟通了解是否真实发生了侵权行为。

（7）自建 Listing

如果你的产品不是标准化产品，或者是你独有的品牌，就需要自建 Listing。在制作 Listing 时，页面的设计和文案要吸引人，这在本书前面的内容中已经提到，不再赘述。这里只讲解 Amazon 区别于其他平台的地方。

自建了 Listing 就要做好后期的维护和保护，以免其他卖家过多地来跟卖，导致被抢走客户和价格被压低损失利润。如何保护好我们辛苦做出的 Listing 呢?

- 首先要注册自己的品牌（建议注册美国和当地国商标，中国商标投诉成功的几率非常小）。
- 有了注册商标或商标授权书，还需要到 Amazon 平台进行商标备案。品牌备案只需要准备网站、以网站域名为后缀的电子邮箱、两张带有品牌的产品图片，在线提交资料后就可以在 48 小时内备案完成。
- 商标备案通过后，Amazon 平台会生成一个全球专属的 GCID 编码。如果该品牌的商品被别人跟卖，则可以与跟卖的卖家联系要求他们移除跟卖，或者直接向 Amazon Seller Support 提出举报，Amazon 会警告卖家甚至关闭其账号。同时，为自有品牌的商品创建的 Listing 编辑权也不会被让渡给其他等级高的卖家了。

（8）Listing 标题的注意要点

- 每个单词的首字母要大写（特殊情况除外，如连词：and, or, for；冠词：the, a, an；少于 5 个字母的介词：in, on, over, with）。
- 能使用数字就使用数字而不使用单词 （如尽量使用 2 而不是 Two）；不要包含类似于! * $? 这样的符号；把一些测量值拼写出来而不是用符号代替（如表达英寸时请使用 inches，而不是符号 "）；不要使用中文输入法输入内容。
- 只包含商品本身的信息，不加入营销性质的词、物流方式的词，如：Free Shipping, New Arrival, Sale, Best Seller, Great Deal, Hot Item 等。
- 标题编写长度控制在每个特定类目的规定范围之内，标题中的单词避免拼写不规范或拼写错误。

- 描述清楚产品信息，通过标题就可以让买家知道要购买的是什么商品；但不要堆砌关键词，尽量保持标题简洁，关键词放在 Search Term 里。但是标题中已经出现的关键就不用再重复出现在 Search Term 里了。关键词的每个单词之间用英文的空格隔开，同一个 SKU 的 5 个 Search Term 中的单词会自由组合成新的关键词。
- 参考 Amazon 给出的各类目标题建议。
- 符合 Amazon 平台算法，提升曝光量。

2. Buy Box

Buy Box 的位置在每个商品页面的右上方，是买家浏览时最方便看见的黄金位置，只要买家单击“Add to Cart ”就会把该位置上卖家的产品放到购物车里，如图 10-2 所示。基于 Amazon 平台的多个卖家共同使用同一个 Listing 的经营原理，在同一时间段里，只有一个卖家可以得到 Buy Box 的位置。所以抢占 Buy Box 是一种重要的运营方法，占据 Buy Box 就意味着会有大量的订单。

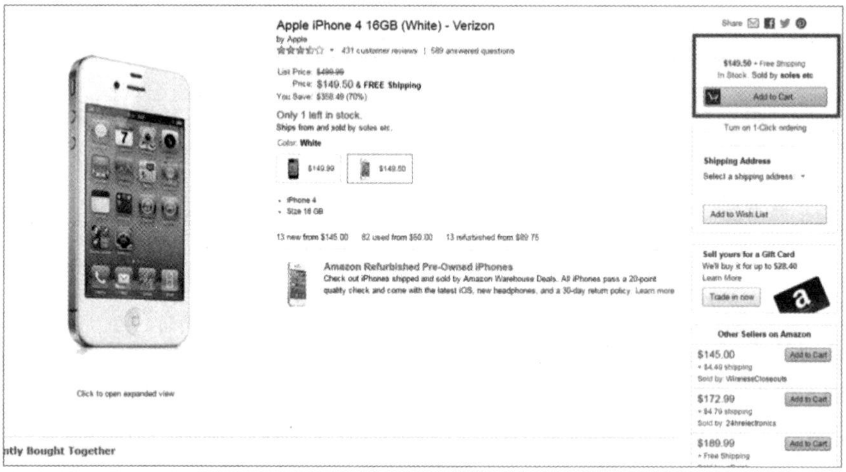

图 10-2

系统通过计算卖家的综合素质来决定将 Buy Box 分配给哪个卖家，主要因素有：

- 配送方式：运用 FBA 将大大增加卖家获得 Buy Box 的几率。
- 最终价格：包括商品价格、运费和关税。
- 卖家评分：是卖家过去一年交易中的综合得分，越近期的交易得分在综合评分中所占的比重越大。
- 运输时间：Amazon 对运送时间的要求很高，Amazon 判断运送时间的标准分为：0~2、天、3~7 天、8~13 天、14 天。
- 还有其他一些因素会综合影响系统的判断。

卖家要得到 Buy Box，需要做好如下几个方面。

- 卖家拥有一个专业卖家账户。
- 卖家需要是特色卖家。对特色卖家的要求是在 Amazon 上有 2~6 个月的销售记录，拥有一个比较高的卖家评级、送货评级，以及订单错误率低于 1%。
- 商品需要是全新状态。
- 商品必须要有库存。

如何提升获得 Buy Box 的几率？

- 管理好物流，缩短配送时间，建议选择 FBA。
- 减少订单缺陷率，服务好每一个买家。
- 制定一个有竞争力的价格。
- 做一个优秀卖家，努力提高卖家评级（Selling Rating）
- 在各个变量上做优化，并注意其他优化。

10.2.3 平台操作

1. 后台介绍

（1）后台账户设置

- Account Info，在“Selling Plan”中可以变换专业卖家和个人卖家的设置。
- Seller Information，可以编辑卖家名称和客服邮箱、电话等信息。
- Storefront Link，可以设置自定义的店铺链接。
- Business Address，填写公司地址。
- Legal Entity，填写公司名称。
- Deposit Method，填写收款银行账号，拿到海外银行账号后第一时间在此录入银行账号信息，录入后 Amazon 会每隔 14 天给卖家转账一次。
- Charge Method，填写信用卡信息，用来支付 Amazon 平台费。如果账户上的余额不足以支付 Amazon 平台费时，会从绑定的信用卡中扣除。
- Return Information，填写退货地址。
- Merchant Token，用来跟第三方软件进行对接时使用，此信息很重要，请注意保密。

（2）假期模式

Listings Status，显示所有商品的状态，Active 为正常上架状态，Inactive 为下架状态。在卖家团队放假期间，应该及时把商品状态改为 Inactive，避免发生买家下单无法发货的状况。

（3）提醒设置

Notification Preferences，在此可以选择需要邮件提醒的信息，如：订单提醒、产品上传提醒、报表提醒、平台销售技巧提醒等。

（4）登录设置

Login Setting，设置登录邮箱、密码、安全问题。

（5）退货设置

Return Setting，设置退货地址，可设置多个退货地址。

（6）礼品服务

Gift Option，设置是否提供礼品打包服务。

（7）用户设置

User Permission，可以设置多个子账号，并可以设置每个子账号的权限。

（8）其他设置

Your Info &Policies，可以设置卖家的公司信息、Logo、常见问题等。单击“About Seller”按钮后进入设置页面，可以使用 HTML 代码编辑。在“Fulfillment by Amazon”中设置 FBA 的服务。

2. Selling Rating

Selling Rating 即卖家店铺评分。计算方法是：Selling Rating=最近 365 天内所有订单的得失分数总和加起来 / 最近 365 天内所有订单。Selling Rating 计算分数情况如下。

- 发货延迟和 24 小时之内没回复买家 Message，扣 0 分。
- 在确认发货前擅自取消客户订单，扣 100 分。
- 因卖家原因引发的 A-to-Z Guarantee Claim，扣 500 分。
- 1~2 星 Negative Feedback，扣 500 分。
- 客户的开卡行发起的 Service Chargeback Claim，扣 500 分。
- Expired Order 过期订单，一般为超过发货期 30 天还没发货的订单，扣 500 分。
- 如果一个订单从始至终都没有任何问题，那么这个订单就是 Perfect Order（完美订单），加 100 分。
- 订单赢得加分：订单没有任何问题，并且有有效的跟踪信息，而且在 3 个工作日内成功投递，符合最快承诺到达时间并且没有任何退款和与买家的沟通让步，这样的订单就会奖励 10 分（这种订单多见于 FBA 订单）。

3. Pending Order

Pending Order 的意思是待处理的订单。产生 Pending Order 的主要原因有：

- Amazon 暂时未收到买家支付这笔订单金额的银行卡授权，不同银行的处理时间有所不同。
- 对于某些 FBA 订单，客户已近满足了 35 美元包邮的条件，但由于这些订单分别是在不同的卖家店铺购买的，所以这时候的 Pending 状态有可能是平台在等待客户的所有购买的产品全部到齐的一个过程。
- 对于 FBA 订单，客户在一个订单中购买了多个产品，如果其中一个或两个产品缺货，那么即使平台选择分开派送有库存的和没库存的产品，这个订单的状态也还是 Pending。不过，这种情况发生的概率较小。

如何处理 Pending Order?

- 当订单状态是 Pending 时不要发货，要确认货款到账后再发货。
- Pending Order 不会显示在订单报表或者卖家未发货订单报表中。当出现 Pending Order 时，该订单在管理订单页面是呈灰色的，卖家不能对 Pending Order 进行确认发货或者取消订单的操作。
- Pending Order 要等它转到 Unshipped 状态时才能进行发货操作，发货操作应尽量控制在后台上传产品时所设置的 HandingTime 时间段内，超出了就是发货延迟；如果一个订单超过 30 天未发货，那么 30 天后即使发货了，平台也不会将这笔订单的费用结算给卖家。

4. 刊登产品

（1）单独创建新产品

进入卖家后台，单击“INVENTORY”→“Add a Product”→“Create a new product”按钮，如图 10-3 所示。在列表中选择产品详细品类，在搜索框中输入关键词可以搜索品类，单击“Select”按钮确认品类，如图 10-4 所示。

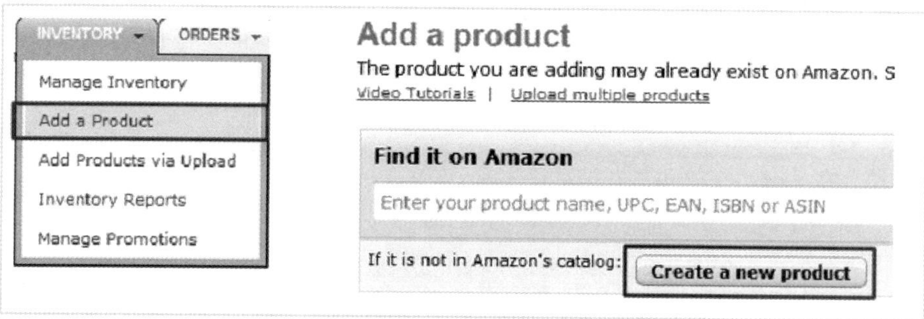

图 10-3

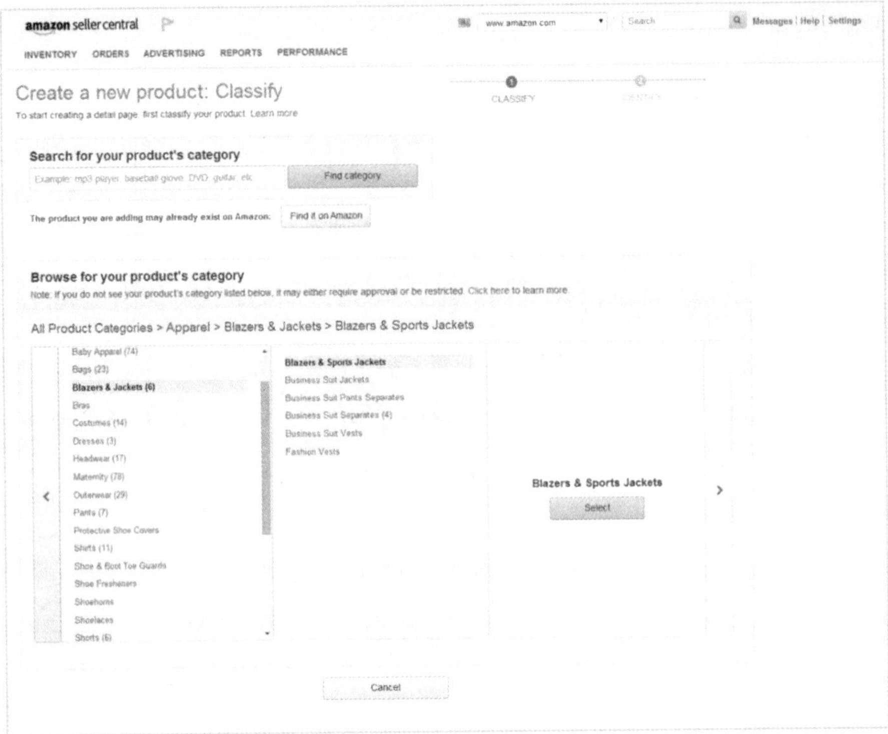

图 10-4

如果不确定产品属于什么品类，则可以使用品类搜索功能，确定正确的品类。在搜索框中输入关键词，找到适合产品的品类，按照正确的品类添加新产品，如图 10-5 所示。

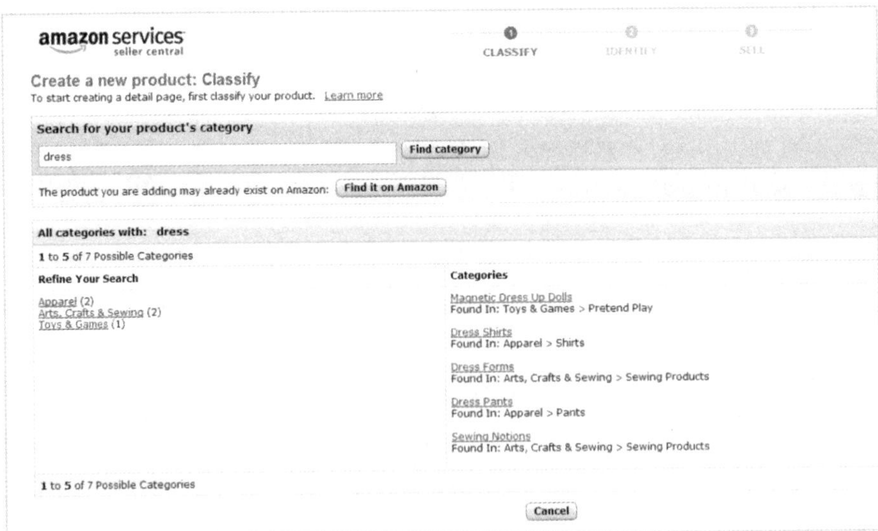

图 10-5

按照提示填好所有的产品信息，带红色星号的为必填信息，但是建议没带红色星号的也尽可能填写完整。产品的基本信息要尽量齐全，如：SKU、标题、描述、品牌、生产厂商、功能、图片、价格、关键词、UPC 码等。在首次创建产品的过程中图片不会马上上传，要等产品信息都输入完毕后，单击“Save and finish”按钮时图片才会上传，如图 10-6 所示。

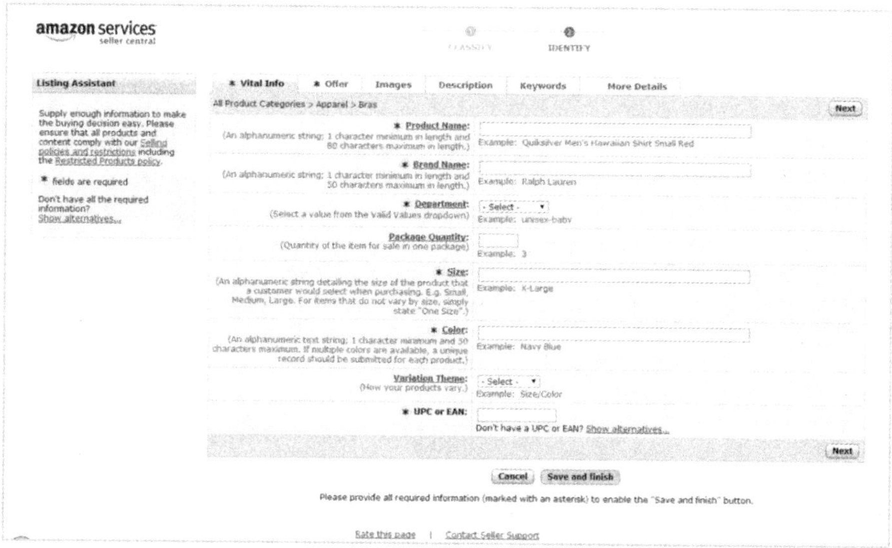

图 10-6

上传成功后，在“Manage Inventory”页面会出现新上传的产品，如图 10-7 所示。

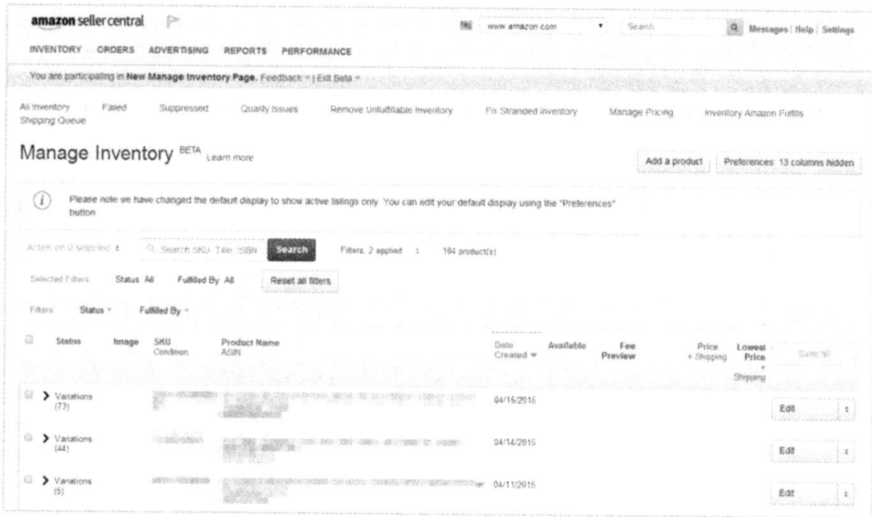

图 10-7

（2）批量上传产品

进入卖家后台，单击“INVENTORY”→“Add Products via Upload”，如图 10-8 所示。

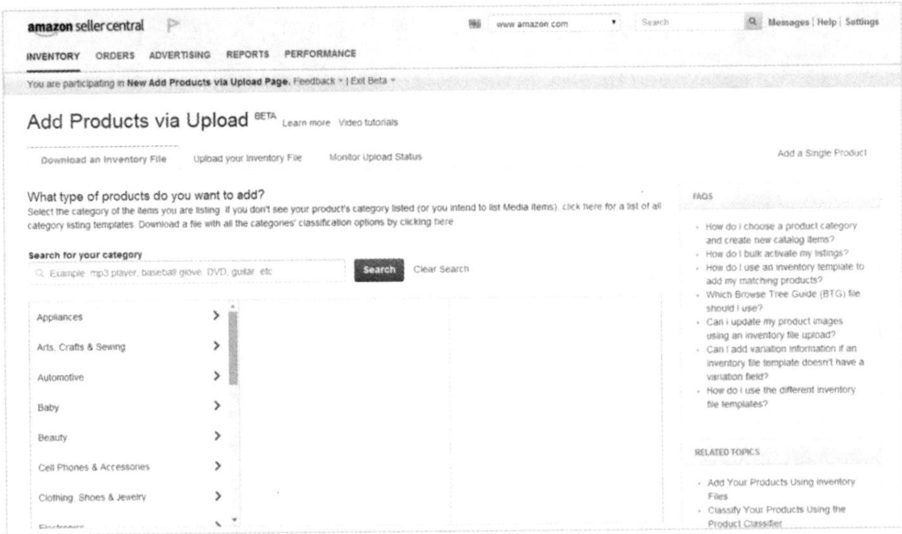

图 10-8

首先确认账户是否有对应产品类目的销售权限，如果没有则需要单独申请，一般 48 个工作小时内会回复。如果已经具备对应类目的销售权限，则先下载对应类目的模板，如图 10-9 所示。

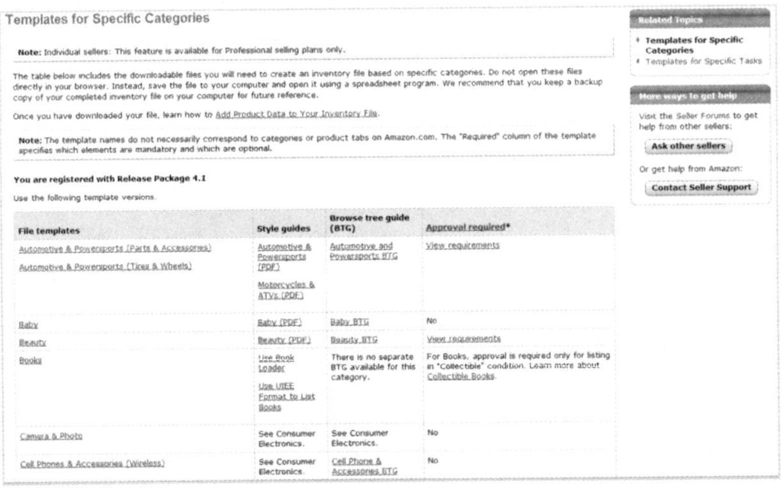

图 10-9

在下载的模板中有这样几个子模板：“Instructions”“Images”“Data Definitions”“Template”“Example”和“Valid Values”。

将“Template”单独复制到新建的 Excel 中，表格中每个选购的具体要求在“Data Definitions”中都有说明，其中一些“值”可以在“Valid Values”中选择。图片处理好之后，先保存到图片空间中，免费的可以选择 http://www.photobucket.com/，然后将以“.jpg”为后缀的图片地址粘贴到对应的产品中。

“Template”模板内容填写完成后，保存为“文本文件（制表符分隔）”类型的文件。将完成的文件批量上传到平台后台，如图 10-10 所示。

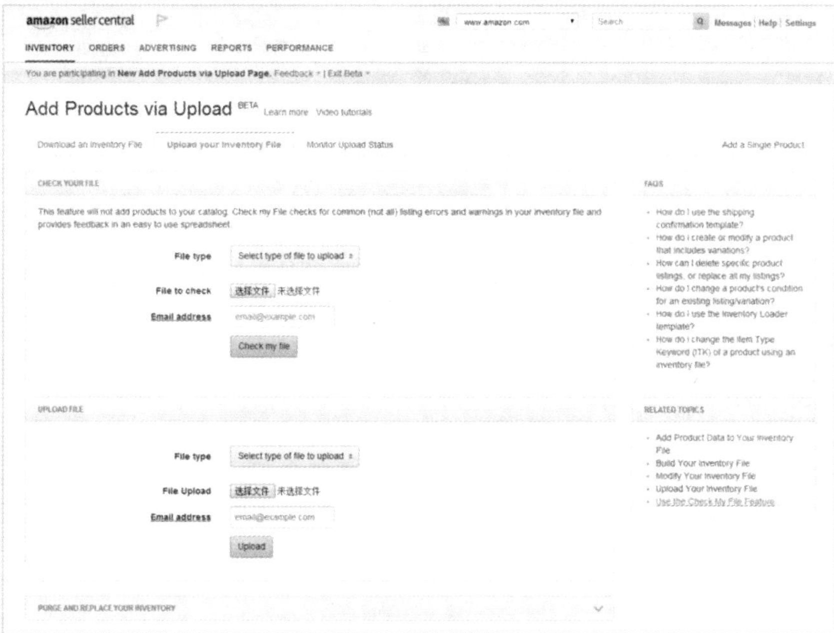

图 10-10

检查上传的状态，如图 10-11 所示。

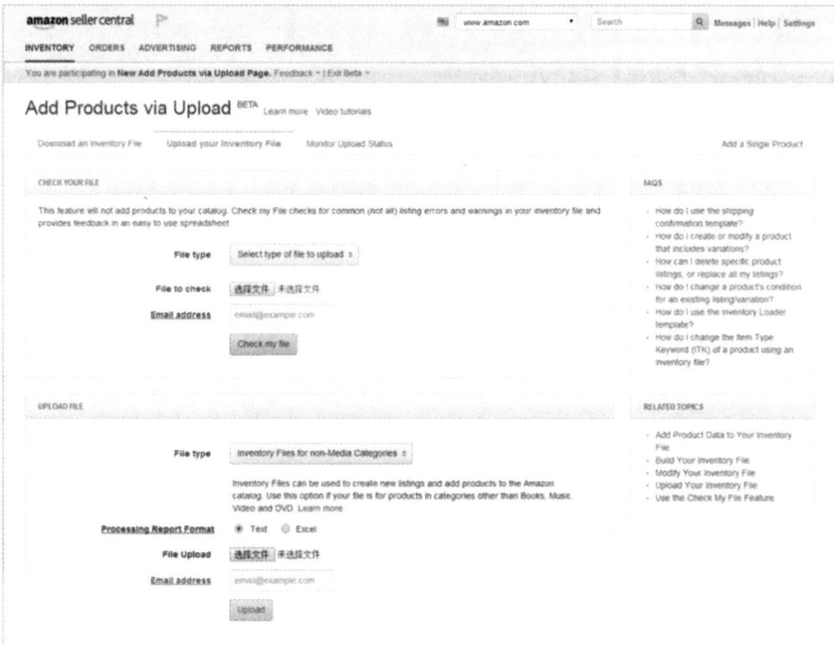

图 10-11

10.2.4 运营优化策略

（1）控制 ODR

ODR（Order Defect Rate，订单缺陷率）是非常重要的一个反映卖家能否提供良好的买家购物体验的指标，ODR 应控制在 1%以内。

（2）提高转化率

转化率高的产品会得到更多的曝光机会，可以从以下几点着手优化转化率。

- Listing 页面优化，学习销量高的产品是如何设置图片、标题、描述、价格的。
- 引导客户做出有价值的好评。所谓有价值的好评应该是对其他买家有帮助的。
- 适当免运费或者进行节假日促销打折。
- 抢占 Buy Box。

（3）提高售后服务

卖家可以选择 Amazon 平台提供的物流服务（FBA），或者选择自己负责的物流。选择自己负责的物流的卖家，需要保证发货时间和妥投时间在 Amazon 要求的时间范围内。选择 FBA 的产品会得到平台更多的流量倾斜。

（4）注册商标并备案

保护好自建的 Listing 有助于抵挡竞争对手跟卖，可以避免价格战，可以避免自建 Listing 的编辑权被转移给其他销售更好的卖家。

10.3 Amazon 物流 FBA

FBA（Fulfillment by Amazon）是 Amazon 提供的代发货服务，卖家把货物发往 FBA 的仓库，Amazon 提供包括仓储、拣货打包、派送、收款、客服、退货处理等一系列服务。Amazon 平台非常看重卖家的物流配送和售后服务的品质，为了达到平台的物流标准，对于大部分卖家来说都建议使用 FBA 服务。尤其是欧洲市场，国内寄往欧洲的物流时间长、费用高，如果卖家不能保证买家在 7~10 天内收到包裹，就会严重影响综合评分。所以，选择 FBA 是比较明智之举。

10.3.1 FBA 优缺点

FBA 优点：

- Amazon 为 Prime 买家会员提供 2 天送达服务和满足条件即可免运费服务，使用 FBA 的产品都可以在 Amazon 的 2 日送达和免运费服务范围内，买家会更倾向于对这些产品进行下单。

- 加入 FBA 服务可以提高 Listing 排名，增加抢夺 Buy Box 的机会。
- 不用担心因为物流而引起的差评。
- 提供 7×24 小时客户服务热线，解决卖家的客服问题。
- 拥有丰富的仓储和物流经验、先进的智能管理系统，让卖家的客户体验更好的物流服务。

FBA 缺点：

- 成本较高，尤其是仓储费用，如果商品滞销，卖家需要支付很高的仓储费用。
- FBA 不负责清关和货物从中国运输到 FBA 仓库的过程，卖家需要自己解决头程运输的问题。
- 买家退货很简单，容易导致退货率上升。

10.3.2 FBA 费用

FBA 费用包括：

- 订单处理费，根据订单数量收费。
- 打包费，根据产品个数收费。
- 重量计费，首先依据产品的长、宽、高划分到相应的尺寸类别，然后根据这个尺寸类别对应的重量单价，按照具体的重量进行计费，这样既考查了产品体积，又考查了产品重量。

10.3.3 FBA 操作

1. 将产品设置为 FBA 发货

进入卖家后台，单击“ INVENTORY”→“ Manage Inventor ”，进入库存管理页面，选择要通过 FBA 发货的产品，如图 10-12 和图 10-13 所示。

图 10-12

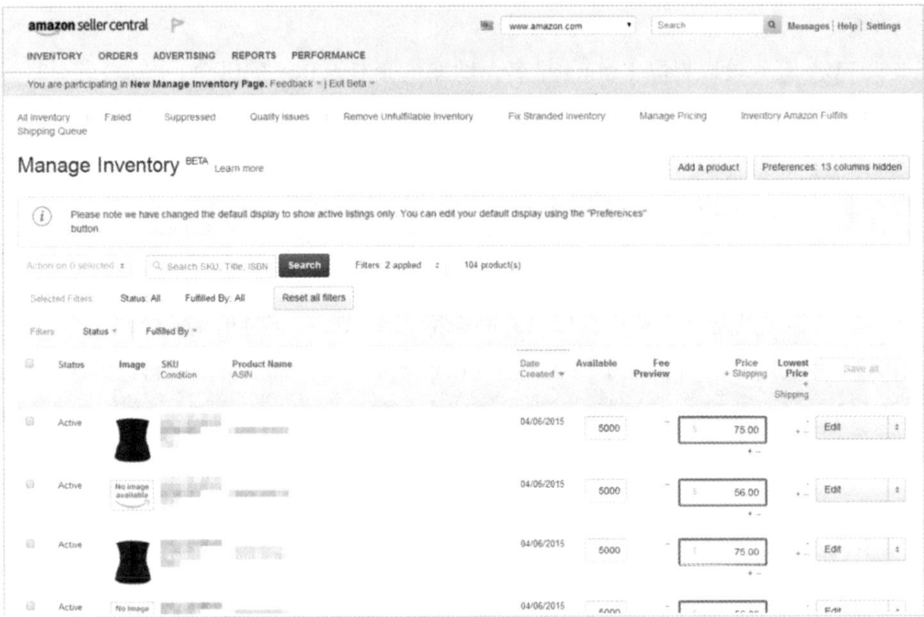

图 10-13

在选好的产品信息“Action”下拉列表中选择“Change to Fulfilled by Amazon”，如图 10-14 所示。

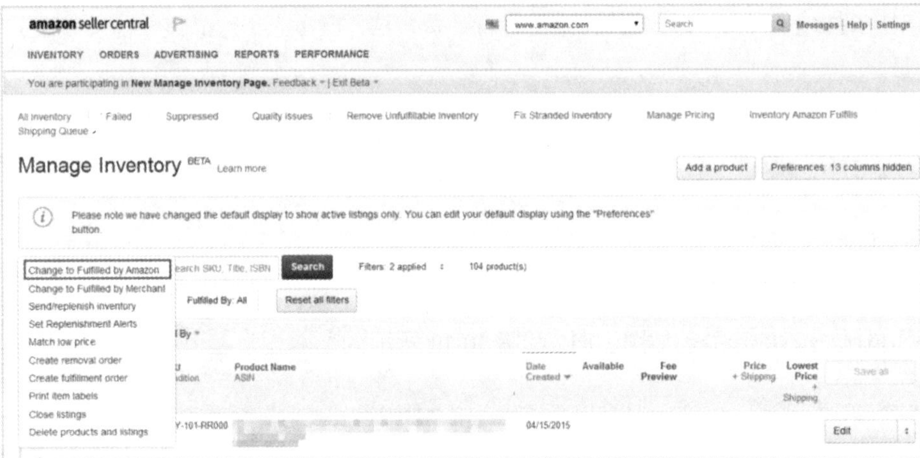

图 10-14

单击“Yes, continue”或“No, return to full list”按钮，如图 10-15 所示。

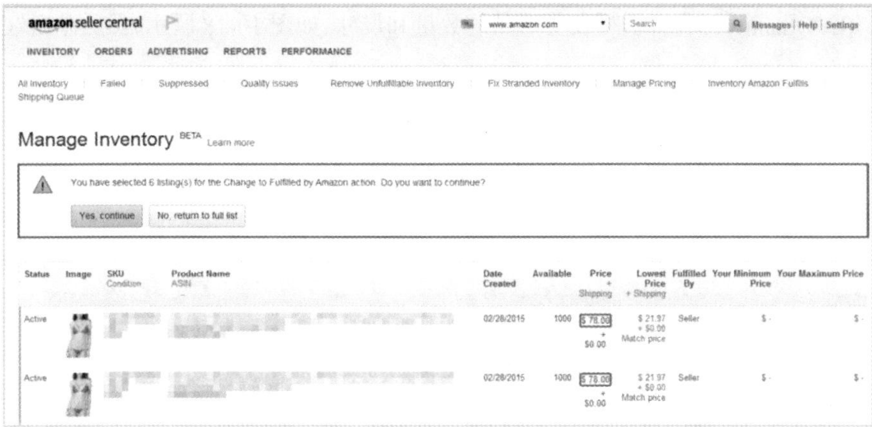

图 10-15

2．发货到 FBA

选择“Send/Replenish Inventory”，勾选要发货的产品，如图 10-16 所示。

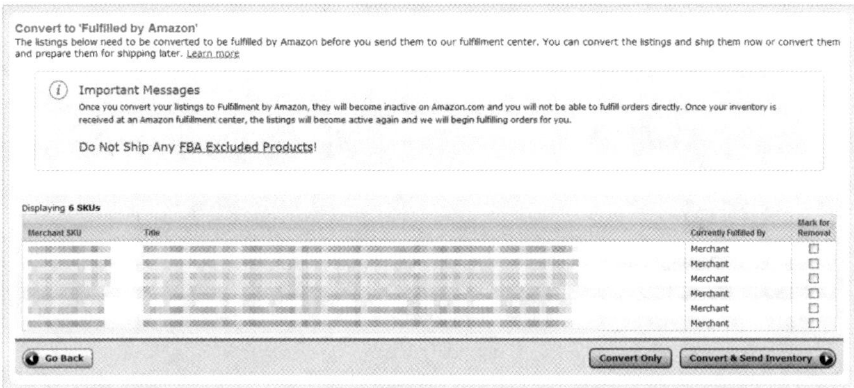

图 10-16

默认选项是“Create a new shipping plan”，发货地址会自动生成，如需改写单击“Ship from another address”，选择打包方式为“Individual products”或“Case-packed items”，单击“Continue to shipping plan”按钮，如图 10-17 所示。

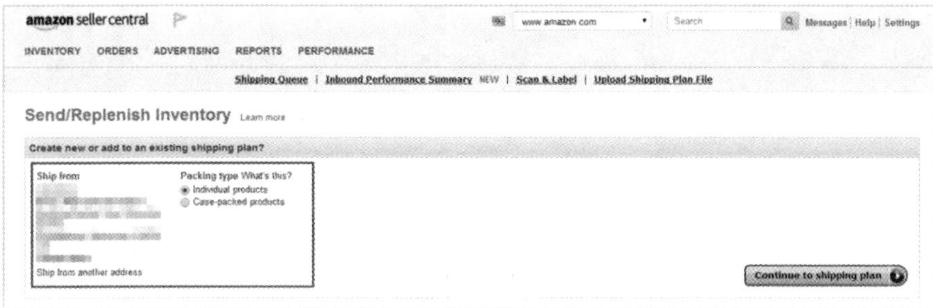

图 10-17

进入“Set Quantity”页面，填写发货产品的数量和尺寸，如图10-18所示，然后单击“Continue”按钮。

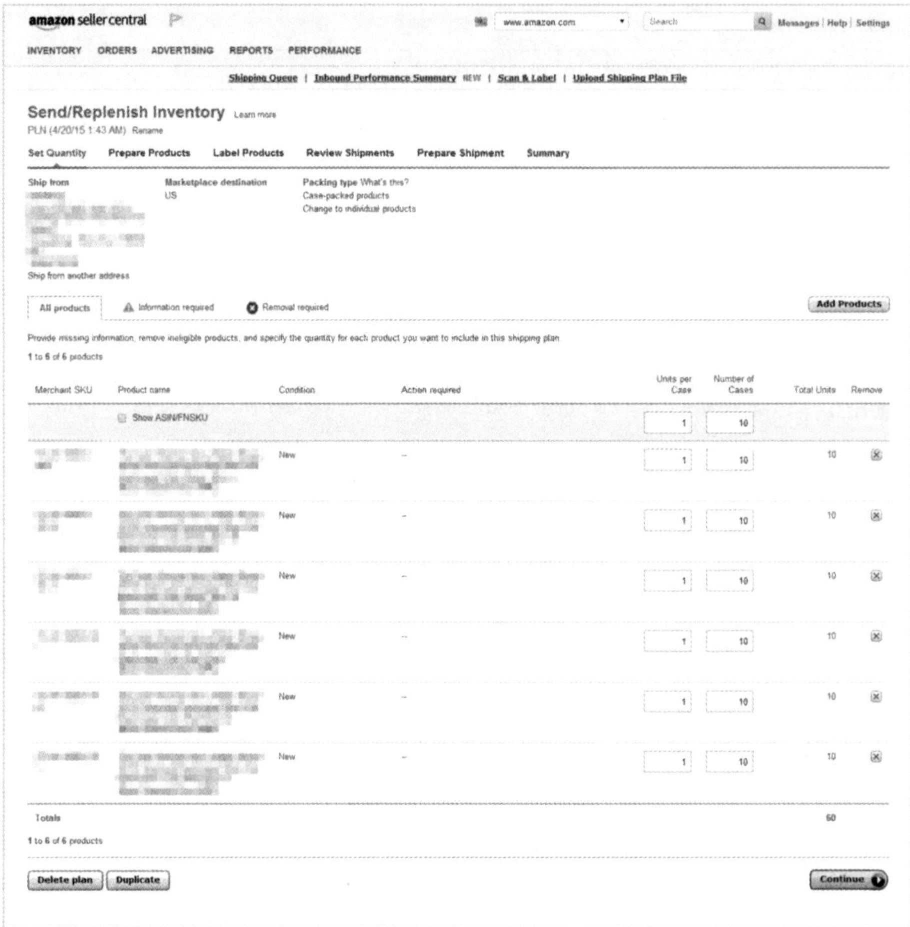

图10-18

选择Seller或Amazon打印标签，选择标签打印方式。这里选择Amazon打印标签，选择“I agree to the Terms of Service”，单击“Save”按钮，如图10-19所示。单击“Approve shipment”同意发货。

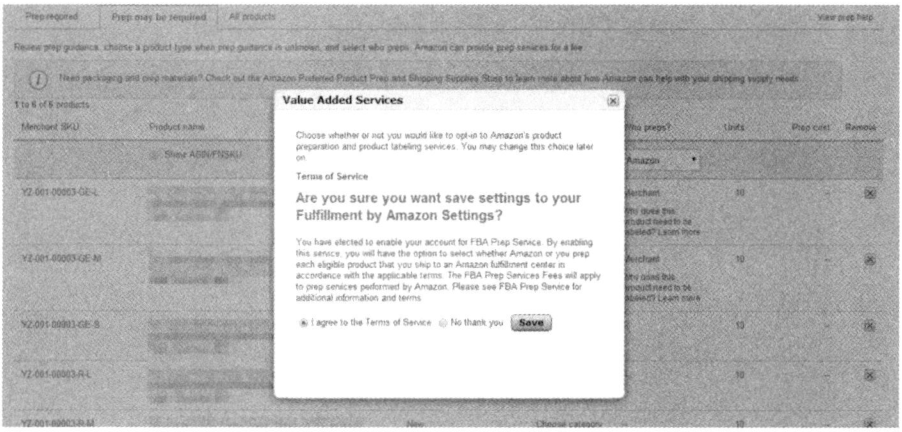

图 10-19

进入“Label Products”页面，在“Apply to all”下拉列表中选择产品类目，然后单击“Continue”按钮，如图 10-20 所示。

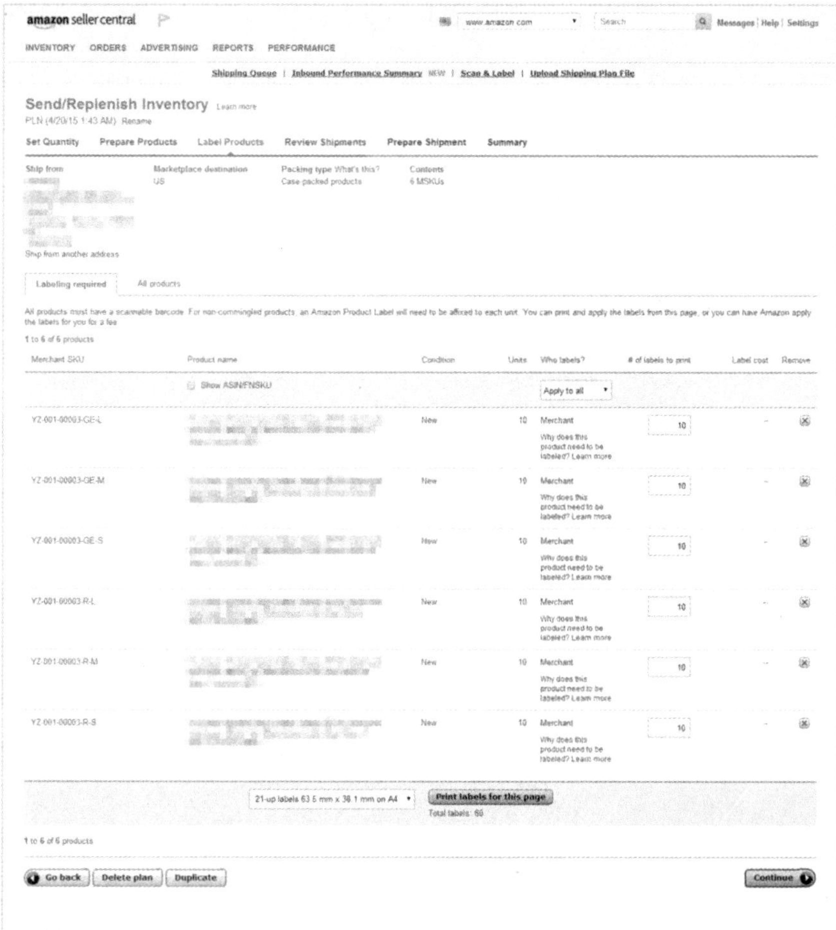

图 10-20

进入“Review Shipments ”页面，单击“Approve shipment”按钮，如图 10-21 所示。

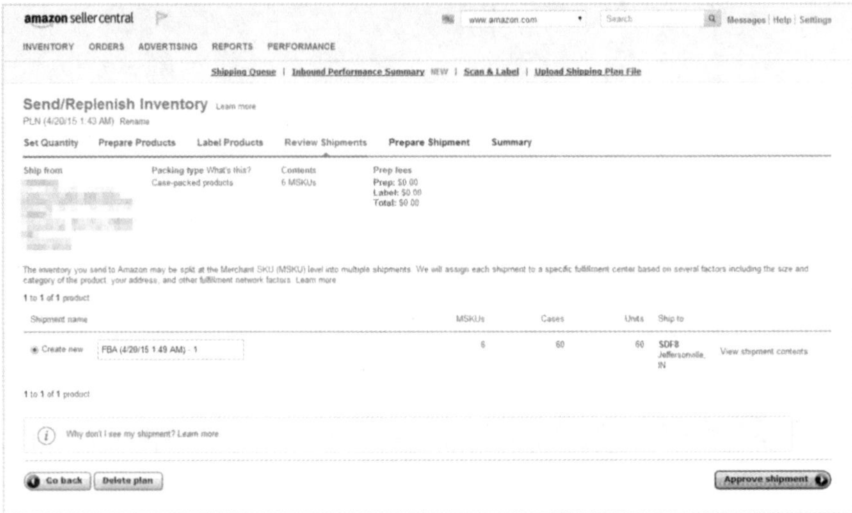

图 10-21

进入“Prepare Shipment”页面，填写发货信息并单击“Complete shipment”按钮，如图 10-22 所示。单击“Work on another shipment”按钮操作发货，打印标签，贴在包裹外面，如图 10-23 所示。

图 10-22

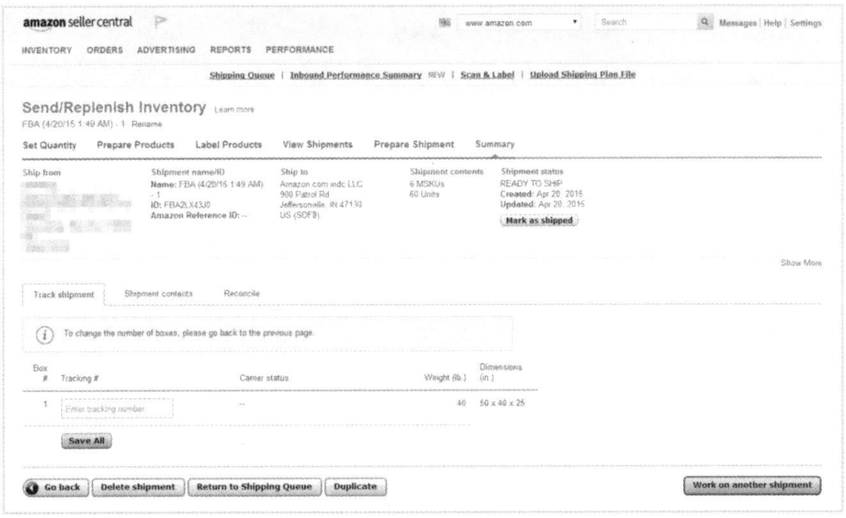

图 10-23

10.4　Amazon A-to-Z 条款

10.4.1　A-to-Z 条款内容

A-to-Z 索赔条款是为了保护买家从第三方卖家购买商品时的权益。当买家从第三方卖家购买商品时，商品和物流都在 A-to-Z 条款的保护下。买家提出 A-to-Z 索赔，需要满足以下条件。

- 买家已经通过自己的账号和第三方卖家沟通过。
- 买家已等待 2 个工作日还未得到卖家回复。
- 以下情况满足一条，买家就可以提出 A-to-Z 索赔。
    - 第三方卖家超过最长送达时间 3 天后或在下单日 30 天后，买家尚未收到商品，不论哪种情况先达到。
    - 买家收到的商品被损坏、有缺陷，或与商品介绍有本质的区别。
    - 第三方卖家同意给买家退款但并没有退款，或退款数额有误。

注意：如果买家拒收包裹或者买家退回的包裹没有追踪号，买家的 A-to-Z 索赔不会被受理。

10.4.2　卖家如何应对 A-to-Z 条款

当买家的 A-to-Z 索赔尚未被核准受理时，卖家可以采取立刻全额退款的方式解决 A-to-Z 的投诉。如果卖家不同意退款，应立刻提供作为卖家方的陈述资料。如果卖家的账户不支持退款，可以请买家联系 Amazon 客服协助处理。在有些情况下，即使 Amazon 已核准了买家的赔偿要求，但是此调查还在进行中，所以卖家还需要继续配合提供卖家方的资料；否则，卖家需要承担不回应 A-to-Z 的责任。

卖家需要注意，如果 7 天内不回应 A-to-Z 的通知，Amazon 就会核准买家的赔偿要求，并且会从卖家账户里直接退款给买家。

若收到 A-to-Z 索赔，如果明显是卖家的责任，则应该积极帮助买家解决，并退款给买家；如果是买家的责任，则可以主动向 Amazon 提供证据。在处理过程中要及时关注提醒信息，不要错过时间。

第 11 章

eBay 平台介绍

学习目标：

- 讲述 eBay 平台的销售方式
- 认识售卖专家功能
- 列举促销工具
- 熟悉平台规则

11.1 eBay 平台特点

11.1.1 eBay 集团

eBay 于 1995 年成立于美国加利福尼亚州，在成立之初是一个拍卖二手物品的网站，1997 年之后，eBay 逐渐发展成为全球在线商品交易平台。eBay 集团旗下有 3 大业务：在线交易平台 eBay、在线支付工具 PayPal 和为企业提供零售渠道及数字营销便利的 eBay Enterprise。eBay 在全球共有 31 个站点，卖家只需要注册一个账号就可以向 31 个站点进行销售，但是不同站点的销售费用是单独计算的。

11.1.2 独特的销售方式

eBay 创立之初是一个拍卖网站，到今日，eBay 在销售方式上依然延续了拍卖的模式，这是 eBay 区别于其他平台的一大特色。在 eBay 上有 3 种售卖方式：拍卖、一口价和综合销售。

1. 拍卖

以“拍卖”方式刊登物品是 eBay 卖家常用的销售方式，卖家通过设定物品的起拍价及在线时间，开始拍卖物品，并以下线时的最高竞拍金额卖出，出价最高的买家即为该物品的中标者。 在 eBay 上以低起拍价的方式拍卖物品，仍然是能激起买家兴趣踊跃竞拍的最好途径。而且，在搜索排序规则中，即将结束的拍卖物品还会在“Ending Soonest（即将结束）”排序结果中获得较高的排名，得到更多的免费曝光机会。

以 eBay 美国站为例，设置以“拍卖”方式刊登物品的步骤如下。

（1）进入选择物品刊登方式的页面，可以选择“More listing choices”，让自己有更多的刊登选择，也可以选择“Keep it simple”快速完成设置刊登。如果需要更详尽的设置物品销售的方式，可以选择“More listing choices”，然后单击“Go”按钮，如图 11-1 所示。

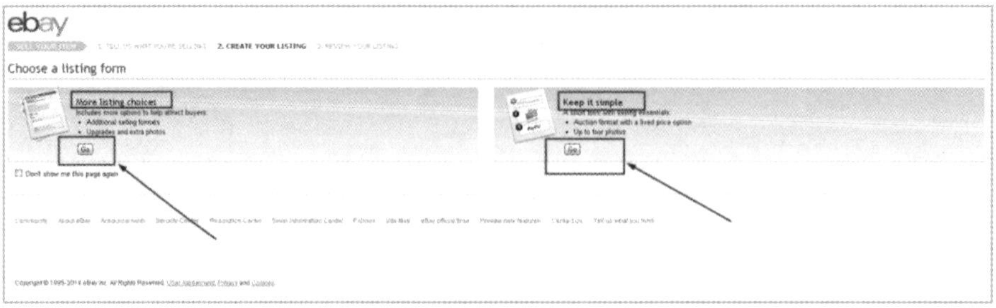

图 11-1

（2）在详细的物品刊登设置页面中会有一个“Choose a format and price”模块，即物品价格设置模块，可以单击“Auction”选择以“拍卖”方式销售物品，如图 11-2 所示。

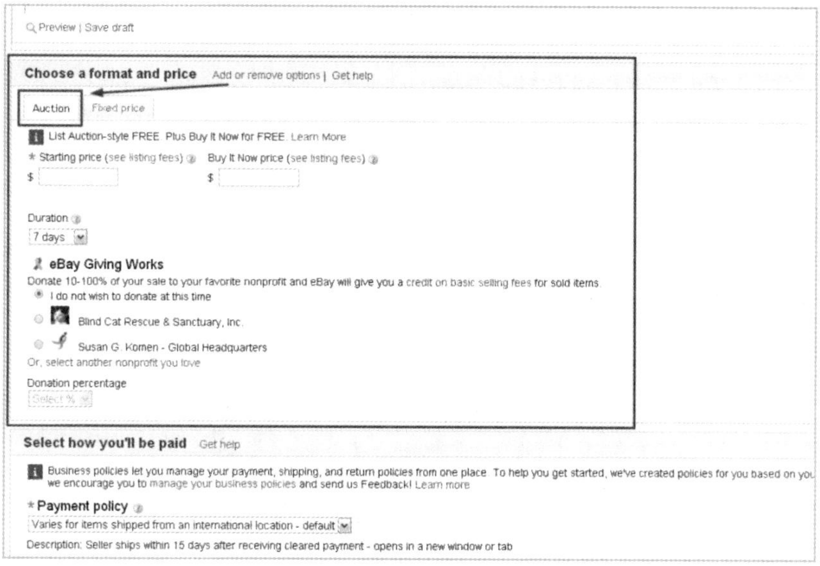

图 11-2

（3）卖家可以在“Starting price”下方的文本框中输入物品“拍卖”的起拍价，如图 11-3 所示。

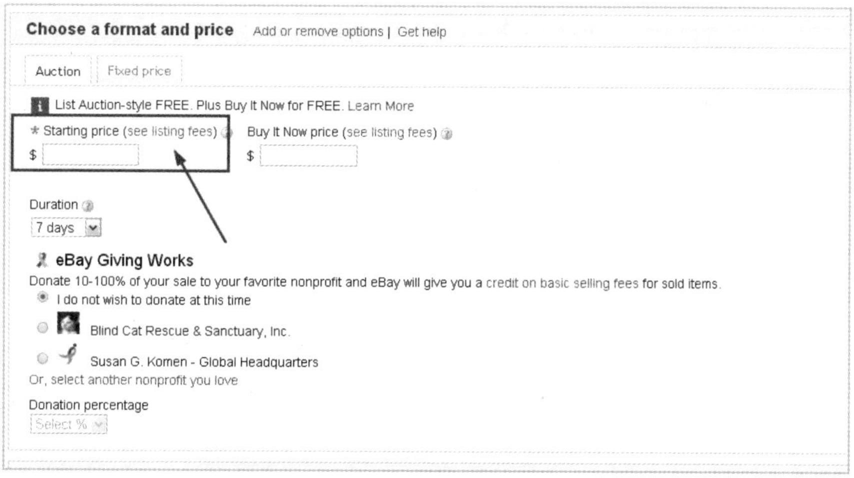

图 11-3

拍卖的形式虽然好，但并不是所有的产品都适合拍卖，适合拍卖方式的产品主要有以下特点。

- 有特点的产品，明显区别于市场上常见的其他产品，并且是有市场需求的。
- 库存少。
- 非职业卖家，只是偶尔来销售产品。
- 无法判断产品的准确价值时，可以设置一个能接受的起拍价，由市场决定最终价格。

2．一口价

以“一口价”方式刊登 eBay 店铺中热卖的库存物品，可以设置物品的在线时间最长达 30 天，让物品得到充分展示。

设置以“一口价”方式刊登物品的步骤如下。

（1）进入选择物品刊登方式的页面，选择“More listing choices”，然后单击“Go”按钮，进入详细的物品刊登设置页面，如图 11-4 所示。

图 11-4

（2）在详细的物品刊登设置页面的“Choose a format and price”模块中，单击“Fixed price”选择以“一口价”方式销售物品，如图 11-5 所示。如果卖家没有可选择的“Fixed price”标签，则表明尚未符合该站点以“一口价”方式销售物品的资格条件。

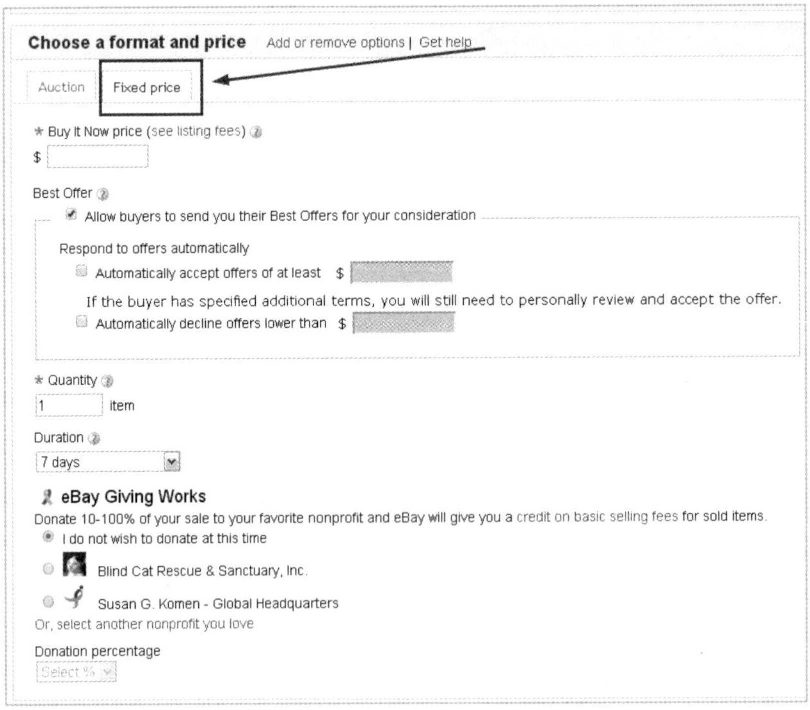

图 11-5

适合一口价方式的产品具有如下特点。

- 有大量库存。
- 有丰富的 SKU，可以整合到一次刊登中。
- 需要长时间在线销售。
- 卖家希望有固定可控的利润。

一口价方式的特点是：物品刊登后，不能将“一口价”物品变更为具有“一口价”功能的“拍卖”物品；反之亦然。“一口价”物品如果结束时间在 12 小时后，则可编辑“一口价”价格。

3．综合销售

使用“拍卖（Auction）”与“一口价（Fixed Price）”方式进行综合销售。

卖家可以在选择拍卖方式时既设置一个起拍价，又设置一个满意的“保底价”，也就是“一口价”， 让买家可以根据自己的需求灵活选择购买方式。这种贴心的设计不仅综合了拍卖和一口价方式的所有优势，还能给商品带来更多的商机。

设置以“拍卖”与“一口价”方式综合刊登物品的步骤如下。

进入选择物品刊登方式的页面，选择“More listing choices”，然后单击“Go”按钮进入详细的物品刊登设置页面，如图 11-6 所示。

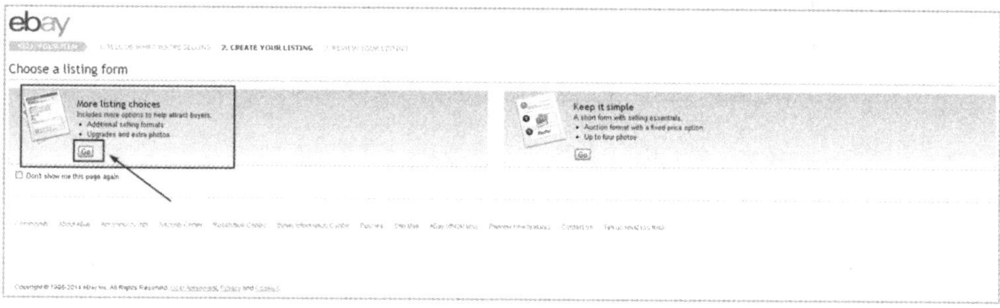

图 11-6

在详细的物品刊登设置页面中会有一个“Choose a format and price”模块，这就是物品价格设置模块，可以单击“Auction”选择以“拍卖”方式销售物品，如图 11-7 所示。

在“Starting price”下方的文本框中输入物品“拍卖”的起拍价，在“Buy It Now price”下方的文本框中输入物品的“保底价”，也就是“拍卖”物品的“一口价”，如图 11-8 所示。

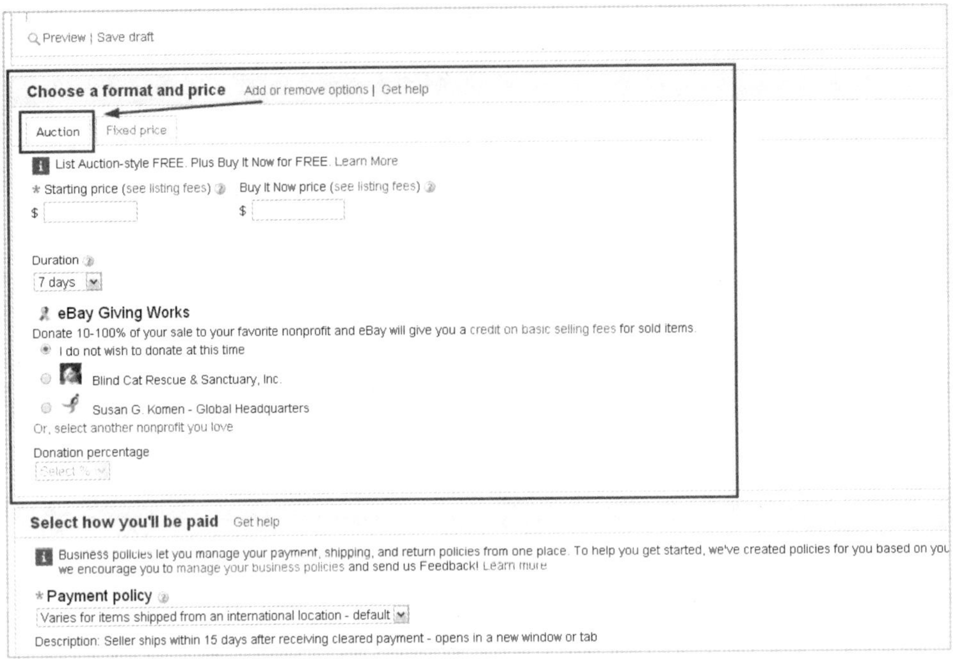

图 11-7

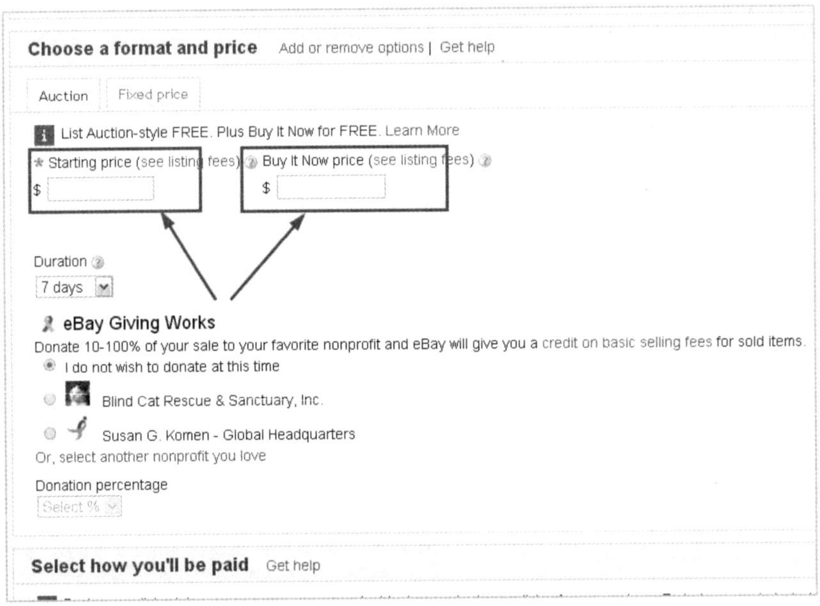

图 11-8

什么样的商品适合综合销售呢？

- 销售很多种物品，希望同时吸引那些想要通过竞拍达成交易的买家，以及更倾向于选择方便的“一口价”交易的买家。
- 希望尽可能扩大买家对库存商品的需求，并通过竞拍和“一口价”方式来帮助竞拍者和买家了解其他销售物品或店铺。

综合销售物品的注意事项如下。

- 物品刊登后，将不能修改物品的销售形式，不过在特定情况下，可以增加、编辑或移除拍卖物品的“一口价”功能。
- 拍卖物品如果结束时间在 12 小时后，同时刊登的物品仍无人出价竞拍，则可新增、编辑或移除“一口价”功能。

11.1.3　eBay 费用

eBay 平台收取的费用主要有 5 种。

- 刊登费：在发布一个商品时就需要支付的固定费用，不同类目的标准不同。
- 成交费：成交后按照成交总金额支付一定比例的费用，未成交则不收取费用。
- 特色功能费：卖家可以为刊登的商品添加特色功能，需要在发布时与刊登费一同支付。
- 店铺费：店铺月租费，不同级别卖家的店铺月租费不同。
- PayPal 费用：使用 PayPal 工具的手续费，在 PayPal 上单独收取。

eBay 平台卖家分为“非店铺卖家”和“店铺卖家”，刊登产品数量不足 40 个的为非店铺卖家，刊登产品数量达到 40 个的为店铺卖家。

下面以美国站卖家的收费标准为例进行说明。

非店铺卖家需要支付的费用包括：刊登费、成交费、特色功能费（如果使用的话）和 PayPal 费用。刊登费和成交费的计算方式如表 11-1 所示。

表 11-1

<table>
<tr><th>刊登产品数量</th><th>刊登费</th><th>成交费</th></tr>
<tr><td>每月前 50 个刊登产品</td><td>免费</td><td rowspan="2">成交总额的 10%，上限$750；向买家收取的运费计算成交费，税费不计算</td></tr>
<tr><td>每月 50 个以后的刊登产品</td><td>$0.30</td></tr>
</table>

特色功能费的收费情况如表 11-2 所示。

表 11-2

<table>
<tr><th rowspan="2">升级功能</th><th colspan="2">拍卖起价或一口价低于$150</th><th colspan="2">拍卖起价或一口价高于$150</th></tr>
<tr><th>拍卖、一口价刊登（1、3、5、7、10 天在线）</th><th>一口价刊登（30 天，无限期在线）</th><th>拍卖、一口价刊登（1、3、5、7、10 天在线）</th><th>一口价刊登（30 天，无限期在线）</th></tr>
<tr><td>定时刊登（Scheduled Listing）</td><td colspan="2">免费</td><td colspan="2">免费</td></tr>
<tr><td>页面设计师（Listing Designer）</td><td>$0.10</td><td>$0.30</td><td>$0.20</td><td>$0.60</td></tr>
<tr><td>橱窗展示大图（Gallery Plus）</td><td>$0.35</td><td>$1.00</td><td>$0.70</td><td>$2.00</td></tr>
<tr><td>副标题（Subtitle）</td><td>$0.50</td><td>$1.50</td><td>$1.00</td><td>$3.00</td></tr>
</table>

续表

升级功能	拍卖起价或一口价低于$150		拍卖起价或一口价高于$150	
	拍卖、一口价刊登（1、3、5、7、10 天在线）	一口价刊登（30 天，无限期在线）	拍卖、一口价刊登（1、3、5、7、10 天在线）	一口价刊登（30 天，无限期在线）
优惠包（Value Pack）	$0.65	$2.00	$1.30	$4.00
字体加粗（Bold）	$2.00	$4.00	$3.00	$6.00
同时刊登在两个物品分类中（List in 2 categories）	刊登费和特色功能费按照不同类目标准收取；商品成交时，成交费只收取 1 次			
多站点展示（international site visibility）	拍卖刊登		一口价刊登	
	起价	费用	$0.50	
	$0.01~$9.99	$0.10		
	$10.00~$49.99	$0.20		
	$50 或以上	$0.40		

店铺卖家需要支付的费用包括：店铺月租费、刊登费、成交费、特色功能费（如果使用的话）和 PayPal 费用。

11.2 eBay 平台运营

11.2.1 开通 eBay 账户

1. 账户注册

（1）在 eBay 首页单击注册按钮，填写姓名、邮箱和密码，如图 11-9 所示。

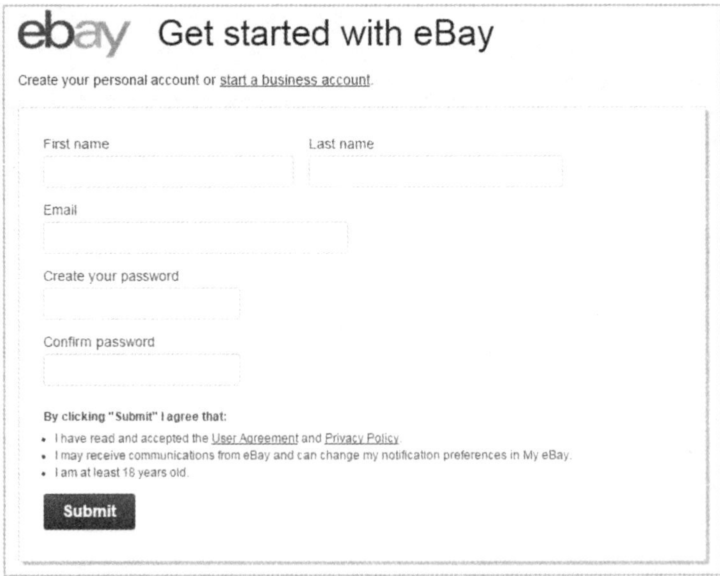

图 11-9

建议选择大型电子邮件服务商提供的邮箱服务作为注册邮箱，确保可以收到来自 eBay 的邮件。单击提交按钮后完成注册，如图 11-10 所示。

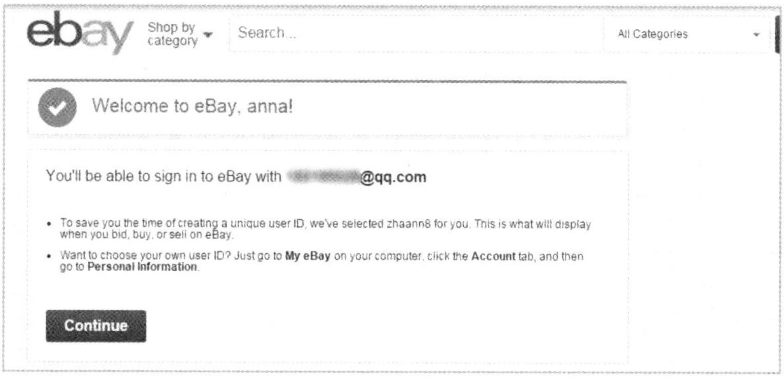

图 11-10

（2）在 eBay 首页找到“Sell”入口，选择国家“中国”，会被链接到香港平台填写注册表单，如图 11-11 所示，需要填写真实的地址信息。

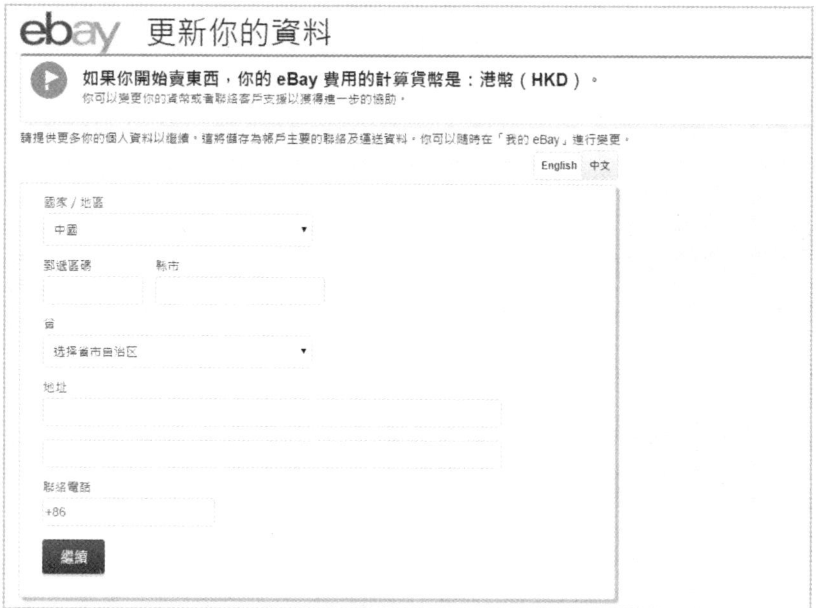

图 11-11

2. 认证

（1）信用卡认证 eBay 账号

选择“透过信用卡确认身份”，如图 11-12 所示。填写好信用卡信息后，单击“继续”按钮，如图 11-13 所示。

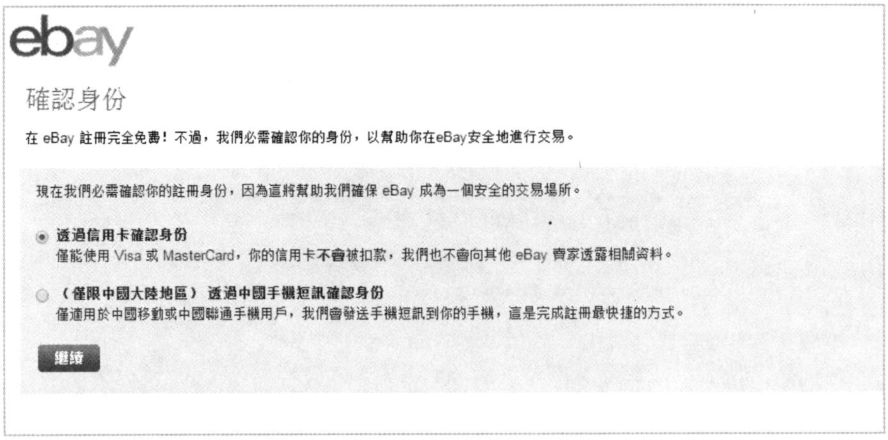

图 11-12

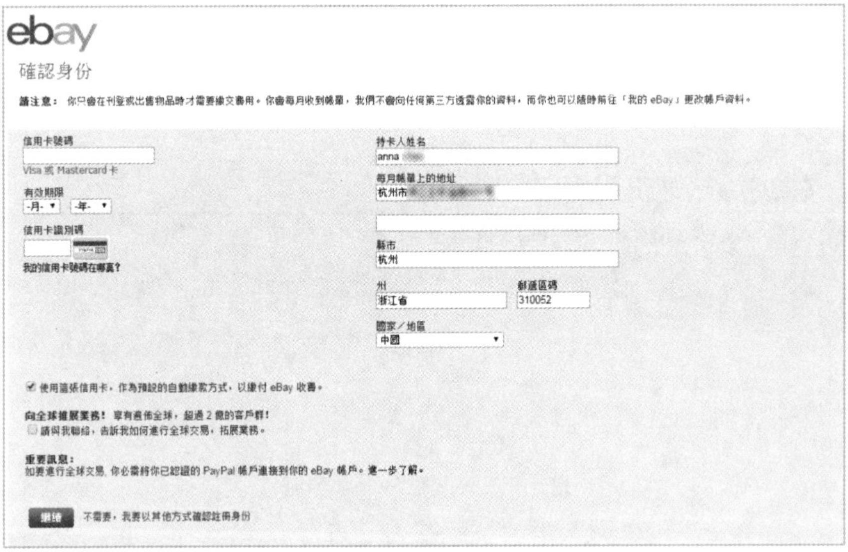

图 11-13

进入信用卡合约页面，确认条款并单击“授权信用卡”按钮，完成认证。

（2）手机短信认证 eBay 账号

选择“透过中国手机短讯确认身份”，每个手机号码仅支持一个账号认证。输入手机号码，可以选择用这个手机号码作为联络号码，并单击“传送手机短讯给我”按钮，如图 11-14 所示。

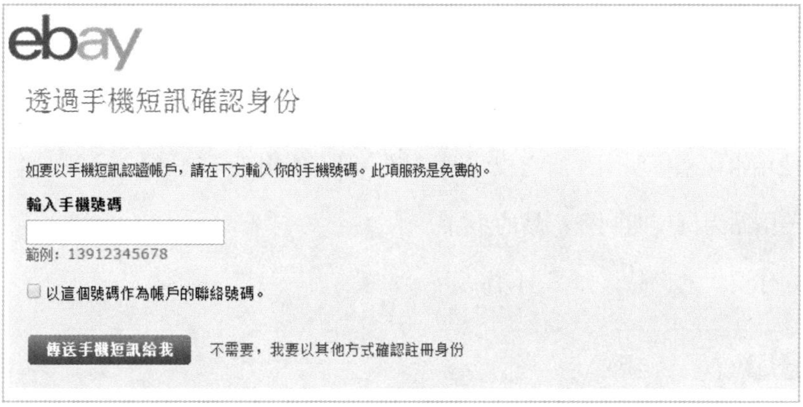

图 11-14

收到确认码后，输入正确的确认码，如图 11-15 所示，单击“继续”按钮完成认证。

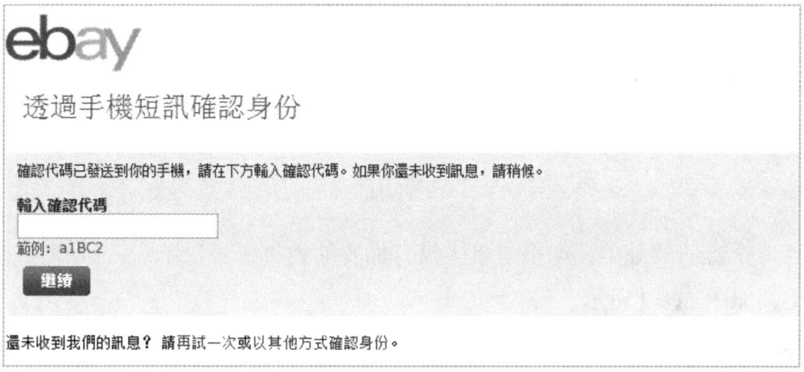

图 11-15

11.2.2　设置运营规则

账户注册好后需要设置必要的运营规则，告知买家关于卖家、支付、物流等信息，包括：

- 登记营业执照。
- 设置卖家承诺。
- 设置买家付款时的指定方式，可以是 PayPal、信用卡或其他付款方式。
- 设置物流政策，包括指定处理时间、运送方式、运费数据等。
- 设置退货规则。

11.2.3　刊登产品

刊登产品时对图片的要求如下。

- 每个刊登的产品至少需要一张图片。

- 图片的较长边至少为 500 像素。
- 图库图片只能用于全新物品，不能用于二手物品。
- 图片不得添加边框、文本或插图。
- 可以使用水印来标明图片所有权和归属权，但不能用于营销。

下面以美国站为例说明刊登产品的步骤。

（1）输入你要卖的产品，如图 11-16 所示。

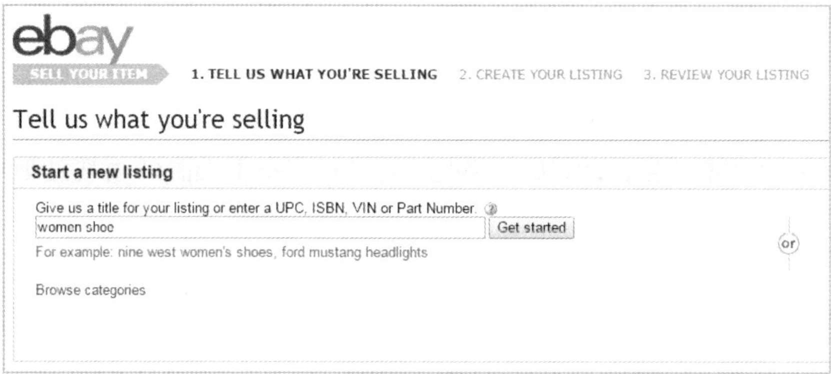

图 11-16

（2）选择一个合适的分类，如果清单中没有你要的类目，可以单击“Browse categories”选择合适的分类，如图 11-17 所示。

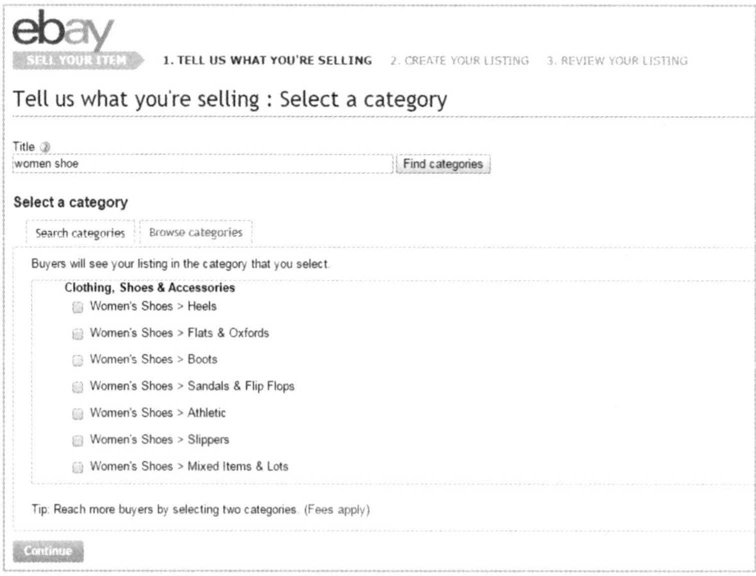

图 11-17

（3）在产品刊登页面详细填写产品信息、属性、图片、标题、物流等，如图 11-18 所示。

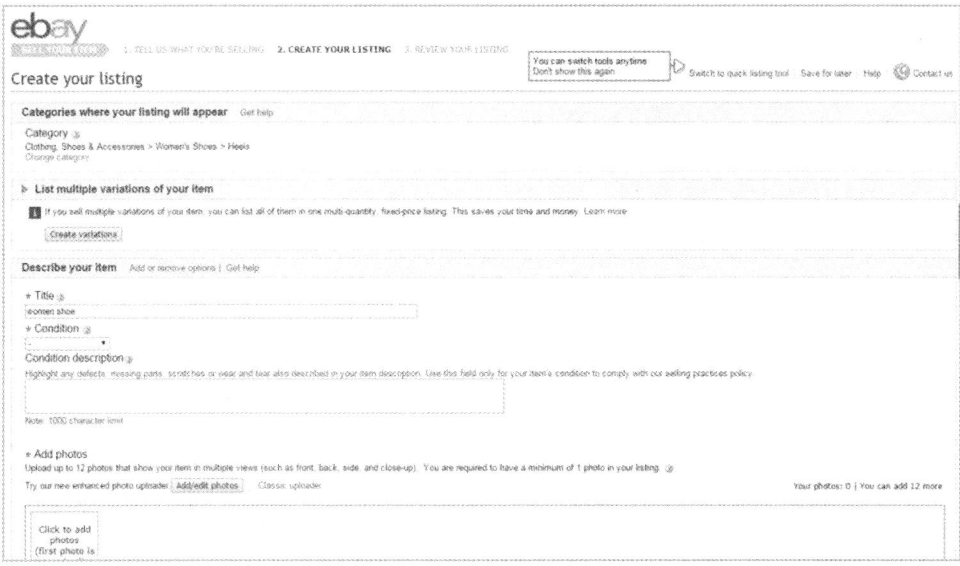

图 11-18

（4）选择销售方式，如图 11-19 所示。如果是拍卖方式，则选择“Auction”，写上起始价；如果是一口价方式，则选择“Fixed price”，完成产品的刊登。

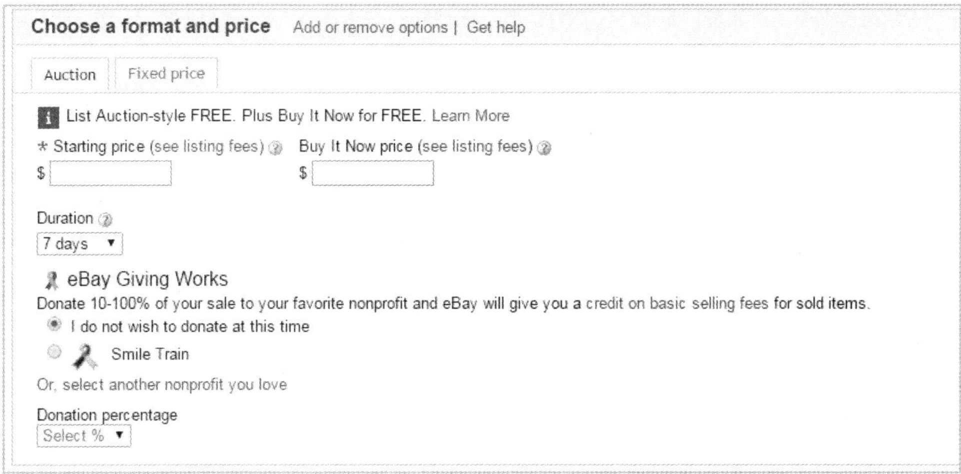

图 11-19

11.2.4　订单管理

1. 查收货款

eBay 账户注册后需要绑定 PayPal 账户，当买家下单后，卖家可以在 PayPal 里查看收到的款项。PayPal 和支付宝都是第三方支付工具，但不同的是：支付宝有“担保交易”的功能，即买家收货确认后卖家才可拿到钱；而卖家在 PayPal 上是收到钱再发货的。如果卖家没有及时发货，买家也可以通过申述要求撤回付款。此外，PayPal 支持多种货币的支付，同样是跨境电商交易的理想工具。

2. 取消交易

（1）买家未付款时取消交易

如果买家拍下未付款，卖家可采取以下一些措施。

- 通过 E-mail、eBay 讯息匣、电话联络等方式提醒买家付款。
- 在刊登 3~30 日内可以向买家发送付款提示。
- 将该商品出售给其他出价的买家，或者再次刊登该商品且可退回上一次未成功交易的刊登费。
- 卖家可在成交日后 4~32 天内向平台提出未付款个案。

（2）买家已付款时取消交易

如果买家已付款，但是由于卖家原因需要取消交易的，会影响到卖家的不良交易率；如果因为买家原因要取消交易的，则不会影响卖家的不良交易率。

买家已付款时取消交易有两种途径。

- 与买家沟通取消交易。需要买家确认收到退款后，买家会收到一封来自 eBay 的通知启动取消交易的流程。
- 在 eBay 的纠纷调解中心取消交易。在纠纷调解中心发起个案，由调解中心为买卖双方跟进交易进展。

（3）买家自行取消交易

在交易成立后，卖家上传物流跟踪号之前，买家有 1 小时的时间可以自行取消交易。买家提出取消交易后，卖家有 3 个工作日的时间可以做出以下选择。

- 卖家同意取消。eBay 将退还成交费；买家不能再留中、差评低分；卖家同意取消后，需要在 10 个工作日内退款，10 日后买家可以开启个案。
- 卖家拒绝取消。交易将继续进行。
- 卖家不回应。若超过时间卖家不回应，则视为卖家拒绝，交易继续进行。

11.2.5 售卖专家

售卖专家是 eBay 为交易量较大卖家准备的店铺管理工具，可以管理设定刊登、出售中的物品、售后活动。售卖专家分为售卖专家（Selling Manager）和专业版售卖专家（Selling Manager Pro）。

1．售卖专家的功能

售卖专家的基本功能主要有以下几项。

- "摘要总览"页面提供了出售活动和备忘录的资料，这也是售卖专家的"首页"。
- 通过"设定刊登的物品"页面可管理将会在未来刊登的物品，页面中会显示已设定刊登时间（Scheduled Listings）但尚未开始出售的物品。
- 通过"出售中的物品"页面可追踪正在出售中但尚未卖出的物品。
- 通过"已卖出的物品"页面可管理已成功卖出的物品。
- 在"未卖出的物品"页面会显示已结束刊登但未卖出的物品，可在此页面重新刊登物品。
- 在"已结束的刊登"页面会显示所有已结束的刊登物品，包括已卖出、未卖出或被取消的物品。
- 在"已存档的物品"页面会显示在 90 日后自动存档或在"已卖出的物品"页面手动存档的刊登物品。

售卖专家的特色功能有以下 3 项。

- 追踪和管理售后活动，包括信用评价、电子邮件、付款和运送方式。
- 完成大量工作项目，包括刊登物品、重新刊登未卖出的物品、留下信用评价、寄出电子邮件和列印账单。
- 下载交易记录。

2．专业版售卖专家的功能

专业版售卖专家的基本功能主要有以几项。

- 设定刊登物品：显示已设定刊登时间但尚未开始出售的物品。
- 出售中的物品：显示正在出售中但尚未卖出的物品。
- 未卖出的物品：显示已结束刊登但未卖出的物品。
- 已卖出的物品：显示成功卖出的物品。
- 已结束的刊登：显示所有已结束的刊登物品，包括已卖出、未卖出或被取消的物品。
- 已存档的物品：显示在 90 日后自动存档或在"已卖出的物品"页面手动存档的刊登物品。
- 物品总管：卖家可以追踪产品存货数目，设定这些产品的刊登范本，以及设定自动刊登或重新刊登的规则。
- 自动化功能设定：设定刊登时间、买家通信和信用评价均将自动化。

专业版售卖专家的特色功能有以下两项。

- 完整的销售管理功能，包括：批量创建和定时上线物品刊登，免费的页面魔法师（Listing Designer）可创建效果更加专业的物品刊登，自动增加或减少存货，补充库存提醒。

- 节省时间的自动化功能，包括：定时上线需要自动重复或重新刊登的物品，自动更新付款，当买家付款时自动给出卖家的信用评价，在收到付款和物品发货后自动给买家发送电子邮件（付款收讫，物品已发）。

11.2.6 促销工具

（1）扩大订单（Order discount）

用于促销整个店铺、一个物品分类或者一组物品。扩大订单是一种操作简单的促销方式，可为买家在购买多个物品（或在每笔交易中消费超过一定金额）时提供一定的金额或百分比的折扣，还可附赠品或以赠品加折扣的方式（例如：买一送一，再优惠 50%）促进买家购买多个物品。

（2）优惠通道（Codeless coupon）

通过优惠券吸引买家。优惠券可通过电子邮件以链接方式发送给买家，也可刊登到社交媒体网站和店铺等。优惠不会出现在自然搜索中，只有单击链接的买家才会看到。

（3）运费折扣（Shipping Discounts）

用于推广设置免运费规则的所有物品刊登。通过提供促销运费规则（如：购买 两件以上免运费等），可推广符合条件的物品以扩大订单。

（4）降价活动（Sale event）

用于推广所有的打折物品，方便买家购买。可以选择价格优惠的物品将其自动显示在打折页面上，同时每个物品在主要的购物页面上都有链接，吸引买家访问此页面。可以将通常会一起购买的产品或作为补充产品进行分组促销。

（5）捆绑销售（Accessory discount）

用于激励买家购买经常会一起购买的特定物品。通过将相关的物品捆绑到一个主要物品上，关联物品优惠可在物品刊登中促销特定的 SKU（例如：推荐特定相机的镜头）。只要买家购买了主要物品，每种关联物品即可按不同百分比的折扣购买。

11.2.7 PayPal 提现

eBay 卖家通过 PayPal 账户进行收款，有 3 种方式可以提现。

- 提现到国内银行卡。
- 提现到中国香港离岸账户。

电汇方便、快捷，但收费较高，电汇的收费标准如表 11-3 所示。

表 11-3

银行地点	币　种	提 现 费	退 还 费
中国大陆	各币种	$35.00 USD	$15.00USD
中国香港	HKD	免费 （提现额大于或等于$1.000.00HKD） $3.50 HKD （提现额小于$1.000.00HKD）	$20.00HKD
美国	USD	免费	无

- 向 PayPal 申请支票提现。申请支票提现的收费较低，但等待时间较长，并且存在寄丢的风险。

11.3　eBay 平台规则

11.3.1　卖家表现衡量

eBay 卖家表现的衡量标准是不良交易率（Defect Rate）。不良交易率指有下列一项或多项不良交易除以卖家所有成功交易所得的比例。

- 买家在“物品与描述相符（Item as Described）”一项给予 1、2 或 3 分评级。
- 买家在“运送时间（Shipping Time）”一项给予 1 分评级。
- 买家留下中评或差评。
- 买家要求退货，且原因与“物品与描述不符”相关。
- 买家通过 eBay 退款保障（又称 eBay 买家保障）或 PayPal 购物保障开启了物品未收到或物品与描述不符纠纷。
- 因卖家过失而取消交易。

1．评估周期

评估日期为每月 20 日。当过去 3 个月的交易达到或超过 400 笔时，评估期为过去 3 个月；当过去 3 个月的交易不足 400 笔时，评估期为过去 1 年。只有当评估期内的不良交易来自至少 5 位不同买家才会影响到账号的优秀评级卖家评估，来自至少 8 位不同买家才会影响到账号的合格卖家评估。

2．卖家不良交易率要求

对合格卖家的不良交易率要求：不良交易率不能超过 5%或不超过 8 笔，未解决纠纷比例不能超过 0.3%或不超过 2 笔。

对优秀卖家的不良交易率要求：不良交易率不能超过 2%或不超过 5 笔，未解决纠纷比例不能超过 0.3%或不超过 2 笔；年度交易数超过 100 笔，年度交易额超过$10000。

11.3.2 互评机制

每完成一个订单，买卖双方都可以互相评价，评价包括：正面（+1 分）、中立（0 分）、负面（-1 分）。这些评分积累后以用户等级的形式呈现，在用户信息栏以不同颜色的星星代表用户的不同等级。

11.3.3 平台重要规则

（1）虚假出价

虚假出价是指以“拍卖”方式刊登产品时，通过亲朋虚假出价以达到抬高价格的行为。被判定为虚假出价的，eBay 会根据情节轻重做出不同的惩罚，主要包括：

- 取消刊登的产品。
- 限制账户权利。
- 取消“超级卖家”资格。
- 暂时或永久冻结卖家账户。

（2）高额运费

卖家为逃避交易费，将商品价格设低，将运费设高。

（3）滥用关键词

使用和产品无关的关键词以吸引买家。

（4）违反知识产权

销售假冒或侵权的产品都会受到处罚。

（5）不正当取得信用评价

通过自卖自买自评取得信用评价。

11.3.4 搜索匹配排序

eBay 的搜索排序系统标准称为最佳匹配（Best Match），即推荐给买家的产品是其真正想要的。

（1）最佳匹配影响因素

- 近期的销售转化率。
- 拍卖类物品即将下架时间。
- 服务评分的表现，包括商品质量、发货速度、物流时长、售后服务。

- 买家满意度。
- 商品的相关度，买家搜索的关键词与商品标题和关键词之间的匹配度。
- 商品的价格和运费。

（2）提高最佳匹配排名的关键点

卖家需要迎合买家来提高最佳匹配排名，以下是可以优化的地方。

- 准确的标题、精美的图片、精准的分类定位、有竞争力的价格和优惠的物流费用。
- 做好服务和售后，提高客户满意度。
- 合理使用拍卖形式，并合理设置拍卖结束时间。
- 免运费。

第 12 章

Wish 平台介绍

学习目标：

- 掌握 Wish 平台推送原理
- 讲述 Wish 平台买家浏览特点
- 认识如何创建店铺
- 列举商品优化要素
- 了解物流和售后规则

12.1　Wish 平台概况

Wish 是一款移动端购物 APP，有 iOS、安卓、Web 三个版本，iOS 买家客户端如图 12-1 所示。截至 2016 年年底，注册用户超过 3.3 亿，日均活跃买家用户超过 700 万，SKU 超过 8000 万，日均业务量达上百亿级别。Wish 的商品推送原理是根据用户的注册信息和网络浏览行为进行分析，有针对性地主动推送用户可能感兴趣的商品。

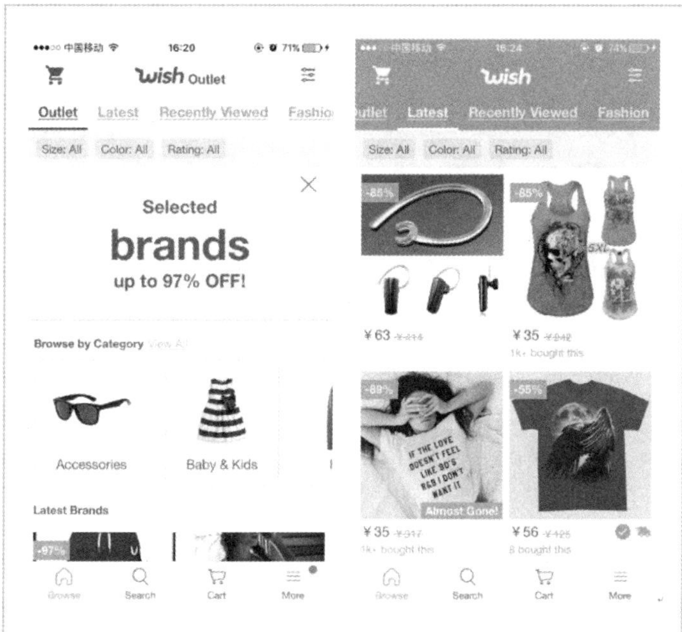

图 12-1

Wish 平台的买家端体验和其他跨境电商平台相比，具有自身的独特之处。

- 个性化定制：买家端首页有按钮可以设置偏好，平台根据个人设置提供个性化展示。
- 用户需求的碎片化：大部分买家不是因为特定的需要才到 Wish 平台寻找商品的，而是被兴趣引导才浏览商品的。
- 时间的不确定性：移动端用户随时随地都可能打开手机浏览感兴趣的商品信息。
- 移动端屏幕界面：移动端适合简洁、清晰的商品图片，文字排版应适应手机屏幕阅读，不适合放太复杂的商品介绍。
- 冲动的购买决策：移动端因为浏览时间和地点的限制，不方便比价，不方便长时间考虑，所以整个购买决策的过程相对短促。

12.2　Wish 平台销售特点

Wish 平台因其独特的商品推送原理，卖家在销售运营时也和其他平台有所区别。

12.2.1 商品推送原理

Wish 平台淡化店铺的概念，更加注重商品本身的区别和用户体验的品质。在商品相同的情况下，以往服务记录良好的卖家会得到更多的商品推送机会。

Wish 平台推送权重最大的要素是标签（Tag）。平台根据用户注册信息，加上用户后期的浏览、购买行为，系统会自动为用户打上标签，并且不间断地记录和更新用户标签，根据多维度的标签推算用户可能感兴趣的商品。这些信息记录、更新、计算的过程都是由系统自动完成的。

12.2.2 类目和商品策略

Wish 平台排名前 5 位的类目分别是：Fashion、Gadgets、Hobbies、Beauty、Home。比较受买家青睐的类目普遍具有的特点是：产品种类丰富、更换频率高、容易产生话题。对于新卖家，在选择类目时通常会考虑即将被拓展或有潜力的类目，可以避免激烈的竞争，为自己赢取更大的发展空间。

卖家在选择具体的商品时，需要注意选择差异化商品，因为 Wish 平台的后台数据算法会判断同一页面和同一个卖家，重复或相似度高的商品就会被判定为是同款，只推荐其中一个商品，其他同质商品就不再被推荐了。在 Wish 平台上发布同质化的商品不会带来任何流量和曝光。

12.2.3 平台的流量特点

Wish 平台的 98%用户来自移动端，主要以欧美地区为主，北美占 50%，欧洲占 45%。大部分流量是从 Facebook 等 SNS 网站引流到 Wish 平台的，所以用户的互动性高，浏览习惯以兴趣为导向。

Wish 平台卖家可以使用 SNS 网站作为营销渠道，根据产品目标群体的兴趣，制造话题或策划活动来吸引用户关注和参与，从而达到引流的目的。

12.3 Wish 平台运营

12.3.1 如何创建店铺

创建店铺的步骤如下。

（1）登录 Wish 商户平台（网址为 merchant.wish.com），单击 “免费使用” 按钮，注册成为 Wish 会员，如图 12-2 所示。

图 12-2

注册邮箱会收到一份从 Wish 发来的邮件，单击“Enter My Store”按钮，进入创建店铺的页面，如图 12-3 所示。

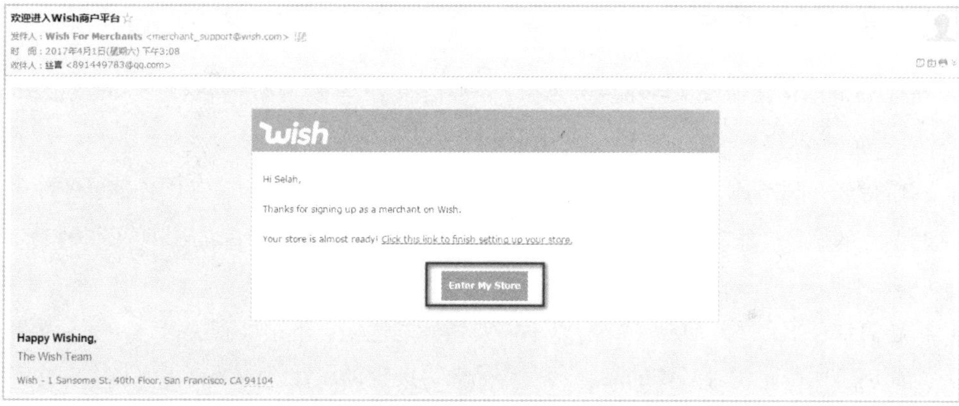

图 12-3

（2）填写信息，如图 12-4 所示，创建店铺。

图 12-4

在注册过程中，如果有问题不能解决的话，请单击“查看注册指南”链接，如图 12-5 所示。

图 12-5

（3）提交产品进行店铺审核，在店铺审核过程中 Wish 会给每个店铺分配一位客户经理，客户经理会发送一封邮件收集你的信息。

（4）设置配送范围。默认仅配送到美国，卖家可以在后台修改为配送到全球。若设置仅配送到美国，那么只会获取来自美国的流量。

12.3.2 商品优化要素

Wish 平台商品优化需要从多维度去考虑，完善这些细节，能为商品带来更多的流量和曝光。下面列举一些核心要点。

- 高质量的产品图片：由于用户使用移动端屏幕，浏览时更多的是看图片而非文字，所以对图片的质量要求很高，需要多角度拍摄、商品轮廓清晰、画面简洁明了、数量不超过 6 张。
- 标题简洁：平台不注重搜索，所以不需要做标题优化，不用堆砌关键词，写标题时要注意简洁、明确，包含必要的品牌名、产品名、关键词属性。另外，可以加上一个产品特征描述词，这个描述词可以增强买家的感官认识。注意，不要带敏感词和侵权词。
- 认真填写标签：标签在平台推送中的权重很高，需要细致、认真地对待。标签最多可以填写 10 个，包含精准词、宽泛词、产品词、属性词，标签写得越精准转化率越高，在系统判断推送时所占的权重就越高。
- 产品描述简洁、清晰：对图片无法表达清楚的信息，需要进行文字说明，文字内容要简洁明了、排版清晰，适合移动端屏幕阅读，尽量不要有 HTML 代码。
- Color&Size：Wish 平台对于服装的尺码有一套官方尺码表，这两个选项属性要仔细填写，有利于增加曝光。
- 价格策略：卖家可以对商品的价格进行定位，合理地设置价格对成交非常有帮助。比如在销售过程中需要降价促销，当价格调低后就会被系统监测到，每次商品降价，系统都会通知用户，所以首次定价可以比原价高一些，3~5 天做一次降价调整。
- 产品优化：抓住热点，了解热卖产品关键词，对自己的产品进行优化和修改标签词。
- 影响商品是否被系统推送的因素还有商品以往的转化率、产品评价、物流时间、库存稳定等。

12.3.3　店铺优化要素

Wish 平台用户是因为兴趣而产生碎片化浏览的，通常没有明确的购买目标，因此搜索权重在排名因素中占比很低。所以，卖家希望提升流量只能从其他几个方面着手。

- 频率：保持高频率的新品上架。当有新品上架时会有流量增加，所以，如果每天都有节奏地上新品，相对应的每一天也都会有流量增加。
- 诚信：库存量要输入真实的数量，系统会通过你的发货速度及相关因素来佐证库存量是否属实；商品信息描述也要真实，客户收到的货品如果和网页描述一致，则会做出正向的反馈。
- 及时：与品牌相关的证件、证书等信息一定要在开店时第一时间上传，在开店最初的一个时间段里，平台对于提供品牌相关证件的店铺还有流量给予，过了最初的阶段，后续上传就不能获得相应的流量了。
- 物流：接到订单后一定要快速发货，在价格能承受的范围内选择速度快、运输时间稳定的物流公司。

12.3.4　物流和售后

Wish 平台很注重物流的速度，物流的速度是影响买家满意度很重要的因素，所以发货速度在系统计算权重中占比很高。Wish 物流系统分为线上发货和海外仓物流，线上发货可以选择 Wish 官方渠道或第三方物流商。

Wish 物流系统要求卖家在交易后 5 天内上传物流跟踪号；否则系统会自动退款，但在实际操作中建议在 3 天之内上传单号。货物妥投时间要控制在平均时间内，比如到美国的平均妥投时间是 14 天。

以下是关于售后的要点介绍，卖家需要注意。

- 因缺货导致的退款率。因缺货导致无法发货是非常不好的用户体验，所以缺货的产品一定要下架，而不是仅把库存设置成 0。
- Ticket 处理速度和投诉率。当买家有售后、投诉问题时是通过 Ticket 来呈现的，遇到 Ticket 时尽量在 24 小时内处理完毕。
- 回复评价。对买家的评价，卖家可以选择公开回复或私下回复，所有买家评价都是永久性的，卖家无法删除。
- 退单率。因质量、物流、客服问题引起的退单，卖家应尽量避免。
- 退款退货。商家默认都是接受 Wish 平台“100%保证买家满意”政策，即“收货后 30 天无条件退换货”条款的。

发货时间设置。订单发出后 Wish 会要求买家做出评价，评价系统为 5 星，5 星最高，1 星最低。Wish 会根据卖家设置的发货时间来判断买家是否收到货了，并向买家发出评价要求。所以，卖家需要准确设置发货时间；否则可能在买家还没收到货时就收到系统发送的评价要求了。

12.3.5 平台费用

Wish 平台没有基础费用，而是按照每笔订单成交额的 15%收取佣金。计算方法是：如一件商品售价 20 美元，运费 3 美元，则佣金为(20+3)×15%=3.45 美元。

另外，在使用 PayPal 收款的情况下，PayPal 会收取一定比例的手续费，这笔手续费是单独计算的。详细的收费标准请参考 PayPal 官方网站。

第 13 章

Lazada 平台介绍

学习目标：

- 讲述 Lazada 平台概况
- 熟悉卖家注册流程
- 理解订单管理和卖家评级关系
- 掌握平台的物流规则
- 清楚平台禁限售规则
- 列举平台主要促销活动

13.1 Lazada 平台概况

Lazada 是东南亚地区最具增长潜力的本土电商之一，通过东南亚市场能够更好地了解 Lazada 平台。

13.1.1 东南亚市场介绍

东南亚地区有 11 个国家共 5.6 亿人口，是一个增长潜力很大的市场。智能手机在东南亚正处于快速普及阶段，随着智能手机的普及网民数量不断攀升，电商市场便随之迅速发展起来。

东南亚网购用户的使用习惯有两大明显趋势：一是移动端使用比例在增大；二是社交媒体对电商发展有重要影响，东南亚社交媒体的用户黏度很大，从社交媒体直接或间接带来的网购订单比例很高。

13.1.2 Lazada 平台简介

Lazada 平台成立于 2012 年，在创建初期以自营为主，一年后逐渐向第三方卖家开放，转型成为电商平台，2014 年 5 月在新加坡设立总部。

2016 年阿里巴巴投资 Lazada，成为该平台的控股股东，Lazada 平台快速发展为东南亚地区最大的零售电商平台之一，覆盖印度尼西亚、马来西亚、菲律宾、新加坡、泰国和越南，目前约有 3000 万种销售商品。Lazada 在中国香港、韩国、英国和俄罗斯都设有办事处。

Lazada 平台的类目已涵盖：汽配产品、生活用品、运动户外、婴幼儿产品、手表/太阳镜/珠宝、电视/音频/视频游戏/配件、媒体/音乐/书籍、时尚、玩具游戏、电脑、相机、手机及平板、旅行箱包、健康美容、家居生活、家用电器 16 大类。

13.2 Lazada 平台运营

13.2.1 卖家注册

对于跨国卖家刚注册 Lazada 平台时，首先在马来西亚站点开始销售，然后扩展到其他国家，如印度尼西亚、泰国、新加坡和菲律宾。卖家注册步骤如下。

- 申请表格：在 Lazada 平台填写申请表格，并上传有效的营业执照扫描件，在线签署电子协议。
- 激活卖家中心：卖家收到主题为“Registration for Seller Center”的邮件，重设密码并激活卖家中心账户。

- 参加培训：卖家收到主题为“Get trained and pass the test”的邮件，可选择参加“线上真人入驻培训”或“自行观看入驻视频和课件”，并通过入驻考试，入驻考试达到 85 分为通过。
- Payoneer 注册对接：卖家收到主题为“Sign up to Payoneer to get paid”的邮件，按要求提供文件并注册 Payoneer 第三方支付账户。
- 一个 SKU 通过审核：卖家收到主题为“Upload your first SKUs”的邮件，按要求上传 SKU 到卖家中心，至少有一个 SKU 通过审核（审核通常需要 3 个工作日）。

13.2.2 产品图片

上传产品图片时，为了保证质量，需要注意以下几个要素。

- 图片背景：所有类别的产品均可使用非纯白色背景，允许图片内含有生活场景、多场景和模特。
- 产品所占画布比例：允许产品所占画布比例低于 80%。
- 图片中的 Logo、水印、文字：允许图片中有 Logo、水印、文字。
- 赠品模板：可使用任何赠品模板。
- 产品裁剪：允许产品非全貌，但必须保证产品的主要特征清晰可见。
- 反光、倒影：允许产品含有反光或倒影内容概览。

Lazada 平台对产品图片尺寸和质量的要求详见表 13-1。

表 13-1

名　称	必　须	建　议
图片数量	至少上传 1 张产品照片	上传 2~8 张产品照片
图片大小和分辨率	1. 图片大小：最小 500 像素×500 像素，最大 2000 像素×2000 像素 2. 分辨率不低于 72dpi 3. 产品轮廓清晰流畅、不可模糊、有噪点或像素化	1. 图片大小在 850 像素×850 像素以上 2. 使用 1：1 图片比例 3. 产品需要占据画布最长边 80%或以上的比例 4. 使用纯白色背景
产品视图	1. 主产品正面视图需清晰，不能被阻挡或覆盖 2. 多产品、多角度和多颜色视图可出现在同一张图片中，但实际售卖的产品及颜色需在名称/卖点中清楚说明 3. 产品在包装之外展示，若未拆包装则需要展示清晰可见的产品图像 4. 产品必须以正常的比例展示，不能比例失调	1. 产品需要正面视图或 30°角度视图 2. 图片经专业人士拍摄，展示产品全貌 3. 产品上没有人物或其他物品倒影 4. 保持产品清洁，没有灰层或指纹 5. 产品外表面和材质清晰展示
其他	1. 产品图须与产品内容相符 2. 内衣、内裤、睡衣、泳装应考虑在当地文化敏感性的基础上，根据实际情况决定采用模特、人体模型或仅产品展示	图片没有水印、Logo、文字、图案

13.2.3 订单管理

1．卖家评级

Lazada 平台每周更新一次卖家评级，根据前一周的平均权重计算，以 1~5 颗星代表卖家评分总绩效。影响卖家评级的因素有 3 个：准时发货率及分拣中心准时到达率、取消订单率和退货率，如表 13-2 所示。

表 13-2

准时发货率及分拣中心准时到达率≥98%	取消订单率≤1%	退货率≤1%
在 48 小时内将订单状态改成“Ready to Ship”的比率（不包含星期六、日以及国家法定节假日）；以及包裹在订单创建 7 个日历天内准时到达分拣中心的比例	卖家因为以下原因取消订单的比率：缺货、未及时发货、定价错误	因以下原因在 7 天内退货（相对于妥投订单）的比例：发错货品、发错内容、零部件缺失、货品损坏、质量差

Lazada 平台卖家评级会影响店铺销量，对于评分低的卖家有每日订单限量的限制，即 OVL。OVL 初始值是 10 笔订单/天，当卖家评分高于 4 颗星时，有利于提高 OVL。

2．如何提升卖家评级

产生交易后要尽量避免取消订单，平台对于订单取消会有相应的惩罚措施。

Lazada 对于上一周内取消订单率达到 50%及以上的卖家：要求店铺下线，卖家必须参加培训并提交行动计划，才能重新开店。在重新开店之前，卖家无法登录卖家中心。若被关店多次，账号将被冻结。Lazada 平台会降低卖家评级的每日订单限量。

订单被取消的主要原因有：

- 在收到订单后的 48 小时内，卖家未能将订单状态从“Pending”转换为“Ready to Ship”。
- 在收到订单后的 7 个日历天内，包裹未抵达分拣中心。
- 卖家因为库存不足，无货可发。
- 卖家因为定价错误，不肯发货。

Lazada 平台会针对订单取消的原因对卖家进行罚款，罚款金额如表 13-3 所示。

表 13-3

情　况	罚　款
卖家未能在 48 小时内取消订单或将订单状态更新为“Ready to Ship”	5 美元/件产品
卖家未将订单状态更新为“Ready to Ship”，并自行在 48 小时内取消订单	2 美元/件产品
卖家在 48 小时内将订单状态更新为“Ready to Ship”，但包裹未能在 7 个日历天内抵达分拣中心	5 美元/件产品
因为价格设错取消订单	5 美元/件产品

1．订单管理

避免订单取消采取的有效措施如下。

- 经常更新库存数据，确保店铺显示的库存是真实的。
- 及时发货，一定要在 48 小时内将订单状态转换为“Ready to Ship”。
- 产品要以当地货币定价，不要以美元或人民币定价。

Lazada 平台的订单管理需要注意以下几点。

- 不要合并订单发货。
- 如果收到订单后 48 小时内没有发货，即使系统内还未取消订单，也不要发货（之后会被取消订单）；已被取消的订单，不要发货。
- 付款方式为“No Payment”，若客户选择的是优惠券支付，这种情况请正常发货。
- 如果付款方式为 COD（现金支付），请不要发货（一定要联络 HK PSC 香港合作伙伴支援中心）。
- 务必从卖家中心打印 Invoice 和 LGS 物流标签，Invoice 随产品置于包裹内；LGS 物流标签贴在包裹上。
- 如果一笔订单下的多件物品分开“Ready to Ship”，即为拆单发货，必须使用不同的包裹和不同的物流标签发货。

查看订单和销售数据的方法是：“卖家中心”→“Analytics”→“Sales Report （销售报告）”→“Orders 或 Sales”→“选择数据周期”。可以任意选择周期进行对比，如图 13-1 所示。

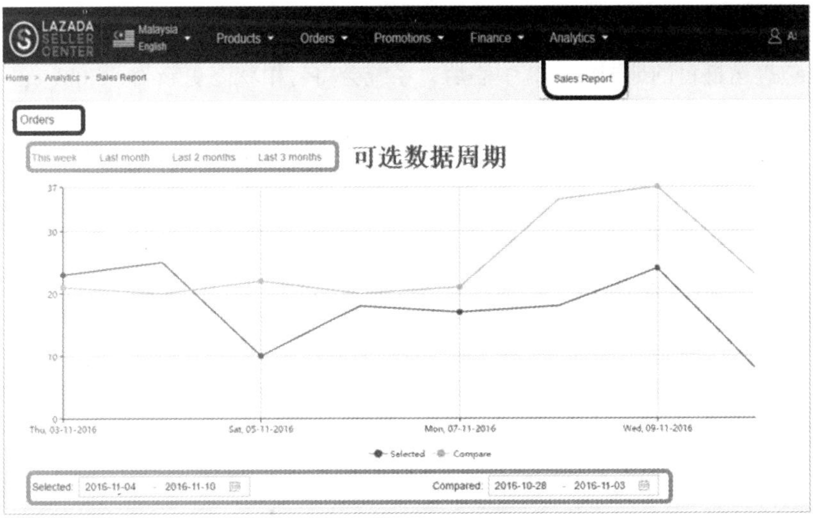

图 13-1

如何查看订单状态？

（1）订单创建成功，显示在“Pending”（待处理）页面中。如图 13-2 所示为在卖家后台订单管理页面中的操作步骤。

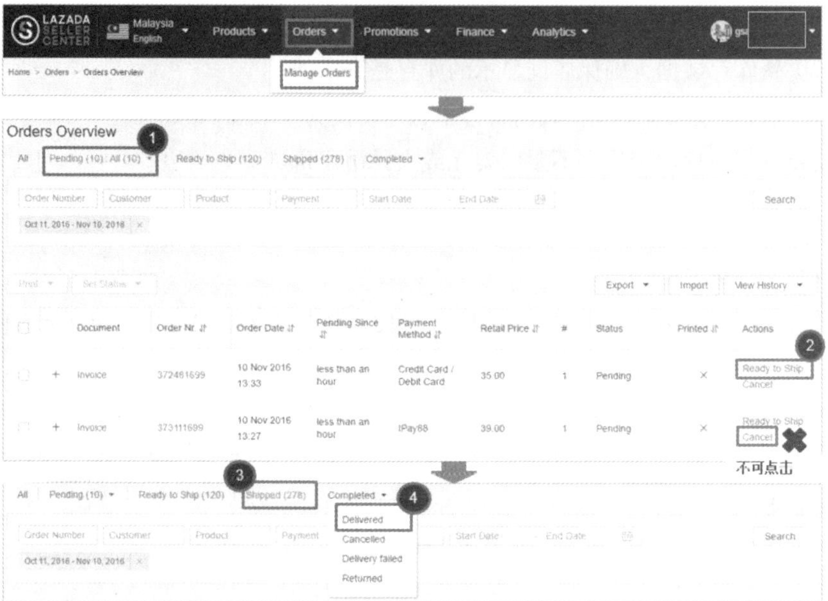

图 13-2

（2）在订单创建后 48 小时内，必须在“Pending”页面中单击“Ready to Ship”（准备发货），将订单更新到准备发货页面中。除非没有库存无法发货，否则不要单击“Cancel”。

（3）在包裹运抵分拣中心并成功出货扫描的下一个工作日，系统会将订单更新到“Shipped”（送货中）页面中，订单状态为“In Transit”。

（4）在包裹运抵目的地国家物流中心后，系统会将订单状态更新为“Shipped”。

（5）在此页面中，请勿单击后边的“Delivery failed”，否则即使客户收到包裹，Lazada 也不会结算付款。

（6）客户签收包裹。

（7）订单状态根据物流信息自动更新到“Delivered”（妥投）。请注意，卖家中心的订单状态可能会延误 2 天才更新。

（8）只要订单状态为“Shipped”，Lazada 就会启动 LGS 运费计算；只有订单状态为“Delivered”时，Lazada 才会启动付款。

2. 退货管理

Lazada 跨境卖家所售产品必须加入“100%消费者保护”退货政策保障。当买家收到的商品与承诺不符时，可以在 7 日内退货并获得全额退款。

在 Lazada 平台上经营的卖家不需要直接与买家进行沟通，卖家的客服工作统一由 Lazada

平台提供服务。卖家不需要配备具备当地语言的客服，对于不符合退货条款的退货要求会被 Lazada 客服拒绝。

对于退货成立的订单，买家退回的货物统一寄到 Lazada 仓库，再由 Lazada 做质量检查并退还给卖家。

Lazada 在印尼和泰国设置了跨境中心，处理投递失败/退货但仍可继续销售的产品。在印尼或泰国停留的 4 个星期中，如果产品被重购将直接从印尼或泰国当地寄送；如果在此期间并未出单，将按照一般退货程序推送给卖家。

如何查看退货记录？

在卖家中心，单击 “Orders” → “Manage Order” → “Completed” → “Returned”，在此查看退货记录。单击“Order Nr”（订单号），查看该订单产品退货原因，如图 13-3 所示。

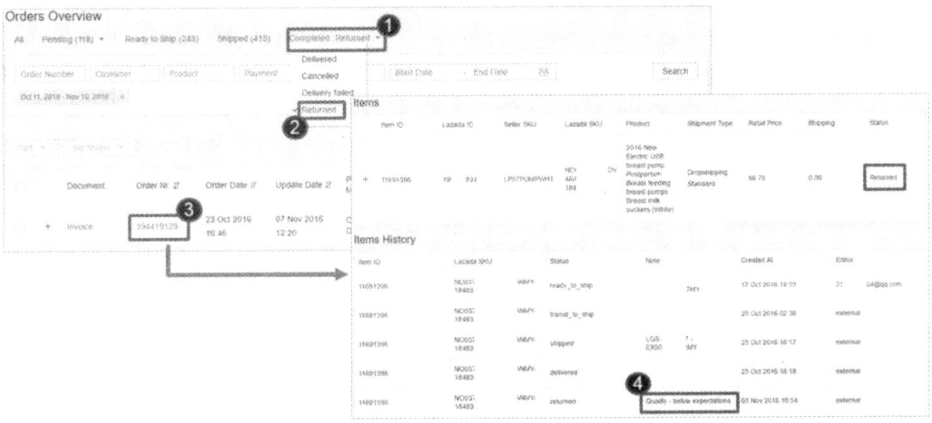

图 13-3

如果退货出现以下状况，卖家可以向 Lazada 申请退货索赔。

- Lazada 未在 60 天内将货物退回至指定仓库（按照中国香港时间标准）。
- 因 Lazada 错误执行而未收到货物（因具体问题而异）。
- 商品价格高于 10 美元，但无法退回（换算为等值的当地货币，商品价值为订单生成时销售价格）。

13.2.4　Lazada 物流

LGS （Lazada Global Shipping） 是 Lazada 平台提供的全球物流方案。中国卖家将订单寄往国内的分拣中心，再由分拣中心统一送往东南亚。中国的 3 个分拣中心设在香港、深圳和义乌。中国卖家产生订单时，应在 48 小时内将订单状态转换为 “Ready to Ship”，并保证在 7 天内将包裹送达分拣中心。

包裹到达分拣中心之后，直到货物妥投之间需要 5~11 天，这段路程的物流责任由 Lazada 负责。对于派送不成功的情况，包裹会被退回 Lazada 当地仓库，由 Lazada 当地仓库退回香港仓，包裹抵达香港仓后卖家会收到退货通知并将包裹从香港仓退回卖家，如图 13-4 所示。

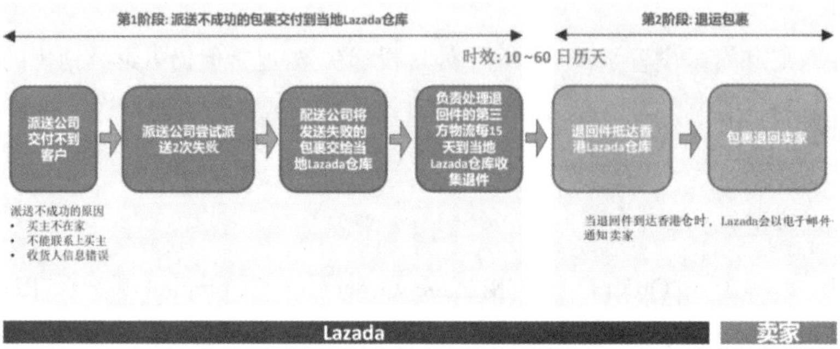

图 13-4

对于买家退货的情况，包裹会被退回 Lazada 当地仓库，由 Lazada 对商品进行质量检查，价值超过 10 美元的商品会被安排退运给卖家，同样是先抵达香港仓后再退回给卖家，如图 13-5 所示。

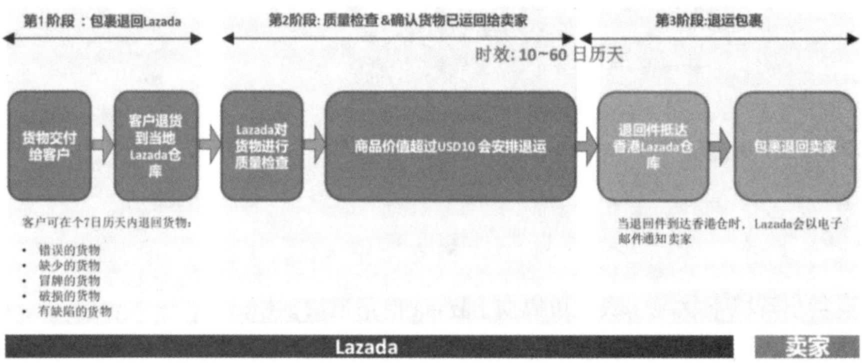

图 13-5

13.2.5　Lazada 收付款

东南亚买家的银行付款方式尚不成熟，70%的用户没有传统的银行服务，一些市场的信用卡渗透率低于 5%。Lazada 平台根据市场特点为买家提供了以下付款方式。

- Cash On Delivery（现金）。
- Credit/Debit Card（信用卡/储蓄卡）。
- PayPal/AMEX（贝宝/美国运通）。
- MasterPass（万事达）。

- HelloPay（Lazada 推出的支付工具）。
- Lazada 平台卖家必须使用 Payoneer 账户进行收款。
- Payoneer 是 Lazada 的付款方案。卖家需要绑定企业银行账户。

货物妥投后，Lazada 会每周向卖家提供一次财务报表，并按周付款到卖家的 Payoneer 账户，卖家可随时以当地货币提取款项到当地银行账户，款项处理过程需要 1~3 个工作日。

13.2.6　Lazada 禁限售

1. 平台禁售产品

Lazada 平台禁止销售的产品类别如下。

- 食品、食品补充剂、保健品，被列于国家特定禁售名单中。
- 电子通信设备。
- 毒品。
- 烟草、香烟和酒精。
- 医疗产品，包括传统药物和医疗设备。
- 武器，包括刀、枪、步枪、武器的任何组件、弹药、轮、墨盒、激光枪、指环、气体喷雾、防弹背心、腐蚀性物质和酸、核技术和大规模杀伤性武器。
- 烟花和炸药。
- 黄金首饰、铂金首饰和钻石。
- 成人出版物、货物、报纸、需要审查的电影和成人玩具。
- 具有煽动性的材料。
- 含危险原材料的儿童和婴儿用品和玩具包。更多细节请参阅 FDA 标准。
- 盗版或仿制的商品。
- 动物和植物。
- 护肤品、食品补充剂。
- 此外，根据每个国家的市场还有更具体的禁限售产品，比如新加坡禁售口香糖，需要了解清楚。

2. 禁限售处罚

违反禁限售规则可能会受到以下处罚。

- 产品下架。
- 罚款。
- 限制卖家账户的交易活动。
- 冻结账户/所有产品下线。
- 提起法律诉讼。

- 报告相关司法机构。

13.3 促销活动

Lazada 平台卖家可以在卖家中心看到活动介绍，并且提交要参加活动的产品，提交的产品由平台审核批准后可以正式参加活动。

获得审批通过的前提条件是：

- 符合该活动对产品的特定要求。
- 价格有竞争力。
- 有满足活动要求的库存。

Lazada 平台针对卖家的大型促销活动有以下几个。

- 2 月，东南亚农历新年大促。
- 3 月，Lazada 周年庆。
- 6 月，斋戒月活动。
- 7 月，Lazada 最佳品牌活动。
- 11~12 月，年末大促，包括“双 11”和“双 12”大促。

电子工业出版社优秀跨境电商图书

阿里巴巴官方作品，速卖通宝典丛书（共8册）

书号：978-7-121-27562-3
定价：49.00元

书号：978-7-121-27620-0
定价：55.00元

书号：978-7-121-27679-8
定价：69.00元

书号：978-7-121-27678-1
定价：78.00元

书号：978-7-121-27677-4
定价：49.00元

书号：ISBN 978-7-121-32584-7
定价：89.80元

书号：ISBN 978-7-121-32582-3
定价：59.00元

书号：ISBN 978-7-121-32583-0
定价：59.00元

跨境电商图书兄弟篇

跨境电商基础、策略与实战

ISBN 978-7-121-28044-3
定价：59.00元
出版日期：2016年3月
阿里巴巴商学院 组织编写
柯丽敏 王怀周 编著

主要内容：进口出口外贸跨境电商教程，配有PPT课件。

跨境电商主流平台运营讲解！
出口外贸零售相关从业者阅读！

跨境电商多平台运营（第2版）——实战基础

ISBN 978-7-121-31412-4
定价：69.00元
出版日期：2017年6月
易传识网络科技 主编 丁晖 等编著

主要内容：速卖通、Amazon、eBay、Wish和Lazada五大平台运营攻略。

畅销教程全新升级，兼顾跨境电商从业者与院校学员，提供PPT支持。

跨境电商——阿里巴巴速卖通宝典（第2版）

ISBN 978-7-121-26388-0
定价：79.00元
出版日期：2015年7月
速卖通大学 编著

主要内容：阿里巴巴速卖通运营。

阿里巴巴官方跨境电商B2C权威力作！
第2版全新升级！持续热销！

亚马逊跨境电商运营宝典

ISBN 978-7-121-34285-1
定价：69.00元
出版日期：2018年6月
老魏 著

作者拥有12年外贸和跨境电商从业经历，助你系统解决亚马逊运营痛点。

阿里巴巴国际站“百城千校·百万英才”

跨境电商人才认证配套教程

教程与PPT咨询，请致电编辑：010-88254045

从0开始
跨境电商实训教程

阿里巴巴（中国）网络技术有限公司 编著
ISBN 978-7-121-28729-9

适用于一切需要“从零开始”的跨境电商企业从业人员和院校学员！